中国人事科学研究院
·学术文库·

职业管理制度研究

蔡学军　谢　晶◎等著

中国社会科学出版社

图书在版编目（CIP）数据

职业管理制度研究 / 蔡学军等著 . —北京：中国社会科学出版社，2021.3
（中国人事科学研究院学术文库）
ISBN 978 - 7 - 5203 - 7882 - 6

Ⅰ. ①职… Ⅱ. ①蔡… Ⅲ. ①职业—管理—制度—研究—中国 Ⅳ. ①D669.2

中国版本图书馆 CIP 数据核字 (2021) 第 025500 号

出 版 人	赵剑英
责任编辑	孔继萍
责任校对	李 莉
责任印制	郝美娜

出　　版	中国社会科学出版社
社　　址	北京鼓楼西大街甲 158 号
邮　　编	100720
网　　址	http://www.csspw.cn
发 行 部	010 - 84083685
门 市 部	010 - 84029450
经　　销	新华书店及其他书店
印刷装订	北京市十月印刷有限公司
版　　次	2021 年 3 月第 1 版
印　　次	2021 年 3 月第 1 次印刷
开　　本	710×1000　1/16
印　　张	21
插　　页	2
字　　数	334 千字
定　　价	118.00 元

凡购买中国社会科学出版社图书，如有质量问题请与本社营销中心联系调换
电话：010 - 84083683
版权所有　侵权必究

序

职业管理是人力资源管理的逻辑起点，职业管理制度已成为政府加强人力资源开发宏观管理和公共服务的一项基本制度，对国家总体人力资源开发、政府部门人力资源宏观调控、劳动者高效有序就业、用人单位及时掌握职业供求、培训机构有效开展业务等方面都具有重要的作用。从职业管理全过程看，职业管理制度可以归为两大要素，即基础要素和管理要素。其中基础要素包括职业分类制度和职业信息公共服务制度，管理要素则包括职业指导制度、职业教育培训制度、职业资格证书制度、职称社会化评审制度和职业保障制度，涉及职业指导、职业评价、职业教育培训和职业保障等环节，贯穿于人的职业发展全过程。

当前，我国已经建立了包括职业分类、职业资格、职业指导、职业技能培训等多项重要制度在内的职业管理制度体系，但总体上看，有关职业管理的基础性工作还比较薄弱，比如职业分类动态调整机制不健全、职业信息开发利用程度不够、职业发展引领就业创业的风向标作用没有充分发挥等。这些问题是造成职业管理体系系统化、结构化、集成化不够的重要原因，也是未来职业管理制度研究要着力解决的关键性问题。

本书力图呈现我国职业管理制度体系的发展脉络，对各个制度的理论基础、形成发展进行了深入探讨，同时对职业管理制度的未来改革方向也进行了大胆设想。全书共有九章，第一章整体性阐述了职业管理制度的内涵功能、理论基础及相关内容；第二章介绍了职业分类制度的理论内涵，职业分类制度的国内外经验做法；第三章介绍了职业指导制度的理论内涵和我国职业指导制度的形成发展；第四章介绍了职业资格证书制度的理论内涵和国内外职业资格制度状况；第五章介绍了职称社会化评审的内涵特征、典型国家专业技术资格社会化评价经验以及我国职称社会化评审状况；第六章介绍了职业教育培训制度的内涵构成、国际经验以及我国职业教育培训制度的发展状况；第七章介绍了职业保障制度的有关内容，包括就业促进制度、劳动权益保障制度和职业安全制度等的内涵及其在我国的发展状况；第八章介绍了职业信息公共服务制度，包括国外职业信息公共服务实践、我国职业信息监测系统设计等内容；第九章介绍了未来职业管理的趋势，即职业资历体系建设的有关内容，包括典型国家经验，以及我国职业资历体系建设构想等。

本书是近年来研究成果的集成。在本书写作过程中得到了中国人事科学研究院的黄梅、谢晶、孙一平，以及北京市西城区领导人才考试评价中心主任宇长春博士等的支持和帮助。

本书关于职业管理制度的研究是一个初步探索，错谬之处在所难免，敬请各位读者与同人提出宝贵意见！同时，真诚地希望有更多的学者能加入职业管理制度体系的研究中来，携手推动我国职业管理制度的不断创新发展。

蔡学军

2020 年 9 月于北京

目　　录

第一章　职业管理制度概述 …………………………………………（1）
　第一节　职业管理制度的内涵与地位 ………………………………（1）
　　一　职业的概念和价值 ……………………………………………（1）
　　二　职业管理的概念与特征 ………………………………………（5）
　　三　职业管理制度的概念和功能 …………………………………（6）
　第二节　职业规制与管理的理论基础 ………………………………（8）
　　一　职业社会学 ……………………………………………………（8）
　　二　职业规制理论 …………………………………………………（9）
　　三　人力资本理论 …………………………………………………（10）
　　四　知识生产模式理论 ……………………………………………（11）
　　五　职业结构变迁理论 ……………………………………………（11）
　　六　人才发展理论 …………………………………………………（12）
　第三节　宏观人力资源开发中的职业问题 …………………………（14）
　　一　职业分类 ………………………………………………………（14）
　　二　职业指导 ………………………………………………………（14）
　　三　职业资格认证 …………………………………………………（15）
　　四　职称社会化评审 ………………………………………………（15）
　　五　职业教育培训 …………………………………………………（15）
　　六　职业保障 ………………………………………………………（15）
　　七　职业信息公共服务 ……………………………………………（16）

第二章　职业分类制度 …………………………………………………（17）
　第一节　职业分类制度理论与内涵 …………………………………（17）

一　职业分类制度的内涵和功能 …………………………………… (17)
　　二　职业分类的原则与方法 …………………………………………… (21)
　第二节　职业分类的国际经验 …………………………………………… (28)
　　一　国际标准职业分类 ………………………………………………… (28)
　　二　代表性国家的职业分类 …………………………………………… (32)
　第三节　我国的职业分类制度 …………………………………………… (46)
　　一　人口普查中的职业分类 …………………………………………… (46)
　　二　劳动力市场的职业分类 …………………………………………… (49)
　　三　劳动力管理领域的职业分类 ……………………………………… (51)

第三章　职业指导制度 …………………………………………………… (65)
　第一节　职业指导概述 …………………………………………………… (65)
　　一　概念辨析 …………………………………………………………… (66)
　　二　职业指导的类型 …………………………………………………… (67)
　　三　职业指导员 ………………………………………………………… (68)
　　四　职业指导技术和方法 ……………………………………………… (69)
　第二节　职业指导理论 …………………………………………………… (73)
　　一　特质因素理论 ……………………………………………………… (73)
　　二　发展理论 …………………………………………………………… (79)
　　三　学习理论 …………………………………………………………… (84)
　第三节　我国职业指导制度的形成和发展 ……………………………… (86)
　　一　古代的职业指导思想 ……………………………………………… (86)
　　二　民国时期的职业指导 ……………………………………………… (88)
　　三　中华人民共和国成立初期的职业指导 …………………………… (89)
　　四　计划经济向市场经济过渡时期的职业指导 ……………………… (92)
　　五　21世纪以来的职业指导 …………………………………………… (94)

第四章　职业资格证书制度 ……………………………………………… (97)
　第一节　职业资格证书制度内涵与理论 ………………………………… (97)
　　一　概念界定 …………………………………………………………… (97)
　　二　理论基础 …………………………………………………………… (106)

第二节 职业资格证书制度的国际经验 (108)
  一 资格设立依据 (108)
  二 资格管理模式 (109)
  三 质量保障机制 (113)
  四 资格证书与学历文凭衔接机制 (114)
  五 资格退出机制 (120)

第三节 我国的职业资格制度状况 (121)
  一 历史演进 (122)
  二 主要成效 (124)
  三 存在问题 (126)
  四 形势任务 (127)
  五 发展建议 (130)

第五章 职称社会化评审制度 (133)

第一节 职称社会化评审的内涵特征 (133)
  一 基本含义 (133)
  二 构成要素 (137)
  三 主要特征 (138)

第二节 典型国家专业技术资格社会化评价经验借鉴
    ——以工程师为例 (140)
  一 法律基础 (140)
  二 管理模式 (141)
  三 规制形式 (141)
  四 能力素质标准 (141)
  五 终身教育 (142)
  六 工程师认证国际化 (142)
  七 专业学会作用 (143)
  八 会员管理制度 (143)

第三节 我国的职称社会化评审制度状况 (143)
  一 历史演进 (144)
  二 实践探索 (145)

三　主要成效 …………………………………………… (148)
　　四　存在问题 …………………………………………… (151)
　　五　发展建议 …………………………………………… (153)

第六章　职业教育培训制度 …………………………………… (157)
第一节　职业教育培训制度的内涵构成 ………………… (157)
　　一　基本含义 …………………………………………… (157)
　　二　构成要素 …………………………………………… (161)
　　三　作用发挥 …………………………………………… (163)
第二节　职业教育培训制度的国际经验 ………………… (165)
　　一　德国"双元制"职业教育 ………………………… (165)
　　二　典型国家新型学徒制 ……………………………… (171)
　　三　典型国家工程师继续教育 ………………………… (181)
第三节　我国的职业教育培训制度状况 ………………… (183)
　　一　技校教育状况 ……………………………………… (183)
　　二　继续教育状况 ……………………………………… (188)
　　三　职业技能培训状况 ………………………………… (194)
　　四　企业新型学徒制状况 ……………………………… (197)

第七章　职业保障制度 ………………………………………… (201)
第一节　职业保障制度概述 ………………………………… (201)
　　一　概念辨析 …………………………………………… (201)
　　二　体系内容 …………………………………………… (203)
第二节　就业促进制度 ……………………………………… (204)
　　一　就业促进的内涵 …………………………………… (205)
　　二　我国就业促进法律制度的发展阶段 ……………… (205)
　　三　我国就业促进法律制度体系构成 ………………… (207)
　　四　现阶段我国就业促进法律制度实施情况 ………… (209)
第三节　劳动权益保障制度 ………………………………… (214)
　　一　劳动权益保障的内涵 ……………………………… (214)
　　二　我国劳动权益保障制度的发展历程 ……………… (216)

三　我国劳动权益保障制度体系的构成 ………………………（220）
　　四　现阶段我国劳动权益保障制度实施情况 …………………（227）
　第四节　职业安全制度 ……………………………………………（231）
　　一　职业安全的内涵 ……………………………………………（231）
　　二　我国职业安全制度的发展阶段 ……………………………（232）
　　三　我国职业安全制度体系 ……………………………………（234）
　　四　现阶段我国职业安全制度的实施情况 ……………………（236）

第八章　职业信息公共服务制度 ……………………………………（239）
　第一节　国外职业信息公共服务实践 ……………………………（239）
　　一　职业发展监测的类型 ………………………………………（240）
　　二　主要调查内容与指标 ………………………………………（242）
　　三　美国职业信息监测网络（O*NET）………………………（253）
　　四　经验借鉴 ……………………………………………………（260）
　第二节　我国职业信息监测系统设计 ……………………………（261）
　　一　背景分析 ……………………………………………………（261）
　　二　设计目标 ……………………………………………………（264）
　　三　核心职业信息 ………………………………………………（264）
　　四　系统架构 ……………………………………………………（267）
　　五　建设模式 ……………………………………………………（275）
　　六　运营模式 ……………………………………………………（276）

第九章　未来职业管理展望：职业资历体系建设 …………………（277）
　第一节　国家资历框架制度内涵与特点 …………………………（277）
　　一　政策依据 ……………………………………………………（278）
　　二　概念界定与分析 ……………………………………………（280）
　　三　构建国家资历框架的意义 …………………………………（284）
　　四　国家资历框架的主要特点 …………………………………（285）
　第二节　国家资历框架构建的国际经验 …………………………（287）
　　一　国家资历框架的发展历程 …………………………………（287）
　　二　典型国家资历框架构建情况 ………………………………（289）

三　国家资历框架下职业资历体系构建的国际经验
　　　　——以工程师为例 …………………………………… (296)
第三节　我国职业资历体系建设构想 ………………………… (300)
　　一　重要性和紧迫性 ……………………………………… (301)
　　二　总体要求、目标任务和实施路径 …………………… (302)
　　三　国家职业资历制度框架 ……………………………… (303)
　　四　职业资历衔接机制 …………………………………… (305)
　　五　配套改革 ……………………………………………… (306)
　　六　组织实施 ……………………………………………… (307)
　　七　需要解决的几个问题 ………………………………… (307)

参考文献 ………………………………………………………… (311)

中国人事科学研究院学术文库已出版书目 ………………… (326)

第一章

职业管理制度概述

职业是宏观人力资源管理的逻辑起点，职业管理已成为世界各国促进就业创业、建立健全人力资源公共服务体系的普遍做法。职业管理制度作为政府加强人力资源开发宏观管理和公共服务的一项基本制度，对加强政府人力资源开发治理体系建设和治理能力现代化具有一定的参考价值。本章重点介绍职业、职业管理与职业管理制度的内涵与地位，职业管理相关理论基础，以及宏观人力资源开发中的职业问题，进而形成职业管理制度分析的理论框架。

第一节 职业管理制度的内涵与地位

职业、职业管理与职业管理制度等，是职业管理中非常核心的概念。有关职业、职业管理与职业管理制度内涵与作用的界定，是研究职业管理制度体系的重要基础。

一 职业的概念和价值

（一）职业的概念

职业是劳动者参与社会经济活动的直接体现。在日常生活中，人们对职业的一般理解是"营生""做事""工作"。《现代汉语词典》中职业的定义是，个人在社会中所从事的、作为主要生活来源的工作。《中国大百科全书社会学》指出，职业是随社会分工而出现的，并随着社会分工的稳定发展而构成人们赖以生存的不同的工作方式。美国社会学者阿瑟·萨兹认为，职业是人们为获得经常性的收入而从事的连续性的特殊活动，这种活动具有市场价值，并且决定着从事它的人们的社会地位。

目前，国内学者在理论研究中关于"职业"普遍采用的定义是：职业是指从业人员为获取主要生活来源而从事的社会性工作类别。职业须同时具备以下五个基本特征：（1）目的性，即职业活动以获得现金或实物报酬为目的；（2）社会性，即职业是从业人员在特定社会生活环境中所从事的一种与其他社会成员相互关联、相互服务的社会活动；（3）稳定性，即职业在一定的历史时期内形成，并具有较长生命周期；（4）规范性，即职业活动必须符合国家法律和社会道德规范；（5）群体性，即形成独立职业类型必须有一定数量的从业人员。

（二）职业与相关概念的区别与联系

1. 职业与工作

澄清职业与工作两个基本概念是确定职业分类标准的基础。2007年12月，国际劳工组织（简称ILO）召开了国际标准职业分类修订大会，会议通过了新的职业分类体系，正式定名为《国际标准职业分类（2008）》（简称ISCO–08）。为了满足ISCO–08的需要，国际标准职业分类修订大会进一步澄清了工作（job）和职业（occupation）两个基本概念。工作是"某人为雇主（或自雇）而被动（或主动）承担的任务和职责的总和"；职业是"主要任务和职责高度相似的工作的总和"。就个人而言，可能会更换工作，而这些工作极有可能属于同一职业。一般来说，涉及专业技术的劳动力，其职业变换的可能性较小，但是更换工作的可能性较大，新兴的信息技术、网络游戏等产业尤其如此。

2. 职业与产业

产业是指由于社会劳动分工而独立出来的，专门从事某一类别生产经营活动的单位总和。国民经济部门按产业结构划分，通常分为第一产业、第二产业和第三产业，用来反映国民经济中各类活动的不同特征。而职业则指不同的劳动者所从事的不同性质的社会劳动。它是由于社会发展的过程中需要将一些劳动者相对稳定地固定在社会体系的某个岗位之上，并使其专门从事某项工作的时候才发生的。

一般来说，一个产业可以有多种职业，比如在第一产业有初级职业，也有技能型、技术型和专门职业。分析职业结构能够了解和把握一个国家产业结构状况和经济技术发展水平。

3. 职业与专业

从职业的角度来看，专业是一种特殊职业，专业（profession）作为一个科学术语，主要指一部分知识含量极高的特殊职业。《朗文当代英语词典》对专业的解释是：需要大量训练和专门学习的职业和行业；同业，同行，某一职业或领域内有资格的人的整体。20世纪60年代，美国人力资源管理协会和康奈尔大学对"专业"进行了定义，提出专业的五个特征：有国家级组织；有成型的道德规范；既有运用，也有研究，特别是运用研究来发展本学科领域；有完整、成型的知识体系，并会随着组织、商业环境、法律法规程序的变化而变化；具有一个设立职业准则并提供高质量考试的资格认证组织。

（三）职业的价值

1. 社会学的视角

社会学认为，职业是社会分工体系中的一种社会位置，是已经成为模式并与专门工作相关的人群关系和社会关系，它同权利和利益紧密相连（垄断权、经济收益权）。当一个社会血统、身份被摒弃之后，以职业作为标准来区分人们的社会地位在当代社会中越来越成为一种主要和普遍的方法。计划经济下实行的是以身份管理为特征的人事管理制度。社会和单位（组织）之间、职业与职业之间、职业与职务之间的界限被模糊，体现政治分层的单位性质和职务层级成为划分社会成员和从业人员的核心要素。形成这种管理体制的原因，除了"身份制"文化的背景，最主要是由经济制度和政治制度所决定的。随着改革开放特别是干部人事制度改革，身份和身份管理逐步解体，取而代之的是经济分层的一些要素，其中职业的重要性被逐步认识。

2. 经济学的视角

职业是社会分工体系中劳动者所获得的一种劳动角色，它具有连续性和稳定性，同时也具有经济性。一个社会的职业形态、职业结构与产业发展密切相关。产业结构的调整和发展、劳动力布局首先是通过职业结构的变化反映出来的。自20世纪60年代以来，世界经济呈现出工业经济向服务型经济转型的大趋势，服务业在就业和国民生产总值中的比重不断加大，多数国家服务业就业人数已经超过第一、二产业的总和。服务业特别是现代服务业的飞速发展，使传统的职业结构和人才素质能力发生了重大变化：第一，行业和职业的变化。一方面新行业、新职业大量产生，如物流、咨询服务业；另一方面原有行业、职业受到社会更大的重视，如律师、会计师因此而空前发展。第二，现代服务业的发展对人的素质能力提出了新的更高的要求。传统服务业大多采取"师承传递"的办法解决技能问题，现代服务业是智能型职业，是需要系统的教育和培训才能胜任的职业。

3. 管理学的视角

职业对个人和组织都具有重要的意义。从个人来看，职业活动几乎贯穿人一生的全过程。人们在生命的早期阶段接受教育与培训，为职业做准备。从青年时期进入职业生涯到老年退离工作岗位，职业生涯长达几十年。选择一个合适的职业，度过一个成功的职业生涯，是每一个人的向往和追求。对于组织来说，不同的工作岗位要求具有不同能力、不同素质的人担任，把合适的人放在合适的位置上，是人力资源管理的重要职责。只有使员工选择了适合自己的职业并获得职业上的成功，真正做到人尽其才、才尽其用，组织才能实现自己的目标。组织能不能赢得员工的献身精神、能不能调动员工积极性的一个关键因素，在于其能不能为自己的员工创造条件，使他们有机会获得一个有成就感和自我实现感的职业。

不仅如此，科学的职业分类，对于进一步贯彻落实科学发展观和科学人才观，解决当前在实施人才强国战略、科教兴国战略中的一些突出问题具有重要的现实意义：一是为建立"以职业为基础的人才分类体系"和人才统计标准奠定基础，进而打通人力与人才之间的联系，推动科学人才观的贯彻落实；二是为统筹劳动力市场和人才市场、统筹专业技术人员职业资格和技能等级认定制度提供科学的依据；三是为实现城乡人力资源开发一体化和基本公共服务均等化建立共同的平台；四是为发展专业教育和职业教育确立正确的导向。

4. 职业变迁的视角

职业是随着人类社会进步和劳动分工而产生和发展起来的，它是社会生产力发展和科技进步的必然结果。一个国家的经济体制、产业结构和科技水平决定着社会的职业构成，而社会职业发展变化又客观地反映着经济、社会和科技等领域的发展和结构变化。

当今世界，职业最能反映人们生活状态、价值取向和社会地位的主要角色。职业随社会分工的产生而产生，随社会分工的发展而发展。新职业不断产生、旧职业不断细化甚至消亡，是一个不以人们意志为转移的客观过程。随着现代社会发展和社会分工细化，越来越多的职业正以倍级增量的速度发展。但是从总体上看，职业分化细化不是简单的横向裂变，而是呈向上运动的趋势，即技能化和专业化。现代社会变迁理论认为，在知识社会不同于现代社会的诸多变化中，"职业特征的最显著变化是专业化和技术性工作的超常增长和熟练及半熟练工人的相对衰减"。

二 职业管理的概念与特征

（一）职业管理的概念

所谓职业管理，是指政府、社会或组织提供的用于帮助社会上或组织内正从事某类职业人员的行为过程。职业管理是人力资源管理的重要内容之一，也是人力资源管理的逻辑起点。从组织角度看，职业管理是为了实现组织目标和个人发展的有机结合，是对员工所从事的职业进行计划、引导和控制的过程。

（二）职业管理的特征

1. 系统性

职业管理是一个社会系统工程，政府（人事、劳动、教育部门）、行业组织、内部组织（企业和事业单位）和公民个人是重要的参加者。所有参加者相互作用，共同推动职业发展。

2. 层次性

在相互作用中，职业管理各个参加者管理的范围、对象和内容相互区别、各成体系，形成社会职业管理的三个层次：政府管理、行业管理、组织内部管理。

3. 多样性

由于政府地位的特殊性，作为参加者，它同时具有"公共管理者""平等参加者""内部组织管理者"三种身份。身份不同，管理内容、手段、方式不同。

（三）职业管理的层次

职业管理是一个社会系统工程，政府、行业组织、用人单位和公民个人是重要的参加者。所有参加者相互作用，共同推动职业发展。在相互作用中，各个参加者有特定的管理范围、对象和内容，形成社会职业管理的三个层次：政府管理、行业管理、组织内部管理。

表1—1　职业的政府管理、行业管理和组织内部管理的区别

层次	目标	对象	形态	主要内容
政府管理	人事和谐/维护公共利益	所有从业者	职业/专业	颁布《职业分类大典》 建立职业准入制度 制定有关就业公平的法规
行业管理	行业发展/维护群体利益	协会/学会会员	一类职业或专业	制定执业规范和服务标准 组织会员资质/资格认证 颁布职业道德规范 建立行业自律制度 开展服务会员的活动
组织内部管理	组织的战略与任务	被雇佣者	岗位或职务	工作分析 职位/职类/职级 任职标准体系 招聘、培训、薪酬、晋升 职业生涯规划

三　职业管理制度的概念和功能

（一）职业管理制度的概念

文献分析表明，职业管理制度是有关职业分类、职业标准、职业资格获取与使用等相关利益主体（国家行政机关、行业组织、中介组织、企业事业单位、从业人员等）之间权利义务关系的规则，是为维护公共利益、促进人与事业的和谐发展，对职业体系进行预测、干预、满足社会经济科技发展对职业管理的要求和从业人员职业管理的要求，实施公共管理或提供公共服务所制定的法律法规和政策措施的总称。其内容主要包括：职业分类体系及标准的制定；新职业的发布程序；职业管理分类体系及标准的制定；职业资格的获取、使用及有效性鉴别；职业教育与培训；职业调查；职业发展预测；职业安全、卫生与健康；与职业有关的利益相关者权利义务关系调整的法律体系。

本书所称职业管理制度，是指一个国家或地区有关职业活动和职业发

展管理与服务的法律、政策和规则，包括职业分类制度、职业指导制度、职业资格证书制度、职称社会化评审制度、职业教育培训制度、职业保障制度、职业信息公共服务制度等。

（二）职业管理制度的功能

职业管理制度是政府加强人力资源开发宏观管理和公共服务的一项基本制度，对加强政府人力资源开发治理体系建设和治理能力现代化、统筹人力资源开发与职业管理、促进"人"与"事"结合以及深化干部人事制度分类改革等具有一定的参考价值。具体而言，职业管理制度对国家总体人力资源开发、政府部门人力资源宏观调控、劳动者高效有序就业、用人单位及时掌握职业供求、培训机构有效开展业务等方面都具有重要的作用。

目前，我国已经建立了包括职业分类、职业资格、职业指导、职业技能培训等多项重要制度在内的职业管理制度体系，但总体上看，有关职业管理的基础性工作还比较薄弱，比如职业分类动态调整机制不健全、职业信息开发利用程度不够、职业发展引领就业创业的风向标作用没有充分发挥等。这些问题是造成职业管理体系系统化、结构化、集成化不够的重要原因，也是职业管理制度研究未来要着力解决的关键问题。

在国家治理体系现代化的进程中，国家人力资源开发必须彻底摒弃身份管理的一切特征走向职业管理，按职业管理的特点和规律，优化我们的制度体系。

（三）职业管理制度的框架

如前所述，职业管理制度具体包括职业分类制度、职业指导制度、职业资格证书制度、职称社会化评审制度、职业教育培训制度、职业保障制度、职业信息公共服务制度等。如果从职业管理全过程看，又可以进一步将职业管理制度归纳为两部分，即基础要素和管理要素，其中基础要素包括职业分类制度和职业信息公共服务制度，管理要素包括职业指导制度、职业教育培训制度、职业资格证书制度、职称社会化评审制度和职业保障制度，涉及职业指导、职业评价、职业教育培训和职业保障等环节，贯穿于人的职业发展全过程。从这两个构成要素的功能来看，管理要素是职业管理制度体系的核心，而基础要素则是职业管理制度的保证，是管理要素更好发挥作用的支撑。

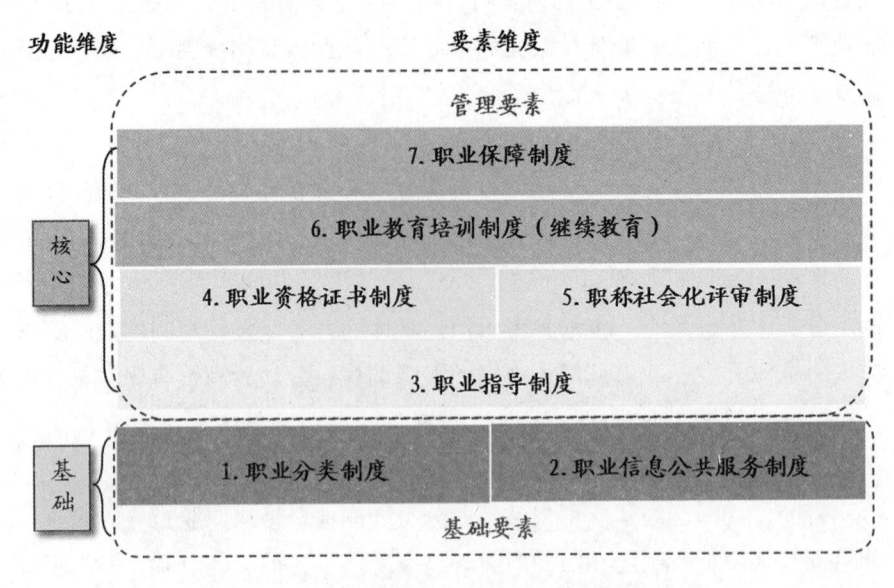

图1—1 职业管理制度总体框架示意图

第二节 职业规制与管理的理论基础

职业管理制度作为我国职业管理体系的重要组成部分，职业规制与管理的理论对有关职业活动和职业发展管理与服务具有重要的指导意义。其中，人力资本理论、知识生产模式理论、职业结构变迁理论、人才发展理论、职业社会学和职业规制理论是研究职业管理制度的重要理论基础。

一 职业社会学

职业社会学是研究职业与社会的关系和有关职业的社会问题的一门社会学分支学科，主要研究职业结构，职业与家庭、经济、教育制度的关系，职业与阶级、社会阶层的关系等问题。职业是一种重要的社会现象，是应用社会学的一个重要课题。职业社会学的研究成果，可以为制订国民经济和社会发展计划服务。它对健全职业的内部结构、引导合理的职业流动、编制有系统的人力计划、安排劳动就业，以及对就业人员的职业指导等，都有重要的作用。

职业社会学的研究内容主要有：（1）研究职业与社会的关系。包括职业多样性、职业的地位与声望、职业环境（如工作的技术条件、空间环境、劳动强度、工资收入、福利待遇、晋升机会等）、职业流动的原因及其对社会和个人的影响等。（2）研究职业的内部结构与组织形式。包括选择职业、职业的准备、就业途径、职业生涯模式（主要指现时的职业生活）、职业的酬劳、职业控制、离职退休等。（3）职业对于个人与社会的意义。职业对于个人生活和整个社会都会产生诸种影响。职业社会学着重从工作的意义、同行的关系、家庭生活、职业类型、职业意识形态等方面来分析职业对个人生活和社会的影响。

二 职业规制理论

所谓规制就是政府设置（出台）规定进行限制。规制作为具体的制度安排，是"政府对经济行为的管理或制约"，是在市场经济体制下，以矫正和改善市场机制内在的问题为目的，政府干预经济主体（特别是企业）活动的行为。从最一般意义讲，规制是指依据一定的规则，对构成特定社会的个人和经济主体的活动进行限制和制约。规制的主体可以是个人，也可以是社会公共机构，由前者进行的规制是私人规制，由后者进行的规制是公共规制。广义的政府规制，包括政府对宏观和微观两个方面经济活动的干预；微观的政府规制是指政府为了弥补竞争不完全和垄断，外部性和内部性等狭义的市场失灵，而依据一定的规则对微观经济主体行为而进行的干预。

职业规制，一般是指对专业人员进入某一职业领域的规制。在一些具有专业技术知识的领域，如律师、医生、建筑、会计等行业，为了保证人力资本资源的充分利用，防止恶性竞争，同时保障消费者利益和服务质量，国家通常实行进入规制。在一般情况下，凡是要进入这些领域的人员必须通过专业技术培训，经考试合格后由国家授予相应的律师、医生、建筑师、会计师、药剂师等证书，方可从事相关的职业。专业人员的进入规制使执业者本人和他们潜在雇主的签约受到限制，也使社会的消费行为受到一定的限制。这种规制在事关人力资源（人力资本）的合理配置及其经济影响方面属于经济性规制，而在事关职业道德方面则属于社会性规制。

三　人力资本理论

人力资本理论最早起源于经济学研究。20世纪60年代，美国经济学家舒尔茨和贝克尔创立人力资本理论，开辟了关于人类生产能力的崭新思路。该理论认为物质资本指物质产品上的资本，包括厂房、机器、设备、原材料、土地、货币和其他有价证券等；而人力资本则是体现在人身上的资本，即对生产者进行教育、职业培训等支出及其在接受教育时的机会成本等的总和，表现为蕴含在人身上的各种生产知识、劳动与管理技能以及健康素质的存量总和。

自20世纪80年代以来，以罗默、卢卡斯为代表的人力资本学者提出了"新增长理论"。这个理论被认为是对人力资本理论的深化和对其结构性缺陷的弥补。尽管人力资本理论强调了人力资本在经济增长中的作用，强调了对人的投资重要性的认识，但是人力资本理论并没有给予知识、思想、理念等因素应有的重视。随着经济增长方式的转变，这些因素恰恰是更重要的。"新增长理论"的主要贡献是：第一，论证了"专业化的人力资本"才是促进经济增长的真正动力。卢卡斯将资本分为有形资本和无形资本，将劳动力分为纯体力劳动力（原始劳动力或一般劳动力）和表现技能的劳动力（专业化人力资本），认为只有专业化的人力资本才是促进经济增长的真正动力。第二，拓宽了对人力资本积累方式的认识。卢卡斯认为，人力资本积累的途径有二：一是通过脱产的正规教育和非正规教育；二是通过生产中的边干边学、工作中的实际训练和经验总结。他认为，舒尔茨的人力资本产生——教育是人力资本的"内生效应"，而边干边学是人力资本的"外在效应"，两种效应都重要。第三，突出了理念、观念和创新思想的重要性。罗默认为，生产要素应包括四个方面：资本、非技术劳动（原始劳动）、人力资本和新思想。新思想是指特殊的知识。"理念差距"与"物质差距"同等重要。1992年，罗默以毛里求斯经济增长为例，强调新思想的重要性。

专业化的人力资本理论为深入理解和把握职业内涵与外延提供了有益的视角：（1）区别于其他社会职业群体，具有专业化人力资本的职业群体有着明显的职业特征；（2）专业化人力资本积累可以通过正规教育和非正规教育（学历）获得，也可以通过干中学（资历）获得；（3）具有专业化人力资本的职业群体是促进经济增长和创新驱动发展的主力军。

四 知识生产模式理论

在知识经济时代，知识在经济和社会发展中的巨大作用日益凸显，知识生产模式出现重大变化。1994年，吉本斯（Michael Gibbons）等提出知识生产新模式，即相对于传统"学术范式"（模式1）的"应用范式"（模式2）。吉本斯认为，新知识的生产模式具有以下特征：第一，应用情景性，即知识的生产是"由更加分化的知识和社会需求所决定的"；第二，更多地置身于应用情境之中；第三，跨学科；第四，"社会弥散和异质性"，知识生产的场所和从业者日益多元化、多样化；第五，社会问责；第六，更加综合、多维的知识生产质量控制。

知识生产模式的显著变化，将以学科为知识领域和以大学、科研机构等为知识生产场所的知识生产领域拓展到经济和社会各个领域；知识生产的从业者不再局限于科学研究、教学、农学和工程技术、卫生技术等领域的专业技术人员，在农、林、牧、渔等生产领域和产品制造及社会生产生活服务领域中的专业技术人员、技术技能人员也越来越多地参与知识的生产过程，并且正在成为实施创新驱动发展战略不可或缺的重要力量。

五 职业结构变迁理论

职业结构是一定社会范围内，人们所从事的职业类型、比例及分布状况。职业结构变迁是指"既存的职业结构受到内在或外在各种因素的影响，以渐进或激烈的形式出现部分或全体的变化"。职业是社会分工的结果。职业结构的变迁是职业自身演进与外在因素双重作用的过程。其中，随着生产力水平的提高与劳动分工的发展，职业种类与内涵发生着变化，职业的技能与要求、劳动工具等职业内在因素也发生变动，比如专业性职业、技术和专业辅助性职业增长以及低等级技能从业人员比例下降、中高等级技能从业人员比例上升，是职业的内在结构变迁；随着经济体制和产业政策等外在制度因素对其调整的过程，比如因为科学技术的发展及生产工具的改进，从事第一产业和第二产业的人员比例逐渐减少，而从事第三产业的人员比例逐渐增多；因为信息技术的发展，从事新兴服务业（信息、咨询等）的人员在从事第三产业的人员总数中的比例逐年增加等，是职业的外在结构变迁。

职业结构变迁理论为职业管理研究提供了两个基本视角，即通过分析职业的外在结构变迁，把握职业在第一、二、三产业的比例和分布；通过分析职业的内在结构变迁，把握专业性职业、技术和专业辅助性职业在职业群体中的比例和分布。

六　人才发展理论

改革开放40多年来，特别是党的十八大以来，围绕如何为建设社会主义现代化国家提供人才保障和怎样培养积聚更多优秀人才两个基本问题，我们党提出了人才资源是第一资源、是国家发展战略资源；造就更多的优秀人才是社会主义制度优越性的重要表现；要尊重人才发展规律，着力破除人才发展体制机制障碍，用好用活各类人才；要加快构建具有全球竞争力的人才制度体系，聚天下英才而用之；要坚持党管人才原则，大兴识才、爱才、敬才、用才之风等一系列重要论断和重要部署，丰富和发展中国特色社会主义人才理论。其中，有关人才内涵和外延的一些重要观点，对正确理解和把握职业群体的时代特征具有重要的理论指导意义。

——党的十一届三中全会以后，邓小平同志首次提出了要树立"大人才观"。他指出，我们党领导的中国特色社会主义建设要想取得胜利，必须把各类各级人才包括在宏大的人才队伍之中。既包括有一技之长的人才，又包括杰出的、优秀的、拔尖的人才；既包括科学、教育、文化、卫生等各类专门人才，又包括懂经营、会管理的人才；既包括工人、农民中的人才，又包括干部、知识分子和军队中的人才；既包括各类各级专业技术人才，又包括党政领导人才。

——2002年党的十六大提出，要"尊重知识、尊重劳动、尊重创造、尊重人才"。强调在社会变革中出现的民营科技企业的创业者和技术人员、受聘于外资企业的管理技术人员、个体户、私营企业主、中介组织的从业人员、自由职业人员等社会阶层，都是社会主义事业的建设者，都是党和国家需要的人才。

——2003年《中共中央国务院关于加强人才工作的决定》提出，"人才存在于人民群众之中，只要具有一定的知识或技能，能够进行创造性劳动，为推进社会主义物质文明、政治文明、精神文明建设，在社会主义伟大事业中作出积极贡献，都是党和国家需要的人才"。强调要把品德、知识、能力和业绩作为衡量人才的主要标准，不唯学历、不唯职称、不唯资力、不唯身份。

——2010年《国家中长期人才发展规划纲要（2010—2020年）》提出，人才是指具有一定的专业知识或专门技能，进行创造性劳动并对社会作出贡献的人，是人力资源中能力和素质较高的劳动者。人才是我国经济社会发展的第一资源。并且突出培养造就创新型科技人才，大力开发经济社会发展重点领域急需紧缺专门人才，统筹推进党政人才、企业经营管理人才、专业技术人才、高技能人才、农村实用人才和社会工作人才等六支人才队伍建设做出部署。在人才评价使用方面提出，要"制定高技能人才与工程技术人才职业发展贯通办法"。

——党的十八大以来，习近平同志关于人才工作做出了一系列重要论述。强调要树立正确的人才观，努力培养数以亿计的高素质劳动者和技术技能人才。2016年，中共中央印发《关于深化人才发展体制机制改革的意见》提出，"牢固树立科学人才观，遵循社会主义市场经济规律和人才成长规律，破除束缚人才发展的思想观念和体制机制障碍，解放和增强人才活力，构建科学规范、开放包容、运行高效的人才发展治理体系，形成具有国际竞争力的人才制度优势"。2018年，中共中央办公厅、国务院办公厅印发了《关于分类推进人才评价机制改革的指导意见》，确立了"科技人才""哲学社会科学和文化艺术人才""教育人才""医疗卫生人才"和"技术技能人才"等领域深化人才评价改革的指导思想、目标任务和重要举措。同年11月，人社部印发《关于在工程技术领域实现高技能人才与工程技术人才职业发展贯通的意见（试行）》，进一步打破职业技能评价与专业技术职称评审界限，在工程技术领域实现了高技能人才与工程技术人才职业发展贯通。2019年8月，人社部印发《关于改革完善技能人才评价制度的意见》，进一步明确技术技能型人才、知识技能型人才和复合技能型人才分类评价办法。

人才发展的理论和实践创新，为在职业管理与服务工作中树立正确的人才观，进一步打破了人才发展中的身份、学历、资历等壁垒提供了理论指导和政策依据。

第三节　宏观人力资源开发中的职业问题

职业管理制度涉及职业分类、职业指导、职业评价、职业教育培训、职业保障和职业信息公共服务等环节，贯穿于人的职业发展全过程。从宏观人力资源开发的角度看，职业管理体系包括职业分类、职业指导、职业资格认证、职称社会化评审、职业教育培训、职业保障以及职业信息公共服务等，对国家人力资源开发调控、劳动者高效有序就业、用人单位及时掌握职业供求、培训机构有效开展业务等方面都具有重要作用。

一　职业分类

职业分类是指按一定的规则、标准及方法，按照职业的性质和特点，把一般特征和本质特征相同或相似的社会职业，分成并统一归纳到一定类别系统中去的过程。职业分类的依据主要是职业的性质、活动方式、技术要求和管理范围。职业性质反映职业的不同表现形式、具体内容和类型特点。职业活动方式为职业存在的客观状态。职业技术要求即某种职业活动的指标、数据、程序或模式。职业管理范围是职业功能边际界限的表现。职业分类遵从科学规范、先进合理、内容完整和层次分明的原则。科学规范反映职业与社会发展的内在规律，体现被定义项的本质属性，包括分类的标准和指标。先进合理即实事求是，既根据国情，又面向世界。内容完整包括齐全的工种、完善的类别、规范的技能和相应的职责。层次分明即结构上从高到低逐级包容、相互依存、类别清晰、方便使用。[①]

二　职业指导

职业指导是指通过信息交流、咨询指导、生涯教育和就业辅导等多种方式，提高人力资源开发利用水平，实现人岗最优配置，进而发挥人力资源最大效能，促进社会整体发展。职业指导的对象基本限定于职场范围，包括即将进入职场的大中专应届毕业生、已经进入职场的新人、职场精

---

① 宋剑祥：《中外职业分类发展完善的现实意义》，《黄冈职业技术学院学报》2012年第5期。

英、职场达人，甚至即将退休的职场老人，提供的咨询服务包括怎么找工作、怎么做工作、怎么换工作、怎么创业、怎么开启银色生涯等，都是职业指导的范畴。

三　职业资格认证

职业资格认证是对从事某一职业所必备的学识、技术和能力的基本要求。职业资格包括从业资格和执业资格。从业资格是指从事某一专业（工种）学识、技术和能力的起点标准。执业资格是指政府对某些责任较大、社会通用性强、关系公共利益的专业（工种）实行准入控制，是依法独立开业或从事某一特定专业（工种）学识、技术和能力的必备标准。由人力资源和社会保障部、国资委等各相关部委通过学历认证、资格考试、专家评定、职业技能鉴定等方式进行认证，对合格者授予国家职业资格证书。

四　职称社会化评审

职称社会化评审是指在我国现行职称制度的总体框架下，从市场需求、基本的评价和使用关系出发，由独立于用人单位和专业技术人员的"第三方"，依据一定标准和程序对专业技术人员职业能力和学术技术水平进行的评价活动，具体包括政府主导评聘分开的职称评价、资格认证，以及社会组织开展的资格资质认证活动等。

五　职业教育培训

职业教育培训是面向职业院校学生以及学校教育之后所有社会成员特别是成人开展的以职业活动为基础的教育与培训活动。职业教育培训是一种特殊形式的教育，是终身教育体系的重要组成部分，也是我国科教兴国和人才队伍建设的重要内容和手段。加强职业教育培训体系建设和制度建设，是完善终身教育体系的重要途径。

六　职业保障

职业保障是指在特定职业中保护从业人员的职业利益，保障从业人员正常地从事其职业活动，促进该职业社会职能的发挥而形成的与职业相关或因职业引起的各种保护措施，主要包括就业促进、权益保障、职业救济以及职业安全等内容。这几项职业保障措施相互联系、相辅相成。

七 职业信息公共服务

职业信息公共服务作为职业管理面向公众服务的重要手段，是指依据职业管理中业已形成的法律制度、组织安排和配置规范，职业管理的各个主体（政府、用人单位、人力资源服务机构、社会组织等）通过科学方法收集与职业相关的信息，并对其加以处理、整合与分析，最终应用这些信息实现职业管理行为的协商共治善治，并面向社会提供职业信息服务。

第 二 章

职业分类制度

职业分类制度是依据一定的科学方法和标准,系统权威性地划分和归类不同职业,并由政府部门定期或不定期地发布和修订职业分类结果。层次分明的职业类别划分,不仅是职业分类的技术要求,也是强化国家职能部门管理功能的需要,是国家实行职业现代化管理的前提。本章在介绍职业分类制度内涵、职业分类技术方法和国际经验的基础上,系统梳理我国主要的职业分类制度,并提出相应的改革建议。

第一节 职业分类制度理论与内涵

职业分类作为制定职业标准的依据,是促进人力资源科学化、规范化管理的重要基础性工作。《职业分类大典》是职业分类的成果形式和载体,对人力资源市场建设、职业教育培训、就业创业、国民经济信息统计和人口普查等起着规范和引领作用。[①]

一 职业分类制度的内涵和功能

(一)职业分类制度的内涵

职业分类,是指按一定的规则、标准及方法,按照职业的性质和特点,把一般特征和本质特征相同或相似的社会职业,分成并统一归纳到一定类别系统中去的过程。职业分类制度是依据一定的科学方法和标准,系统权威性地划分和归类不同职业,并由政府部门定期或不定期地发布和修

---

① 《中华人民共和国职业分类大典(2015版)》修订说明。

订职业分类结果。

(二) 职业分类制度的功能

1. 职业分类制度是国家职业资格证书制度的基础

我国职业资格证书制度提出于 1993 年中共十四届三中全会。之后《中华人民共和国劳动法》和《中华人民共和国职业教育法》都明确规定国家确定职业分类，对规定的职业制定职业技能标准，实行职业资格证书制度。主要包括国家确定职业分类、职业技能标准，国家指导职业教育和培训活动，政府授权批准考核鉴定机构，实施职业技能考核鉴定，国家颁发职业资格证书。职业资格证书是通过政府认定的考核鉴定机构，按照国家规定的职业技能标准或任职资格条件，对劳动者的技能水平或职业资格进行客观公正、科学规范的评价和鉴定的结果，是劳动者具备某种职业所需要的专门知识和技能的证明。实行职业资格证书制度必须科学地论证和确定职业的类别，因此职业分类工作是建立与完善国家职业资格证书制度的一项重要基础工作。1999 年我国首次发布《中华人民共和国职业分类大典》，把职业分类为 1838 个职业，国家职业资格认证考核活动均基于《大典》而进行。可见职业分类为我国推行职业资格证书制度提供了可靠依据与有力保障。目前各类职业教育推行双证书制度，在培养学生专业知识与能力获得毕业证书的同时注重培养学生获得具有就业能力的职业资格证书。

2. 职业分类是国家人口普查和信息统计的依据

行业或部门从业人员数量和质量的要求与变化对于国民经济发展有着至关重要的影响。职业分类为国民经济信息统计提供依据，有利于开展劳动力需求、职业岗位变化等信息预测和规划，也利于就业人口结构和发展趋势的调查统计与分析研究。20 世纪 80 年代初期，我国制定了供第三次人口普查使用的《职业分类标准》。该分类标准打破了从业人员所在单位所有制及行政隶属关系的界限，以在业人口本人所从事的工作性质同一性进行职业分类，通过国家经济与社会发展形势的信息统计，规范、准确地反映我国社会经济发展的进程态势。为适应 1986 年全国第四次人口普查需要，国家标准局和国家统计局组织编制并首次颁布了国家标准《职业分类与代码》（GB656586）。自 21 世纪以来，《大典》为我国人口普查划分从业人员的职业类别提供了帮助。2000 年我国进行第五次全国人口普查，就是要掌握国民经济和社会发展的基础资料。经过 10 年的发展，

2010年我国开展第六次全国人口普查,目的是查清我国人口数量、结构和分布等变化情况,为科学制定国民经济和社会发展规划,统筹安排人民的物质和文化生活,实现可持续发展战略,构建社会主义和谐社会,提供科学、准确的统计信息支持。

3. 职业分类是人力资源管理"三化"的保障

所谓人力资源管理"三化",是指人力资源管理的科学化、规范化和现代化。作为一种规范统一的职业岗位管理标准,职业分类揭示具有共同特点和规律的同一性质的工作,把性质相同的职业归为一类,有助于国家对职工队伍进行分类管理。职业分类对各个职业的定义、劳动者活动的内容和形式,以及工作活动的范围等作了具体描述,体现了职业分类的科学化和规范化特征。职业分类给每个职业确定了工作责任、履行职责及完成工作所需要的职业素质,为岗位责任制提供了依据,也是企业员工合理配置和考查管理的重要依据。政府部门、各企事业单位与机构的人力资源管理部门、社会人才服务中心和职业中介机构,往往都采用国家统一的职业分类标准,进行基础性信息统计和推广应用。如在职业登记、岗位信息采集和求职信息发布时,就需要使用规范准确的职业名称和职业定义。对于用人单位来说,当出现岗位空缺时,首先要了解岗位其所属职业分类,再到社会人才服务中心或职业中介机构进行招聘登记,并采用准确规范的职业分类和职业名称进行职业岗位用工招聘信息的发布。在信息化时代的今天,计算机网络为人力资源管理现代化提供保障。建立标准化职业分类数据库是网络有效运行的核心条件。先进的职业信息分类管理,能够提高用人单位、求职者和中介机构之间相互识别的认同感、联系沟通的及时性和面试录用的成功率。较为典型的是美国 O * NET,运用同样的职业分类指标衡量所有的职业,对职业分类加以深度开发,具有相近职业方向的细类专业根据社会生产实际再给予分类细化,内容涵盖了职业和任职者的特征要求等方面。由于内容全面、分析规范详尽并提供职业发展趋势的相关数据,因此被社会用人单位和政府人力资源管理部门所认可和引用。

4. 职业分类是促进职业教育发展的参考标准

职业分类对职业教育有多方面的促进作用。其一,职业分类是职业院校制定人才培养目标的依据。职业分类往往遵循工作性质同一性原则,并考虑专业知识、岗位技能和能力水平等因素划分职业。这些正是职业教育定位新专业人才培养目标，明确人才培养规划的重要参照依据。职业院校推行毕业证和职业资格证的双证书制度，要利用职业分类对岗位从业者的素质要求，培养社会所需要的技能型适用人才。其二，职业分类是职业院校专业设置与课程开发的依据。针对岗位工作任务要求，面向新技术和新职业的发展，确定标准的职业教学内容。特别是要参考国内外职业分类中详尽的职业分析数据与结论，快速提升学生的岗位就业能力，以适应新技术发展对岗位技能型人才的需要。其三，职业分类是职业院校人才综合素质培养的依据。从职业分类可看出，从业者需要具备一定的职业素质要求，既包括必需的专业知识和职业技能，也包括如阅读写作、人际沟通、心理健康和职业道德等非专业能力的职业素质要求。这是职业院校人才综合素质培养的依据。其四，职业分类是职业院校开展职业规划与指导的依据。职业规划首先要了解自己和职业。了解自己包括性格、兴趣、资源和价值观等。了解职业包括行业的规模、地位和发展，职业的未来前景，从业者的条件和要求，职业目标的发展通道。通过职业分类揭示出职业发展通道，特别是岗位职责和素质要求，是激发学生职业生涯奋进的方向。其五，职业分类有助于职业院校开展就业指导。职业教育以就业为导向培养应用型技能人才。职业分类反映职业要求、"技能水平和任职者要求"。对职业分类信息加以分析运用，可促进职业院校的就业服务。

5. 职业分类是开展职业技能培训与鉴定的依据

世界上很多国家的职业分类都对职业技能等级和相关职业岗位技能提出了明确的要求。如澳大利亚和新西兰职业分类体系把职业技能等级划分为五级，对每一个技能等级和具体职业都做了详细的界定。英国的职业分类体系把技能等级的界定定位在中类层次上，同一个大类下的不同中类可能对应不同的技能等级。美国通过 O*NET 提供详尽的职业要求和职业数据分析的信息，可全面了解美国劳动力市场对不同劳动者的要求。各国普遍认同专业人员的技能等级最高。其次是技术人员和助理专业人员，再次是事务工作人员、服务工作人员及售货员，农、林、渔、牧工作人员，技术工及有关机械设备操作工及组装工等简单体力劳动者等级最低。职业分类是开展职业技能培训和鉴定的重要依据，对社会机构和职业院校开展职业培训与职业技能等级鉴定工作具有重要的指导意义。职业分类有助于针对性地促进职业培训项目开发和职业技能鉴定工作，对开发利用国家人力资源起着积极的推进作用。

6. 职业分类是促进用人单位人才协调发展的通道

以职业分类为依据设计人才职业发展路径，是用人单位人才队伍健康协调发展的有效途径。用人单位以职位分类为依据设立人才发展通道，通过岗位分析和职位说明，清晰而具体地界定不同职位的素质要求、职责要求和贡献价值，有利于人才的选拔聘用和考评激励并给员工提供更为广阔的发展空间。以职业分类为依据，一种职业就是一条通道，有多少种职业就有多少条职业通道，而且每一条通道又设立若干层级，不同层级岗位都有相应的素质要求、工作标准和薪酬待遇。员工可以根据自己的兴趣爱好、专业特长、职业倾向等选择最适合自己心理预期的职业发展通道，在不同职业道路上建功立业。由于每一个岗位都有明确的职责要求和工作标准，员工工作优劣、业绩大小就容易在考评中被衡量出来，并为有效激励提供充分依据。同时对照岗位素质标准，员工素质结构中的短板也容易在考核中显现出来，为培训工作提供了明确的方向和依据。可见，透过职业分类，看清职业未来发展方向，明确岗位目标，有助于用人单位将人才的选拔任用、绩效评价、薪酬激励和培训培养有机结合起来，激发员工不断学习进取的内在动力，有助于保持人才队伍良好的事业心和责任心。

二　职业分类的原则与方法

（一）职业分类的基本原则

1. 工作性质同一性原则

工作性质同一性要求依据职业的工作内容、工作技术、工作对象、工作工具、工作成果、工作环境、工作流程、工作性质等方面的聚合程度、等同程度划分职业。

工作性质同一性的主要操作指标体现在以下八个方面。

（1）工作技术：指从业者在生产或服务的过程中所采用的工艺技术、操作方法、技术性质等方面，也就是某个产品的生产或提供服务的过程，每道工序需注意的操作规范、操作技术的同一性。

（2）工作对象：指从业者在劳动过程中所操作劳动客体的同一性，即劳动目标的一致性，主要包括生产的原材料、服务对象等方面的同一性。

（3）工作工具：指从业者在生产或服务过程中用来直接对劳动对象

进行加工的过程中所运用的操作设备、生产工具、生产仪器的同一性。

（4）工作成果：常用于指工作或事业方面的成就的同一性，具体指从业人员经过一定的劳动，劳动（服务）产品、产品服务用途的同一性。

（5）工作内容：指从业者工作过程中从事的具体实践活动，包括工作业务、工作任务、服务项目、研究领域的同一性。

（6）工作环境：指从业者所从事工作的地点、工作的硬件及软件设施的同一性。同一个单位的工作人员虽然具体的工作内容有所区别，但在同一固定的地点从事工作，依据工作地点的相同而进行职业的统一归类。

（7）工作流程：指从业者按照一定的规则或生产周期，将原材料（种子）经过加工转化成初级产品或高级产品的工作程序的同一性。

（8）工作性质：指从业人员工作的专业性与专门性、工作的职责范围的同一性。

2. 工作性质相似性原则

工作性质相似性原则是工作性质同一性概念的外延扩展，它涵盖了工作性质同一性的主要操作指标，如工作技术、工作对象、工作工具、工作成果、工作性质、工作环境等，基本上没有改变原有分类维度。与同一性的最大区别在于相似性原则提升了工作内容的聚合性，增加了职业分类原则的普适性，但一定程度上也会损失具体职业分类的精确度。

工作性质相似性原则的操作指标主要体现在以下几个方面。

（1）工作技术：指从业者在生产或服务的过程中所采用的工艺技术、操作方法、技术性质等方面，也就是某个产品的生产或提供服务的过程，每道工序需注意的操作规范、操作技术的相似性。

（2）工作对象：指从业者在劳动过程中所操作劳动客体的相似性，即劳动目标的相似性，主要包括生产的原材料、服务对象等方面的相似性。如劳动的客体、原材料或服务对象的相似性。

（3）工作工具：指从业者在生产或服务过程中用来直接对劳动对象进行加工的过程中所运用的操作设备、生产工具、生产仪器的相似性。

（4）工作成果：指工作或事业方面的成就的相似性，具体指从业人员经过一定的劳动，劳动（服务）产品、产品服务用途的相似性。主要包括劳动（服务）产品、产品服务用途的相似性。

（5）工作内容：指从业者工作中的具体实践，包括工作业务、工作任务、服务项目、研究领域的相似性。

（6）工作环境：指从业者从事具体工作的工作地点、工作条件，包括硬件设施、软件设施的相似性。

（7）工作流程：指从业者按照一定的规则或生产周期，将原材料（种子）经过加工转化成初级产品或高级产品的工作程序的相似性。

（8）工作性质：指从业人员工作的专业性与专门性、工作的职责范围方面的相似性。

3. 技能水平相似性原则

以技能水平作为区别职业类别的标志，始见于国际标准职业分类（ISCO-88），随后在一些国家得到借鉴和应用。技能水平相似性是指从业者具备技能水平（skill-level）的相似性程度，具体指职业对从业者的普通教育水平、职业培训时间和实际工作经验三个要素的相似性程度，以此作为技能水平相似性原则的衡量指标，如符合则可将这些职业归为同类职业。

技能水平相似性的衡量指标具体体现在以下方面。

（1）普通教育水平：通常由受教育者接受普通教育的学历来反映。我国的普通教育分为普通基础教育、职业教育和普通高等教育，其对应的学历分别有小学、初中、高中（包括高中、职高、中专、技校）、大专（大学专科）、大本（大学本科）、研究生（硕士研究生、博士研究生）。在技能水平相似性的主要操作指标中，参考国际标准职业分类以及各国职业分类体系，技能水平等级一般遵循与普通教育水平层级相对应的原则，教育水平是衡量技能水平相似性的最重要的操作指标。

（2）职业培训：与普通教育既有联系又有区别，包括了普通教育中的职业教育、其他为培养和提高劳动者从事各种职业所需要的知识和技能而进行的非普通教育和训练，其种类包括技能培训、劳动预备制度培训、再就业培训和企业职工培训等，不同种类的职业培训所需时间不尽相同，少则1-3个月，多达3年，因此，参与职业培训的时间可作为衡量某项职业技能水平的标志。

（3）实际工作经验：是对从业者切实参与工作经历所获得知识与技能的总结与概括，与接受教育或培训相比，实际工作经验更具有能动性、实践性和经验性，能在很大程度上反映从业者完成给定工作所涉及的任务和责任的能力。

(二) 大类的划分方法

大多数国家的职业分类由大类、中类、小类、细类四部分构成，由粗到细，进行结构化的描述。在职业分类层级时，大类是职业分类结构中的最高层次；中类是大类的子类，是对大类的分解；小类是中类的子类，是对中类的分解；细类（职业）是《大典》中最基本类别的架构体系和元素。

1. 大类的特征

职业类别的每一层次都有其特定的种属含义。职业分类体系中的大类是"树状"体系的根本，宏观上反映着一个国家的社会制度、产业结构、科技教育水平等社会发展状况，是职业分类结构中的最高层次，中类、小类、细类三个层级的职业是大类职业的子属，被包含于大类层级之中。大类职业在职业体系中所处的特殊地位及功能，使其具有高度的概括性、较强的稳定性、突出的综合性特征。

第一，高度的概括性。"大类"属于种概念，居于职业分类结构体系的顶端，包含下一层次（中类）的所属职业类别，这反映的是各职业层级的隶属包含关系。所以，大类的首要特征在于其独一无二的概括性。

第二，较强的稳定性。具体的职业是随时代变迁，可以被减少、代替或者消亡的，具体职业分类层级的划分原则也会有多种变化。但大类职业与具体细类职业不同，大类职业犹如一栋房子的主体架构，一般不轻易改变，其稳定性、可持续性较强。否则，就有可能"牵一发而动全身"。

第三，突出的综合性。大类依据一定的职业分类原则，将具有关联、相似、相同的职业归为一类，反映大类职业的聚合程度。大类职业内部的聚合程度比较高且是较为突出的。从一定程度上来讲，综合性与前述的概括性是并轨而行、相互依存的，综合性是概括性的基础，概括性是不断综合的结果。

2. 大类的具体分类原则

大类的划分需要考虑国家的管理制度、科技水平和产业结构的现状与发展、职业的特殊性等因素，其具体原则分为以下几点。

一是体现在工作性质相似性方面。工作性质相似性主要考量从业者所从事工作领域、工作工具、工作程序、工作环境、工作性质相似性程度。

二是体现在技能水平相似性方面。技能水平相似性主要考量从业者技能水平（skill - level）的相似性程度，包含从业者的普通受教育水平、职业培训时间、实际工作经验三方面的相似性程度。

三是职业大类划分的辅助性原则方面。在对大类职业进行划分的同时，也要尊重依据政治制度、管理体制、科技水平和产业结构的现状与发展、职业的特殊性、新兴职业标识的绿色职业等因素，称这些因素作为职业大类划分的辅助性原则。

（三）中类的划分方法

中类是连接大类与小类层级之间的桥梁，是对大类的分解同时又是小类的上层，包含小类职业。

1. 中类的特征

第一，具有"种"和"属"的双重"身份"。中类同时具有"种"和"属"的概念，不仅包含下一层次（小类）的职业类别，还隶属于上一层次（大类）的职业类别。所以，中类这一层次在职业类别的划分中，起到承上启下的重要作用。

第二，受产业和行业结构的影响较大。西方经济学家根据劳动对象进行加工的顺序将国民经济部门划分为三次产业。产品直接取自自然界的部门称为第一产业，初级产品进行再加工的部门称为第二产业，为生产和消费提供各种服务的部门称为第三产业。它是世界上通用的产业结构分类，但各国的划分不尽一致①。

第三，细化趋向明显。中类是大类的分支、小类的综合。随着现代化的发展，在职业分类中，中类有走向细化的趋势。国际标准职业分类（ISCO）从ISCO88到ISCO08更新，关于职业中类分化呈现出以下两个特征：一是大类名称无变化、中类数量发生变化；表现为ISCO08中有5大类职业名称未发生变化，但这5类职业的中类出现了明显的细化，增加了

---

① 根据何盛明《财经大辞典》（中国财政经济出版社1990年版），根据比较流行的划分方法有三种：（1）澳大利亚和新西兰使用的分类法。第一产业包括农业（种植业）、畜牧业、渔业、林业、矿业；第二产业包括制造业、运输业；第三产业包括商业、金融和保险、不动产、个人服务。（2）日本的分类法。第一产业包括农林业、渔业、水产养殖业；第二产业包括矿业、建筑业、制造业；第三产业包括批发和零售商业、金融保险业、不动产业、运输和通信业、电力、煤气、自来水、服务业、公务等。（3）美国经济学家西蒙·库兹涅茨提出的分类法。第一产业指农业部门，包括农业（种植业）、渔业、林业、采集业；第二产业指制造业，包括矿业、制造业、建筑业、电力、煤气、自来水、运输业和通信；第三产业指服务业，包括贸易、金融、不动产、个人服务、商业、家务、职业服务、政府和国防。

很多新兴类别。二是大类名称发生变化，相应的中类数量也发生变化，相似职业间的聚合程度提高、普适性增强，中类数量增加。

2. 中类划分的具体原则

与大类结构不变相比，中类可能会有较大幅度的调整。划分与调整中类的归类时，主要考量涉及的知识领域、职业领域、工作性质、工作任务、使用工具和设备、采用的技术和方法，以及所提供的产品和服务种类的相似性，以体现工作性质相似性的基本原则；就职业对从业者的要求而言，需考量其普通受教育程度、职业培训、实际工作经验的相似性，以体现技能水平相似性原则。

一是体现在工作性质相似性方面。中类工作性质的相似性涵盖了诸如工作方式、工作对象、工作工具、工作成果、工作领域、工作环境等要素的相似性。

二是体现在技能水平相似性方面。技能水平的相似性体现在从业者的普通受教育水平、职业培训要求、实际工作经验的相似性方面。依据技能水平相似性原则，有利于增加中类的数量，满足新兴职业的归类需求，优化中类的数量和结构。

（四）小类的划分方法

小类是在某一职业领域（中类）中，按工作的环境、条件、功能及相互关系的相似性等方面的聚合程度，将中类职业的工作领域再次划分若干工作范围，再次划分后的每一工作范围称为小类。小类职业是职业体系结构的第三层级，其居于中类职业层级与细类职业层级之间。小类是中类职业的具体化职业，作为中类的子类，是对中类的分解。

1. 小类的特征

第一，职业小类具有专业性、技术性更明确的特点，小类所描述的职业类型、专业范围、研究领域、技能水平等更为具体和详细，种类更多，通过其名称可快速寻找到与之相对应的职业岗位。

第二，职业小类的划分位于中类和细类之间，有承上启下的作用，同时具备"种"和"属"的双重身份，因此，要兼具概括性和针对性，一方面，它是中类的细化，对中类进行更进一步的划分和归类；另一方面，它是细类的概括，能够综合涵盖同一类型的细类。

第三，同一中类的小类具有"平行等价"的关系。从职业范围、研究领域、职业活动对象、从业方式、对专业技能的要求、工作环境及条件等方面来看，同一中类的小类互相平行，其根本属性是一致的。

2. 小类划分的具体原则

一是体现在工作性质相似性方面。在从业者从事具体的工作过程中，所从事的工作（服务）客体、工作原料、工艺技术、工艺程序、工作环境等要素的相似性程度。随着近年来社会经济的高速发展，社会分工程度提高，体现在现代服务行业更为明显，出现了越来越多的新兴职业，这些职业可以依据工作性质相似性原则的操作指标进行合理归类，以健全我国的职业分类体系。工作性质相似性原则的子原则具体体现在以下方面：工作环境的相似性原则、工作对象的相似性原则、工作工具的相似性原则、工作职责的相似性原则、工作内容的相似性原则、工作领域的相似性原则、工作成果的相似性原则、工艺技术的相似性原则。

二是体现在技能水平相似性方面。技能水平相似性原则涵盖了从业者受教育水平的相似性、职业培训时间的相似性、实际工作经验的相似性，以充实工作性质相似性原则，同时也可明确小类职业技能水平等级。这些子原则具体体现在以下方面：普通教育水平的相似性原则（依据从业者是否受过同等程度的教育、是否获得同等的学历学位来进行职业的划分）、职业培训时间的相似性原则（依据从业者是否参加了性质相似的职业培训、职业培训时间是否一致来进行职业的划分）、实际工作经验的相似性原则（依据从业者参加工作时间的长短、工作经验获取程度是否相同或类似来进行小类职业的划分）。

（五）职业的划分方法

整个职业分类体系中职业是最基本、最具体的类别。职业是在每一个工作范围的基础上，按工作分析方法，根据工艺技术、工具和设备、原材料产品用途和劳动工作对象相似性的原则进行归并，称为职业。

1. 职业的特征

第一，职业具有一定的目的性，即以获得现金或实物等报酬为目的；第二，职业具有分工明确、各司其职，每个从业者具有自己相应的工作岗位；第三，职业的具体工作内容同质性程度较高，相比大类、中类、小类而言，同一个细类职业所从事的职业内容具有典型的同一性特征；第四，职业具有很强的规范性，工作责任、权利与义务可以落实到每个具体的工作者；第五，职业具有复杂性。随着社会的变迁和科技的进步，部分职业的分化程度会越来越高，种类也会越来越多，一些旧的、跟不上时代发展的职业会逐步消亡，取而代之的是更多绿色环保节能、科技含量高的职业；与此同时，部分职业具有稳定性，不论时代如何变迁，这类职业都会存在（医生、教师等）。

2. 职业划分的具体原则

一是体现在工作性质相似性方面。在从业者从事具体工作过程中，依据其所从事的工作（服务）客体、工作原料、工艺技术、工艺程序、工作环境等要素的相似性程度从而将细类职业进行科学划分。工作性质相似性原则具体体现在以下方面：工作领域的相似性原则、工作职责的相似性原则、工作环境的相似性原则、工作专业的相似性原则、工作内容的相似性原则、工作对象的相似性原则、工艺技术的相似性原则、工作原料的相似性原则、工作成果的相似性原则、工作工具的相似性原则。

二是体现在职业技能水平相似性方面。在从业者从事具体工作过程中，依据从业者受教育水平的相似性程度、职业培训时间的相似性程度、实际工作经验的相似性程度，对细类职业进行科学分类，以充实或弥补工作性质相似性原则划分的不足之处，据此明确细类职业技能水平等级。

另外，考虑到职业的特殊性（变化速率快、同质性程度高等），在对细类层级职业进行划分的时候，还需要将影响职业性质变化的多重因素考虑进来，参照组织机构分类、行业分类、学科分类、职位职称分类、工种分类以及国际标准职业分类，按照一定的先后顺序来进行划分和归类。

第二节　职业分类的国际经验

世界上经济发达国家和重要国际组织都非常重视职业分类问题的研究，这不仅是形成产业结构概念和进行产业结构、产业组织及产业政策研究的前提，同时也是对劳动者及其劳动进行分类管理、分级管理及系统管理的需要。

一　国际标准职业分类

（一）国际标准职业分类的沿革

为了指导各成员国修订和完善其职业分类，以便于统计数据的交换和共享，1949年国际劳工组织（ILO）在第七届国际劳动统计专家会议上通过了《国际标准职业分类（草案）》，1958年《国际标准职业分类》初版发行，后经1968年、1988年、2008年等几次修订，现已成为世界各国建立本国职业分类体系的蓝本。

国际标准职业分类 ISOC-88（International Standard Occupational Classification-1988）主要根据两个关键指标进行：工作和胜任该工作需要的技能。工作主要是指一个人需要完成的一系列任务和职责，技能是指从事特定工作任务和职责所需要的能力。其特点在于：一是按照技术等级对职业做首级分类，强调四个技能等级，既包括正规教育和非正式在职培训，又将工作经验作为重要分类标准。二是对管理职位的分类更加细化。三是把传统手工艺职业具体细化到相关职业中，以便于国际比较研究。四是把军队警察职业纳入职业体系，如普通士兵纳入保安服务人员。在该职业分类系统的大类中，多数大类都跟一定的技能等级相联系。

2007年12月国际劳工组织召开了国际标准职业分类修订大会，通过了新的职业分类体系《国际标准职业分类（2008）》（简称ISCO-08），它是对《国际标准职业分类（1988）》（简称ISCO-88）的更新。国际劳工组织对职业标准分类进行修订的基本依据有两条：一是各国在使用ISCO-88过程中遇到的问题；二是经济科学技术发展导致工作种类的变化。

（二）ISCO各版本的比较

ISCO各版本的基本原理与主要框架相同，职业仍以大类（major group）、中类（sub-major group）、小类（minor group）和细类（unit group）区分，在不同版本上，根据社会职业的变化，大类、中类等也有相应变化，如ISCO-08和ISCO-88大类均分为10类，ISCO-08的中类有43类，比ISCO-88的28类增加了15类，具体增加内容见表2—1。

从表2—1中可以发现，国际标准职业分类的演进趋势是，根据社会发展的需要，职业分类趋于细化，强调职业对技能的要求，如ISCO-08对职业进行分类采用的基本标准是承担相应的任务或职责所需的"技能水平"和"技能的专业程度"，这更好地体现了社会经济与科技的发展。

（三）ISCO-88和ISCO-08的比较

ISCO-08与ISCO-88相比发生了重大的变化，ISCO-08保留了

ISCO-88 部分职业大类的名称，也更新了部分职业大类的名称。职业大类名称发生改变的有 5 类，如 ISCO-88 中第一大类为立法者、高级官员和管理者，第四大类为办事员，在 ISCO-08 中第一大类为管理者，第四大类为办事人员。从中类变化来看，除了第八大类的机械机床操作员和装配工中的中类没有变化外，ISCO-08 中的各大类下的中类均有增加。中类细化反映了社会分工细化的结果。（见表 2—2）

表 2—1　　　　　　　　ISCO 各版本的结构比较

类别	ISCO—58	ISCO—68	ISCO—88	ISCO—08
大类	11	11	10	10
中类	—	—	28	43
小类	72	86	116	125
细类	202	285	390	436
大类结构变动	0 专业、技术及相关人员 1 行政、主管及管理人员 2 办事员 3 销售人员 4 农夫、渔夫、狩猎者、伐木工及相关人员 5 矿工、采石工人及相关人员 6 运输及通信业的工作人员 7/8 工匠、生产过程工作者及其他未被分类的劳动者 9 服务、体育及娱乐业工作人员 X 未被分类的其他从业人员 Y 军人	0/1 专业、技术及相关人员 2 行政及管理人员 3 办事员和相关人员 4 销售人员 5 服务人员 6 农业、畜牧业和林业工作者，渔夫和狩猎者 7/8/9 生产及相关工作者，运输设备操作员和劳动者 X 未被分类的其他从业人员 Y 军人	1 立法者、高级官员和管理者 2 专业人员 3 技术人员和专业人员助理 4 办事员 5 服务人员及商店和市场销售人员 6 农业和渔业技术员 7 工艺及有关人员 8 机械机床操作员和装配工 9 非技术工人 0 军人	1 管理者 2 专业人员 3 技术人员和专业人员助理 4 办事员 5 服务人员及销售人员 6 农业、林业和渔业技术员 7 工艺及有关人员 8 机械机床操作员和装配工 9 非技术工人 0 军人

表 2—2　　　　　ISCO-88 与 ISCO-08 中类的比较

ISCO-88（28 类）	ISCO-08（43 类）
11 立法议员及高级官员 12 企业经理 13 一般管理人员	11 行政人员、高级官员及立法议员 12 行政和商业管理人员 13 生产及专门服务管理人员 * 14 招待、零售及其他服务管理人员 *
21 物理、数学及相关专业人员 22 生命科学及卫生专业人员 23 教学专业人员 24 其他专业人员	21 科学与工程专业人员 22 卫生专业人员 23 教学专业人员 24 工商管理专业人员 * 25 资讯及通信科技专业人员 * 26 法律、社会和文化专业人员 *
31 物理及工程专业助理人员 32 生命科学及卫生专业助理人员 33 教学专业助理人员 34 其他专业助理人员	31 科学和工程专业助理人员 32 医疗专业助理人员 33 商业及行政专业助理人员 * 34 法律、社会、文化及有关专业助理人员 * 35 资讯及通信技术人员 *
41 办公室文员 42 客户服务文员	41 一般文员和打字员 42 客户服务文员 43 数字和材料记录文员 * 44 其他文员 *
51 个人及保安服务人员 52 模特及售货员	51 个人服务工作人员 52 销售人员 53 个人护理工作者 * 54 保安服务工作人员
61 市场导向的农业和渔业技术工人 62 自给的农夫和渔夫	61 市场导向的农业技术工人 62 市场导向的林业、渔业和狩猎业技术工人 63 自给农民、渔民、猎人和采集者
71 提炼及建筑行业工人 72 金属、机械及相关行业工人 73 精密、手艺、印刷及相关行业工人 74 其他工艺及相关行业工人	71 建筑及相关行业的工人，不包括电工 72 金属、机械及相关行业工人 73 工艺品及印刷工人 74 电气和电子行业工人 * 75 食品加工、木材加工、服装及其他工艺及相关行业工人 *

续表

ISCO-88（28类）	ISCO-08（43类）
81 车间及相关操作员 82 机器操作员及组装人员 83 驾驶员及移动设备操作工人	81 车间及机器操作员 82 组装人员 83 驾驶员及移动设备操作工人
91 销售及服务业的基层职业 92 农业、渔业及相关劳工 93 采矿业、建筑业、制造业和运输业劳工	91 清洁工及佣工＊ 92 农业、林业和渔业工人 93 采矿业、建筑业、制造业和运输业劳工 94 食品制作助理人员＊ 95 街道及相关的销售和服务工作人员 96 垃圾工人和其他基层劳工＊
01 军人	01 有军衔的军队士官＊ 02 无军衔的军队士官＊ 03 其他军阶的军人＊

注：＊为新增类别。

二 代表性国家的职业分类

（一）美国的职业分类和 O＊NET

1. 美国职业分类的演进

美国最早的职业分类体系的建立可以追溯到 1850 年，该分类系统包括 322 个职业，主要是模仿标准行业分类系统（Standard Industrial Classification, SIC）建立的。行业分类系统是在 20 世纪 30 年代引入的，目的是为当时迅速发展的制造业提供分类依据。美国政府在 1980 年对该体系进行了修订，形成 SOC-80 系统（Standard Occupational Classification System）。到了 20 世纪 90 年代中期，由于社会发展，服务性职业和高科技职业大量出现，迫切需要建立新的行业分类系统。需要对 SOC-80 进行重新修订，由此成立了标准职业分类修订政策委员会（Standard Occupational Classification Revision Policy Committee, SOC Committee）来负责此项工作，并借鉴了北美行业分类系统（North American Industry Classification System, NAICS）的一些原则来对 SOC-80 进行修订。自 1980 年首次颁布以来，SOC 已修订了 5 次。2017 年 11 月 28 日，美国劳工统计局代表美国管和预算办公室、标准职业分类修订政策委员会公布了《标准职业分类（2018）》（以下简称 SOC2018）。

2. SOC2018 的修订过程

自 2012 年美国管理和预算办公室、标准职业分类修订政策委员会提出《标准职业分类（2010）》（以下简称 SOC2010）修订计划，到 2017 年 11 月公布 SOC2018，历时 5 年。大体经过以下阶段。

（1）启动阶段（2013 年年初至 2014 年 5 月）。美国管理和预算办公室、标准职业分类修订政策委员会进行会面启动本轮修订工作。标准职业分类修订政策委员会由劳工部劳工统计局、劳工部就业和培训管理局、商务部人口普查局、国防部国防人力数据中心、教育部国家教育统计中心、交通运输部交通运输统计局、平等就业机会委员会、卫生和人类服务部卫生资源与服务管理局、国家科学基金会国家科学与工程统计中心、联邦人事管理局、政府管理和预算办公室信息和监管事务办公室等 11 个部门参加。

（2）征询意见阶段（2014 年 5 月至 2014 年 7 月）。2014 年，美国管理和预算办公室发布公告，向公众征询修订 SOC2010 的意见（第一次公告），公告期为 2 个月。征询意见内容包括：修订 SOC2010 分类原则、拟保留 SOC2010 的编码指南、拟保留 SOC2010 的大类结构以及修正、更改或组合 SOC2010 的细类、新增职业细类建议等。

（3）分类研究论证阶段（2014 年 7 月至 2016 年 7 月）。由国家标准职业分类修订政策委员会组建了八个由机构工作人员和专家组成的工作组，汇总、研究、论证公众意见和联邦有关政府部门意见，并向委员会提出 SOC2010 修订建议。工作组分为 8 个，包括：1）管理、商业和金融业务、法律职业；2）计算机和数学、建筑与工程、生命、物理和社会科学职业；3）社区和社会服务、医疗从业人员和技术人员、医疗保健支持；4）教育、培训和图书馆、艺术、设计、娱乐、体育和媒体；5）保护服务、食物准备和相关服务、建筑物和地面清洁和维护、个人护理和服务、销售及相关、办公室和行政支持；6）农业、渔业和林业、建造与开采、安装、维护和维修、运输和物质移动；7）生产职业；8）军事特定职业。

（4）征求意见阶段（2016 年 7 月至 2016 年 9 月）。标准职业分类修订政策委员会根据工作组意见研究提出 SOC2010 修订建议稿，美国管理和预算办公室发布第二次公告征求公众意见，公告期为 2 个月。

(5) 审定和决定阶段（2016年年底至2017年11月）。标准职业分类修订政策委员会根据公众意见和建议提出 SOC2010 最终修订意见。美国管理和预算办公室据此公布最终职业分类修订建议（第三次公告）。

联邦统计机构于 2018 年 1 月基准年开始之后使用 SOC2018 发布职业数据，对于某些统计项目，SOC2018 将分阶段实施。

3. SOC2018 的分类原则

SOC 分类原则形成了 SOC 系统构建的基础。

（1）SOC 包含所有以赚取工资或获取利润为目的的职业，包括家族企业中家庭成员从事的没有直接报酬的工作。SOC 中不包括志愿者这种独特职业。每个职业仅属于最细的分类级别中的一个职业类别。

（2）职业根据所从事的工作进行分类，在某些情况下，是根据执行工作所需的技能、教育或培训进行分类。

（3）主要从事资源规划和指导的劳动者属于大类 11-0000 管理职业。这些劳动者的职责可能包含监管。

（4）大类 13-0000 到 29-0000 中劳动者的监管者，通常具备相关工作经验，并且从事与被监管人员相似的工作活动。因此，他们与被监督的劳动者归入同一类别。

（5）大类 31-0000 医疗保健支持职业中的劳动者主要从事协助工作，并且通常由大类 29-0000 医疗从业者和技术职业的劳动者监管，因此在大类 31-0000 中没有一线主管职业。

（6）大类 33-0000 到 53-0000 中主要职责为监管的劳动者，被归为对应的一线主管类别。原因是他们从事的工作活动与被监管人员的工作活动不同。

（7）学徒和受训人员被归为所参与培训的职业，而助手则另行分类，因为他们没有接受其所协助职业的培训。

（8）在结构中，如果一项职业不是明确的细类，则将其归入相应的"所有其他"职业。如果确定构成小类的细类不涉及该类的所有工作人员，尽管这类工作人员可能从事一系列不同的工作活动，"所有其他"职业要纳入该结构。这些职业显示为组中的最后一个职业，代码以"9"结尾，并在其名称中通过最后出现"所有其他"来标识。

（9）美国劳工统计局和美国人口普查局负责收集和报告整个 SOC 大

类范围内的美国就业总数。因此，要将细类纳入 SOC，劳工统计局或人口普查局必须能够收集和报告该职业的数据。

（10）为最大限度地提高数据的可比性，尽可能保持时间序列连续性。

4. SOC2018 和 SOC2010 系统的比较

SOC2018 职业分类体系包括：23 个大类（见表 2—3）、98 个中类、459 个小类、867 个细类。与 SOC2010 相比，SOC2018 中增加新职业 70 个，其中净增加 27 个细类和一个中类。小类数量减少 2 个，大类数量保持不变。主要变化是：

（1）新增 70 个细类。主要有三种情况：一是从原有细类拆分出的新职业，共 32 个。比如金融风险专家、临床和心理学家、个人和商业财产评估师、教学助理、食品科学技术人员、校车司机等。二是从"所有其他"细类即余类独立出来的新职业，共 27 个。比如数据科学家、校准技术专家和技术人员、针灸师、水文技师、飞机服务员等。三是从原有细类合并出的新职业，共 11 个。比如新闻分析员、软件开发人员、计算机数控工具操作员等。

（2）在 SOC2018 的 867 个细类中，有 391 个细类同 SOC2010 完全保持一致，有 355 个细类修订了职业定义，有 131 个细类修订了职业名称，有 115 个细类修订了职业分类编码。其中修订了职业定义的 355 个细类中，有 254 个细类属于进一步补充或说明，其职业内容没有变化。总体上看，SOC2018 中有 88% 的细类没有实质性的改变。

（3）信息技术和医疗保健等 2 个职业领域修订和新增的细类最为显著。比如在信息技术领域，新增了数据科学家、软件质量保证分析和测试人员、网站和数据界面设计人员、数据库架构师、软件开发人员、计算机数控工具程序员和计算机数控工具操作员。同时对原有的计算机系统分析师、信息安全分析师等 8 个细类职业名称、定义、编码分别进行了调整。

（4）在 SOC2018 中类修订中，将"教育、培训与图书馆职业"名称修订为"教育指导与图书馆职业"；将"职业健康与安全专家与技术人员"从小类移入"生命、物理和社会科学职业"大类中，并提升为新的中类；将职业健康与安全专家、法庭记者、个人护理助手等 7 个细类移入新的大类；将高等教育教学助理、口腔卫生保健师等 4 个细类移入新的中类。

表 2—3　　　　　　　　　　SOC2018 大类

编码	大类名称
11-0000	管理职业
13-0000	商业和金融运营职业
15-0000	计算机和数学职业
17-0000	建筑与工程职业
19-0000	生命、物理和社会科学职业
21-0000	社区和社会服务职业
23-0000	法律职业
25-0000	教育指导与图书馆职业
27-0000	艺术、设计、娱乐、运动与媒体职业
29-0000	医疗从业者和技术职业
31-0000	医疗保健支持职业
33-0000	保护服务职业
35-0000	食品加工与服务职业
37-0000	建筑和地面清洁和维护职业
39-0000	个人护理与服务职业
41-0000	销售相关职业
43-0000	办公室和行政支持职业
45-0000	农业、渔业和林业职业
47-0000	建造与开采子行业
49-0000	安装、维护和维修职业
51-0000	生产职业
53-0000	运输和物料搬运职业
55-0000	军事特定职业

资料来源：美国劳工部网站。

（二）英国的职业分类

1. 英国职业分类体系的演进

英国职业分类体系成形于 20 世纪 60 年代，后逐步发展，其人口普查、劳动力调查、社会经济统计、社会分层等统计调查项目都不同程度地涉及职业分类，形成了以人口普查和劳动力调查为主体，彼此不同又相互关联的多种职业分类。

人口普查和调查的职业分类由人口调查办公室（OPCS）制定、公布和维护。较早的职业代码（CO）于 60 年代公布，以后 OPCS 每隔 10 年更新一次，先后公布了 CO60、CO70 和 CO80 共 3 个版本的职业分类。CO80 以职业类别（17 种）、职业组别（547 种）和操作编码组（350 种），构造了当时英国的职业分类体系。

用于就业、职业指导和劳动力市场调查的职业代码和名称词典（CODOT），由就业部所属的 EDG 于 1972 年公布。CODOT 的职业分类体系包括了职业的主类（18 种）、次类（72 种）、单元（378 种）以及 3800 个左右的具体职业。

20 世纪 80 年代，国际劳工组织公布了国际标准职业分类 ISCO-88，指导各成员国修订和完善其职业分类，以便有关统计数据的交换和共享。在此背景下，英国实现了职业分类由传统分类体系向标准分类体系的过渡。

2. SOC-1990 和 SOC-2000 的比较

SOC-1990 包括 9 个主类、22 个次主类（18 种）、77 个次类，它并没有用技能水平的不同区别不同的职业类别，但在其职业分类的介绍中强调了 9 个大类均有不同的教育、培训和工作经验要求。修订版的英国标准职业分类 SOC-2000 参照国际标准职业分类 ISCO-88 引入 4 级技能水平的分类标志。SOC-1990 与 SOC-2000 在结构上的比较见表 2—4。

表 2—4　　　　SOC-1990 与 SOC-2000 结构对比

大类	中类		小类		职业		相关职名	
2000	1990	2000	1990	2000	1990	2000	1990	2000
管理人员和高级官员	2	2	9	11	44	45	197	186
专业性职业	4	4	9	11	42	46	201	204
辅助专业技术职业	3	5	10	17	48	74	236	300
行政和秘书职业	2	2	8	6	20	24	92	82
技术熟练的技术性职业	3	4	10	11	72	53	357	261
个人服务职业	2	2	9	7	32	23	145	86
销售和客户服务职业	2	2	5	3	16	11	53	45
工序、成套设备和机器操作员	2	2	10	6	62	42	258	168
初级职业	2	2	7	9	35	35	132	130
合计	22	25	77	81	371	353	1670	1462

注：SOC-1990 的大类依序为：管理人员和行政人员；专业性职业；辅助专业技术职业；文书和秘书职业；手工技艺和有关职业；个人和保安服务职业；销售职业；成套设备和机器操作员；其他职业。

3. SOC-2000 中的技能级别要求

在以技能水平要求区别不同职业方面，SOC-2000 做了更多的工作。它不仅划分了各大类的技能级别，还进一步划分了所有中类的技能级别。其划分的结果见表 2—5。

表 2—5　　　　　SOC-2000 大、中类的技能级别

大类	技能级别	中类	技能级别
2 专业性职业	4 级	11 公司经理	4 级
		21 科技专业人员	
1 经理和高级官员	3-4 级	22 卫生专业人员	
		23 教学研究专业人员	
3 辅助专业技术职业	3 级	12 农业和服务业的经理和业主	3 级
		31 辅助科技专业人员	
5 技术熟练的技术性职业		32 卫生和社会福利辅助专业人员	
		33 保护性服务职业	
4 行政和秘书职业		34 文化、传媒和体育职业	
		35 工商和公共服务辅助专业人员	
		51 技术熟练的农业技术性职业	
		52 技术熟练的金属和电气技术性职业	
6 个人服务职业		53 技术熟练的施工和建筑技术性职业	
		54 纺织、印刷和其他技术熟练的技术性职业	
7 销售和客户服务的职业	2 级	41 行政职业	2 级
		42 秘书及相关职业	
		61 护理个人服务职业	
		62 休闲和其他个人服务职业	
		71 销售职业	
8 工序、成套设备和机器操作员		72 客户服务职业	
		81 工序、成套设备和机器的操作员	
		82 运输和流动机器驾驶员和操作员	
9 初级职业	1 级	91 初级技术性职业、成套设备和仓储相关职业	1 级

(三) 加拿大的职业分类

1. 加拿大职业分类体系的演进

加拿大职业分类体系形成于20世纪70年代初。1971年，加拿大移民与就业部编辑出版了《加拿大职业分类词典》（Canadian Classification and Dictionary of Occupation，简称 CCDO）。CCDO 出版以后，广泛应用于人口统计、就业、职业培训、经济预测等领域，成为极有参考价值的工具，受到普遍的欢迎。

CCDO 主要参考了美国 DOT 的模式，注重行业划分而忽视同一行业中由于技能水平的差异而造成的职业差异。比如，木工和木工辅助工，划分到一起，无法区分和确定两种职业不同的技能水平要求。因此从1988年开始，加拿大移民就业局组织专家编制国家职业分类（National Occupational Classification，NOC）。1993年，加拿大移民就业局开始推行 NOC 并经过数次修订，目前使用的是2006年修订的国家职业分类 NOC – 2006。

2. NOC 的分类原则

NOC 根据职业对知识、技能和能力的不同要求划分行业，再根据工作岗位从高到低划分层次，以及依据技能水平再确定职业级别。NOC 中共分有9大行业，每一行业按照职业对知识、技能和能力的不同要求，划分为两个层次，即管理层和技术层；在技术层面，又依据不同职业对知识、技能和能力的不同要求及职责范围，划分为若干个技能水平级别，在每一技能水平级别里，都包含数目不等的职业。

NOC 中的9个行业依次为：（1）金融、行政事务；（2）自然科学、应用科学；（3）医疗保健；（4）社会科学、教育、政府部门、宗教；（5）艺术、文化、体育；（6）产品销售与服务；（7）手工艺、交通设备操作及相关行业；（8）基础工业；（9）生产加工业与公用事业。

NOC 用0和A、B、C、D 表示不同级别的技能水平。0，表示管理层不分技能水平的高低；A、B、C、D 表示技术层的技能水平。在商业、金融和医疗保健行业，技术层的技能水平为 A、B、C 三级；在自然科学、应用科学和社会科学、教育、政府部门、宗教及艺术、文化、体育等行业，技术层的技能水平有 B、C、D 三级。

3. NOC-2006 和 NOC-2001 的比较

NOC-2006 的构成和 NOC-2001 基本相同,均根据 9 个行业和管理层来划分,无论是大类、中类、小类也无大的变化,只是部分名称和内容根据需要进行了更新,同时增加了部分新职业。在此仅比较 NOC-2006 和 NOC-2001 结构上的不同,见表 2—6、表 2—7。

表 2—6　　　　　NOC-2006 与 NOC-2001 的结构比较

	NOC-2006	NOC-2001
大类	47	26
中类	141	140
小类	520	520

表 2—7　　　　　NOC-2006 与 NOC-2001 的类别比较

技能分类和 NOC 的大类 NOC-2001	广泛的职业分类和 NOC-S NOC-2006
管理类的职业	
00 高层管理职业 01—09 中层和其他管理职业	A0 高层管理职业 A1 管理专家 A2 贸易零售、食品和食宿服务的管理者 A3 其他管理者
商业、金融业和政府部门	
11 商业和金融界的专业性职业 12 行政及业务技能行业 14 牧师职业	B0 商业和金融界的专业工作 B1 金融和保险管理工作 B2 秘书 B3 行政和管理职业 B4 监督人员 B5 办事员职业
自然科学与应用科学及相关行业	
21 自然与应用科学的专业性职业 22 与自然和应用科学相关的技术类职业	C0 自然与应用科学的专业性职业 C1 与自然和应用科学相关的技术类职业

续表

技能分类和 NOC 的大类	广泛的职业分类和 NOC – S
NOC – 2001	NOC – 2006
卫生类职业	
31 卫生领域的专业性职业 32 卫生领域的技术类和熟练的职业 33 支持卫生服务中心的协助类职业	D0 卫生领域的专业性职业 D1 主管护士和注册护士 D2 卫生领域的技术和相关职业 D3 支持卫生服务中心的协助类职业
社会科学、教育、政府服务及宗教领域的职业	
41 社会科学、教育、政府服务及宗教领域的专业性职业 42 法律、社会科学、教育及宗教领域的辅助专职人员的职业	E0 法官、律师、心理学家、社会工作者、宗教部长以及政策和方案制定人员 E1 老师和教授 E2 律师助理、社会服务工作者以及教育和宗教领域的职业
艺术、文化、娱乐和体育界的职业	
51 艺术和文化领域的专业性职业 52 熟练从事艺术、文化、娱乐和体育技术的职业	F0 艺术和文化领域的专业性职业 F1 艺术、文化、娱乐和体育界的技术性职业
销售及服务行业	
62 熟练的销售和服务职业 64 中级销售和服务职业 66 初级销售和服务职业	G0 销售和服务监管人员 G1 批发、技术、保险、房地产销售专家以及零售、批发和粮食商 G2 零售营业员及销售人员 G3 收银员 G4 厨师长和厨师 G5 食品和饮料服务业的职业 G6 保护性服务行业的职业 G7 旅行和包括娱乐体育行业服务人员在内的食宿领域的职业 G8 育儿和家庭支助工作人员 G9 贸易和服务领域的职业

续表

技能分类和 NOC 的大类	广泛的职业分类和 NOC – S
NOC – 2001	NOC – 2006
贸易、运输和设备操作及相关行业	
72—73 贸易和技术熟练地运输和设备操作员 74 运输、设备操作、安装和维修领域的中级职业 76 贸易佣工、建筑工和相关职业	H0 贸易和运输行业的承包工和监督员 H1 建筑行业 H2 固定工程师、电站运营商、电器行业和电信职业 H3 机械师、金属成型、塑造及建筑类职业 H4 力学 H5 其他行业 H6 重型设备、包括钻机在内的起重机操作员 H7 除劳动者之外的运输设备操作人员及有关工作人员 H8 贸易佣工、建筑和运输业劳动者及相关职业
第一产业中的独特职业	
82 第一产业中的熟练职业 84 第一产业中的中级职业 86 第一产业中的劳动者	I0 除农民之外的农业中的独特职业 I1 除劳动者之外的森林作业、采矿、石油、天然气开采和渔业中的独特职业 I2 初级生产工
加工制造和公用事业中的独特职业	
92 加工，制造和公用事业的主管人员和熟练的操作人员 94—95 加工和制造机械设备操作工及组装工 96 加工制造和公用事业中的劳动者	J0 制造业中的监督人员 J1 制造业中的机械操作人员 J2 制造业中的装配工 J3 加工制造和公用事业中的劳动者

（四）新加坡的职业分类

新加坡的标准职业分类（Singapore Standard Occupational Classification，简称 SSOC）包括五个层次，即大类、中类、小类、细类和职业，不同层次的分类由一个五位编码体系表示，也经历过多次修订。

1. 职业分类的基本原则

SSOC 的职业分类基本原则是依据工作主要内容，并考虑所需技能水平而划分。从事同一种工作且工作主要内容相同的人划入相同的职业群,而不考虑权威、责任、工作经验、技能和资格。因此,当某一职业中经验丰富的工作者负起监督其他工作者的额外责任时,其额外责任并不改变工作的基本属性。例如,首席建筑师被划分为建筑师和城市规划师(细类2141)。

大类(编码的第1位)是职业分类结构中的最高层次,代表工作的领域而非某种具体工作。SSOC-2005共有10个大类,采用基本技能概念定义SSOC-2005的众多工作种类。技能以完成给定工作的任务和责任所需要的能力来定义,SSOC-2005定义了技能的两个方面:一是技能水平,即与任务和职责的复杂程度和范围相关的执行能力;二是技能规范,是根据涉及的知识领域、使用的工具和设备、加工和使用的材料,以及提供的产品和服务的种类来规定的。

技能水平根据受教育层次的不同划分为四个等级:

第一级技能水平被定义为接受初等教育或未接受教育。

第二级技能水平被定义为接受中等或中等后教育。

第三级技能水平被定义为接受过比前面更高等级的教育但不等同于大学教育。

第四级技能水平被定义为接受过比前面更高等级的教育,等同于本科或研究生教育。

依据四级技能水平,SSOC-2005中的划分大类的结果见表2—8。

表2—8　　　　　SSOC-2005大类的技能水平

	大类	技能水平
1	立法者、高级官员和管理人员	——
2	专业人员	4级技能水平
3	辅助专业人员和技术人员	3级技能水平
4	职员	2级技能水平
5	服务人员和商店与市场销售人员	
6	农业和水产业工人	
7	手艺(工艺)人和相关行业的工人	
8	设备与机械操作和装配工	
9	清洁工、劳工和相关行业的工人	1级技能水平
X	未分类职业的从业者	——

2. 新加坡 SSOC-2010 和 SSOC-2005 的比较

2010年2月，新加坡职业分类 SSOC-2010 出版。SSOC-2010 采用了国际标准职业分类2008版（ISCO-08）的基本框架和原则。这次修订不仅配合了国际标准职业分类的变化，也反映出劳动力市场的发展，特别是新职业的出现。相较于 SSOC-2005，SSOC-2010 在大类上基本没有变化，但中小类明显细化，并囊括了一批新兴职业。SSOC-2010 较 SSOC-2005 新增或更新的中类有：行政和商业管理者、生产及特别事务管理人、招待、零售及相关服务管理者、卫生技术人员、信息和通信技术的专业人员、保健辅助专业人员、信息与通信技术员、一般文员及打字员、数值和材料记录文员、个人服务工作人员、起居照顾员、垃圾工人和其他基层劳工、电气和电子行业的工人、农业、渔业及相关劳工、食品制作和厨房助理、保安服务工作人员。两种不同版本间分类结果的比较见表2—9和表2—10。

表2—9　　SSOC-2005 与 SSOC-2010 分类体系的比较

	SSOC-2005	SSOC-2010
大类	1 立法者、高级官员和管理人员 2 专业人员 3 辅助专业人员和技术人员 4 职员 5 服务人员和商店与市场销售人员 6 农业和水产业工人 7 手艺（工艺）人和相关行业的工人 8 设备与机械操作和装配工 9 清洁工、劳工和相关行业的工人 X 未分类职业的从业者	1 立法者、高级官员和管理人员 2 专业人员 3 辅助专业人员和技术人员 4 职员 5 服务和销售人员 6 农业和水产业工人 7 手艺人和相关行业的工人 8 设备与机械操作和装配工 9 清洁工、劳工和相关行业的工人 X 未分类职业的从业者
中类	32	43
小类	119	140
细类	317	400
职业	999	1122

表 2—10　　　　　SSCO-2005 与 SSCO-2010 中类的比较

SSCO-2005（32 类）	SSCO-2010（43 类）
11 立法者和高级官员 12 公司经理 13 在职东主	11 立法者、高级官员和行政人员 12 行政和商业管理者* 13 生产及特别事务管理人* 14 招待、零售及相关服务管理者*
21 物理、数学和工程科学专业人员 22 生命科学和卫生专业人员	21 科学和工程专业人士 22 卫生技术人员*
23 教育人员 24 商务人员 25 法律专业人员 29 未分类的其他专业人员	23 教育人员 24 商业管理专业人员 25 信息和通信技术的专业人员* 26 法律、社会和文化专业人员 29 未分类的其他专业人员
31 物理、工程科学助理专业人员 32 生命科学及医疗助理专业人员 33 教学助理专业人员 34 财务、销售及相关业务助理专业人员 39 未分类的其他专业助理人员	31 物理、工程科学助理专业人员 32 保健辅助专业人员* 33 商业管理助理专业人员 34 法律、社会、文化及相关助理专业人员 35 信息与通信技术员* 36 教学助理专业人员 39 未分类的其他专业助理人员
41 办公室文员 42 客户服务文员 49 未分类的其他文员	40 监督人员 41 一般文员及打字员* 42 客户服务文员 43 数值和材料记录文员* 44 其他办事员
51 服务人员 52 商店和市场销售人员	51 个人服务工作人员* 52 销售人员 53 起居照顾员* 54 保安服务工作人员* 59 未分类的其他服务人员
61 农业工人 62 水产技术工人	61 农业工人 62 水产技术工人

续表

SSCO-2005（32类）	SSCO-2010（43类）
71 建筑行业工人 72 金属、机械及相关行业工人 73 精密、手工艺、印刷及相关行业工人 74 食品加工、木材加工、纺织、皮革及相关行业工人 79 未分类的其他生产技工及相关人员	71 建筑及有关工作者、不包括电工 72 金属、机械及相关行业工人 73 精密、手工艺、印刷及相关行业工人 74 电气和电子行业的工人* 75 食品加工、木材加工、服装、皮革等工艺及相关行业工人
81 机床操作工 82 机器操作员及装配员 83 驾驶员和移动机械操作员	81 机床及机器操作员 82 装备及质量检测员 83 驾驶员和移动机械操作员
91 清洁工人及有关人员 92 搬运工、服务员及有关人员 93 劳工及相关人员	91 清洁工人及有关人员 92 农业、渔业及相关劳工* 93 劳工及相关人员 94 食品制作和厨房助理* 96 垃圾工人和其他基层劳工*

注：*为新增类别。

第三节 我国的职业分类制度

我国自春秋开始，就有仕、农、工、商的职业分类。中华人民共和国成立以后，在第二次全国人口普查（二普）中，首次统计调查了全国人口的职业分布状况，从第三次全国人口普查（三普）起形成了较为系统的职业分类，在第五次全国人口普查（五普）前做过系统的修订。以此为基础，逐步形成了人口普查、劳动力管理和劳动力市场调查三种应用范围不同、又彼此关联的职业分类体系。

一 人口普查中的职业分类

职业分类是全国人口普查的数据分类标志。从1964年"二普"开始，每次全国人口普查和抽查都涉及有关"职业"的统计调查项目，陆续形成了较为完整的职业分类体系[①]。

(一)"二普"的职业调查

为了掌握全国人口数量、性别、年龄结构及其他人口社会经济特征状况,"二普"共设有8类调查项目,即与户主关系、姓名、性别、年龄、本人成分、民族、文化程度和职业。其中,"职业"即为本次人口普查新增的调查项目。但是,"二普"中虽然开展了职业调查,却因对职业构成的复杂性认识不足,没有事先制定出职业分类的标准,以至实际调查时难以区别不同种类的职业,事后也就难以分类、汇总和使用职业调查的数据。

(二)"三普"制定的《职业分类与代码》

开始于1983年10月的"三普"吸取了以往职业调查中的教训,开始制定和使用职业分类的尝试。在筹备"三普"期间,为制定统一的职业分类标准,国务院人口普查办公室、国家统计局、国家标准局于1980年4月提出了《职业分类目录(草案)》,先在无锡市的人口普查中试行,然后推广到各省、市、自治区人口普查试点中试用。1981年7月,根据试用情况,以及在反复征求各方面意见、借鉴外国经验的基础上,对《职业分类目录(草案)》进行了修订,最后制定出在"三普"使用的《职业分类与代码》。"三普"有关职业分类的实践,奠定了编制职业分类国家标准的基础。1986年6月21日,国家统计局、国家标准局制发了我国第一部职业分类的国家标准,即GB/T 6565-1986《职业分类与代码》。此标准分为大、中、小类三层,包括8个大类、64个中类和301个小类。大类的排列顺序是:(1)各类专业技术人员;(2)国家机关、党群组织、企事业单位负责人;(3)办事人员和有关人员;(4)商业工作人员;(5)服务性工作人员;(6)农林牧渔劳动者;(7)生产工人、运输工人及有关人员;(8)不便分类的其他劳动者。这种排序与世界上大多数国家(包括许多发展中国家)的排列方法相同。

(三)"五普"的职业分类与调查

"五普"有关职业的调查统计更为精细。一是国家职业分类体系已日臻完善。伴随着劳动力管理领域的《中华人民共和国职业分类大典》的颁布,

---

[①] 部分摘编自《中国社会职业发展观察报告(1978—2008)》。

《职业分类与代码》也同步进行了修订，以新的职业分类国家标准 GB/T 6565-1999 替代了旧的分类标准。新标准仍然维持了职业分类体系的三层结构，分有 8 个大类、65 个中类和 410 个小类，变动情况见表 2—11。二是调查项目更详细。"五普"涉及人口经济特征项目共有 6 项，如"是否有工作""工作时间""行业""职业""未工作者状况"和"未工作者主要生活来源"等，要求 15 周岁及以上的人口填报。三是调查实施更规范。"五普"的职业调查要求更为具体、严格，要求实施调查时应注意以下几点。

(1) 填写职业要具体、详细。如工人不能笼统地填写"工人""杂工"等，而应具体填写其实际工作种类，如"铸轧工""采煤工"等；机关工作人员不能笼统填写"干部"，应详细填写其工作性质和种类，如"打字员""计划工作者"；专业技术人员不能笼统地填写"研究员""工程师"等，而应把他们研究或从事的专业和学科也填上，如"原子能研究员"等。

(2) 具有中级以上技术职称的行政领导人员，应按行政领导职务填写其职业；同时担任党组织机关和行政职务的领导干部，应按主要职务填写职业。

表 2—11 "三普""五普"《职业分类与代码》比较

	"三普"	"五普"
大类	8	8
中类	64	65
小类	301	410
结构变动	0-1：各类专业、技术人员 2：国家机关党群组织、企事业单位负责人 7-9：生产工人、运输工人和有关人员 X-不便分类的其他劳动者 商业工作人员和服务业人员分别属于第四大类和第五大类	0：国家机关、党群组织；企业事业单位负责人 1/2：专业技术人员 999：不便分类的其他劳动者 商业工作人员和服务业人员合并为第四大类

续表

	"三普"	"五普"
增减内容	1、商业工作人员和服务业人员分别属于第四大类和第五大类 2、生产运输和有关人员中类设有工段长、油漆工,"五普"中没有 3、大类数量不变,"五普"增加了8个中类,增加109个小类	1、商业工作人员和服务业人员合并为第四大类 2、增加了10个新的职业分类与代码 3、专业技术人员大类增加了经济业务人员、金融业务人员、其他专业技术人员3个中类,增加了34个小类 4、国家机关、党群组织、企事业单位负责人数量不变 5、生产运输和有关人员增加了6个中类、56个小类 6、商业服务人员减少了2个中类,但是小类未变化,只是划分得更加详细

（3）工种尚未确定，暂时又无具体工作的，可填写"工种未定"。

（4）如果普查标准时间前一周内同时从事一种以上工作的，按所从事时间最长的工作种类填写；不能确定时间长短的，按经济收入较多的工作填写。

二　劳动力市场的职业分类

我国劳动力市场调查中使用的职业分类标准衍生于《职业分类标准和代码》和《职业分类大典》，现行的职业分类标准为《劳动力市场职业分类与代码》（LB501-2002）共有6大类、56中类、236小类、17个职业。

（一）《劳动力市场职业分类与代码》的特点

1999年年初，根据全国劳动力市场"三化建设"的实际需要，原劳动和社会保障部培训就业司、信息中心制发了部颁标准《劳动力市场职业分类与代码》（LB501-1999），以便实现全国劳动力市场的信息交流和数据共享。此标准将职业分为6大类、53个中类、139个小类、121个细类，虽貌似《职业分类标准和代码》的简略版，却也有自身特点。

1. 主体内容与适用范围

劳动力市场职业分类与代码规定了劳动力市场中使用的职业名称、编码方法及代码，是劳动力市场信息系统主要技术标准之一，适用于各地职业介绍、就业培训以及与此相关的统计、信息分析工作。

2. 编制原则

一是科学性、标准性、实用性。二是职业分类应满足劳动力市场职业介绍公共服务和政府决策的要求，职业的名称易于被大众所理解。三是代码必须适应计算机检索的要求。四是可扩充性。方便各地对职业分类的特殊需要，允许各地在代码的最后2位"90"以后自行添加本地的职业分类。

3. 分类与编码方法

此标准沿用了《职业分类大典》的划分方法，将职业划分为大、中、小、细四类。同时，根据实际需要新增了部分职业分类和代码。与《职业分类大典》不同的是，其一，职业分类中不设"其他"类，如在本级中未包括的分类，可归入上一级。其二，为方便计算机检索，将小类和细类的代码合并，构成1+2+4的3段7位结构。

(二)《劳动力市场职业分类与代码》的修订

《劳动力市场职业分类与代码》制发后，在就业服务信息系统以及劳动力市场供求分析的综合月报和季报中得到广泛应用，同时也反映出一些不太适应的问题。为了进一步满足就业服务需要，标准制发单位综合了各地的意见对原标准进行了修改，以新颁《劳动力市场职业分类与代码》(LB501-2002) 替代了原标准。

修改后的职业分类标准，一是结构有所变化，由6大类、53个中类、139个小类、121个细类改为6大类、56个中类、236个小类、17个细类。修订时，共删除了115行（用"D"标记），增加了111行（用"I"标记）。二是内容有所调整，在《职业分类大典》的小类基础上，尽可能保留全部小类，并在小类中增加了"其他"一行。同时对原标准中的细类做了较多删除，适当保留了就业人数较多的细类，对细类不求全。三是保持延续性，设立了新旧标准的对照，记录了删除和增加的部分，以便新旧标准间的数据转换。（见表2—12)

表 2—12　　　　LB501-1999 和 LB501-2002 标准比较

层级	LB501-1999	LB501-2002
大类	6	6
中类	53	56
小类	139	236
细类	121	17

三　劳动力管理领域的职业分类

劳动力管理领域的职业分类，以 20 世纪 50 年代各行各业的工人技术等级标准以及不同时期各种职位分类和人事管理标准为基础，以《中华人民共和国工种分类目录》（以下简称《工种分类目录》）和《中华人民共和国职业分类大典》（以下简称《职业分类大典》或《大典》）的颁布为标志，形成了较为完整的职业分类体系。

（一）工种分类目录

工种是根据生产管理的需要，按照生产劳动性质和工艺技术特点划分的工作种类。工种的划分以企业专业分工和劳动组织的基本现状为依据，从生产技术和劳动管理水平的客观实际出发，结合行业、企业生产技术发展和劳动组织改革等方面的因素，考虑工作岗位的稳定性和工作量的饱满程度等进行。在《工种分类目录》颁布以前，我国劳动力由各部委和行业组织实行系统内管理，缺乏统一的标准和依据，工种划分过细、工种名称重复、技术等级标准不一的现象客观存在。为加强劳动力科学化管理，全面提高劳动者素质，建立培训、考核和使用、待遇相结合的制度，1988 年原国家劳动部会同国务院其他部委，组织有关方面的专家、学者和技术人员，在广泛调研和充分论证的基础上，开始编制《工种分类目录》。

1993 年，由原国家劳动部会同国务院各行业部委编制的《工种分类目录》颁布实施，初步形成了以"工种"为分类标志的职业分类体系，奠定了劳动力管理领域职业分类的基础。《工种分类目录》的编制改变了以往工种划分过细的状况，对工种名称与内容相同，操作技术与工艺相近，使用设备、工具相似的工种进行了调整、合并和简化。《工种分类目录》将我国的工种划分为 46 类、4700 多个。每一个工种都包括编码、工种名称、工种定义、适用范围、等级线、学徒期及熟练期等内容。

1. 工种划分原则

第一,规范化原则。以工人所从事的工作性质的同一性进行工种划分,逐步达到工种分类体系的科学化和规范化。

第二,实用性原则。从企业生产技术和劳动管理水平的客观实际出发,适应合理组织劳动力的需要,结合企业生产技术发展和劳动组织改善等方面的因素,考虑工作岗位的稳定程度和工作量的饱满程度进行工种划分。

第三,适应性原则。从我国的实际情况出发,按照物质生产领域和非物质生产领域行业的不同特点,提出适用于不同行业工种划分的依据和方法。在制造业内,突破主要以产品划分工种、以岗位或工序设置工种的旧模式,改以生产过程的操作技术内容(操作设备、工作物)和生产工艺的同一性为划分工种的基本依据和方法。

第四,简化和统一原则。根据企业技术进步、设备更新、工艺改革、产品更新换代和劳动组织改善,以及提高工人队伍技术业务素质等方面的客观要求和发展趋势,改变工种划分过细的状况,对工种名称、内容相同,操作技术、工艺相近,使用设备、工具相仿的工种进行调整、合并、简化。

第五,行业归口原则。工种按行业实行归口管理,协调解决工种交叉重复问题,确定交叉工种的行业归属。对于行业归属不明确的交叉工种,采取合作的方式妥善处理。

2. 编排体例和编码

《工种分类目录》按行业分成46个大类(见表2—13),所有工种按照"行业—工种"的顺序依次编排。行业名称参照《国民经济行业分类和代码》(GB/T 4754—1984),结合行业的实际情况确定。每一个行业被赋予一个二位数代码,每个工种在行业内部按照"行业代码—顺序号"的顺序编码后排列。

表 2—13　　　　《工种分类目录》的工种分布表

行业代码	行业类别	工种数量	行业代码	行业类别	工种数量
01	民政	8	24	体育	1
02	印钞造币	44	25	建筑材料工业	130
03	商业	133	26	民用航空	72
04	旅游	11	27	海洋	18
05	对外经济贸易	10	28	测绘	21
06	物资	14	29	新闻出版	88
07	农业	135	30	技术监督	31
08	林业	99	31	黄金工业	3
09	机械工业	206	32	烟草工业	65
10	航空航天工业	259	33	医药	198
11	电力	88	34	中医药	46
12	水利	33	35	环境保护	8
13	建设	100	36	电子工业	321
14	地质矿产	24	37	船舶工业	50
15	冶金工业	134	38	石油化工	27
16	化学工业	191	39	有色金属工业	263
17	纺织工业	549	40	石油天然气	44
18	轻工业	510	41	矿山采选业	118
19	铁道	105	42	核工业（略）	
20	交通	139	43	兵器工业	124
21	邮电	49	44	汽车工业	29
22	文化	16	45	海洋石油	6
23	广播电影电视	50	46	其他	13

资料来源：《中华人民共和国工种分类目录》，中国劳动出版社1992年版，第10页。

3. 主要内容

《工种分类目录》包括46个大类、4700多个工种，几乎覆盖了所有的工作种类。每个工种都以编码、工种名称、工种定义、适用范围、等级线、学徒期（培训期和见习期）和熟练期等项内容予以说明。工种名称既反映了工种的特性，又兼顾行业特点和习惯称谓。工种定义是对工种性质的描述和说明，一般包括工作手段、方式、对象和目的等项内容。适用范围指工种所包括的主要生产工作岗位。等级线反映了工种技术简单与复杂的程度。《工种分类目录》通过工作内容的分析与评价，将八级制的技术等级简化为初、中、高三级，设定了各工种的技术等级。学徒期和培训期是对工人掌握本工种基本的专业技术理论和操作技能，并能够独立工作所需的培训期限。

（二）职业分类大典

1. 99 版《大典》颁布和新职业信息发布制度建立

1995 年，原劳动和社会保障部、原国家质量技术监督局、国家统计局组织编制，并于 1999 年 5 月颁布了我国第一部《大典》，标志着适应我国国情的国家职业分类体系的基本建立。该体系是参照国际劳工组织颁布的《国际标准职业分类》基本原则和描述结构，借鉴发达国家的职业分类经验，并根据我国国情建立的。

《大典》颁布实施，填补了劳动力管理领域职业分类的空白。迄今为止，《职业分类大典》是对职业进行科学归类的权威性文献，是目前纳入职业种类最多、信息最丰富的典籍工具书。《大典》为适应我国经济社会发展需要发挥了重要而广泛的作用：一是为推动我国职业分类和职业标准体系建设，提升我国人力资源开发与管理水平，开展职业技能鉴定和推行职业资格证书制度打下了重要基础。二是为开展劳动力需求预测和规划，进行就业人口结构及其发展趋势调查统计和分析研究，了解行业或部门经济现状的全貌提供了重要依据。三是为推动职业教育培训工作，科学设置教育培训专业和课程内容，按需开展人才培养培训，提高劳动者素质发挥了引领作用。四是为促进就业创业加强就业岗位开发，挖掘就业潜力，开展职业介绍、职业指导提供了服务和支撑。

随着经济社会发展、科学技术进步和产业结构调整，社会职业构成和职业活动变化更为频繁，一些传统职业逐渐消亡、新职业不断涌现。在这种背景下，劳动者就业、企业用人以及教育培训工作，都需要更为客观、准确和及时的职业信息去引导。为此，原劳动和社会保障部于 2004 年 8 月开始施行新职业信息发布制度，以便客观反映社会职业的变化情况，及时把握职业的发展趋势，加强对就业和培训工作的管理和引导。

新职业信息发布制度期间，每个新职业都需由职业分类专家组严格按照新职业评审程序和标准逐一通过评审，有疑义的职业还要召开专题分析论证会并进行现场调查，初步形成一套从信息收集、实地调研、专家评审到新职业确立、发布的工作流程，使新职业信息的发布日趋科学合理、客观公正。

新职业信息发布制度的建立和完善，标志着我国职业分类工作已步入程序化和规范化的发展阶段，进一步推动了我国职业分类和职业标准体系建设，并引起社会各界的高度关注。每批新职业信息发布之时，各大主流媒体竞相采访报道，也增强了职业分类工作服务于社会发展的功能。

2. 2015年《大典》修订

2010年12月，人力资源社会保障部会同国家质量监督检验检疫总局、国家统计局启动《大典》修订工作，组织74个国务院部门和行业组织，近万名专家、学者、一线从业者、有关工作人员，历时5年，七易其稿，形成2015年版《大典》。

（1）修订背景

近年来，随着我国经济社会发展、科学技术进步和产业结构调整，我国的社会职业构成和内涵发生了较大变化，一些传统职业开始衰落甚至消失，一些新职业不断涌现并迅速发展，还有一些职业为适应新形势开始调整和转化。2005年后连续三年对1999年版《大典》进行了增补，但仍无法准确、客观地反映当前职业领域的变化，相关部门和行业组织对修订《大典》的呼声很高。为此，人力资源社会保障部沿用1995年首次编制《大典》时的组织形式，与国家质量监督检验检疫总局、国家统计局联合发文启动《大典》修订工作。

（2）修订过程

人力资源社会保障部牵头成立国家职业分类大典修订工作委员会，下设工作办公室和专家委员会。工作办公室由人力资源社会保障部、国家质量监督检验检疫总局、国家统计局三部门有关司局负责人及工作人员组成，具体负责日常修订工作；专家委员会主要由国内职业分类领域的专家和国务院有关部门、行业的专家组成，具体承担修订的技术性工作。

《大典》修订工作共分组织部署、信息采集、汇总研究、调整定稿、审核颁布五个阶段。

组织部署阶段。根据行业部门申请，统筹下发修订工作任务书和工作计划，并对承担修订工作的专家、工作人员进行统一培训。

信息采集阶段。组织各行业部门开展本行业职业信息调查，组建1120个调研组，7239名专家参与工作，调查9843个单位，采集调查成果325083份，依此提出修订意见。

汇总研究阶段。召开41次行业专业委员会会议，共有1837名专家参与。对已有和新增的2497个职业描述信息进行逐条审核；对争议较大的职业，组织专题研究和调研；对1999年版《大典》存在的职业划分粗细不均、重复交叉、内容遗漏及归类不当等问题进行协调和论证。在此基础上，集中力量进行《大典》职业分类体系表框架搭建工作，完成《大典》职业分类体系表（征求意见稿）编制。

调整定稿阶段。组织召开专家委员会全体会议，审议通过《大典》职业分类体系表（征求意见稿），在收集合理分类体系及职业描述信息反馈意见的基础上，组织专家多次进行审校，形成2015年版《大典》（征求意见稿）。书面征求中央和国家机关有关部门、行业意见，并通过人力资源社会保障部官网、国家职业分类大典修订工作平台向社会公众公开征求意见，中央组织部、中央统战部、中编办、中央党校、全国人大常委会办公厅等119个部门（单位）和数千名社会公众反馈意见7472条。经分析研究后，采纳690条，形成2015年版《大典》（修改稿），再次征求专家委员会全体专家意见，通过专家委员会审核，形成2015年版《大典》（送审稿）。

审核颁布阶段。2015年7月29日召开国家职业分类大典修订工作委员会全体会议，审议并表决通过了2015年版《大典》（送审稿），最终形成2015年版《大典》，由人力资源社会保障部、国家质量监督检验检疫总局、国家统计局三部门以人社部发［2015］76号文颁布。

（3）修订工作原则

本次《大典》修订工作，按照"深入贯彻科教兴国和人才强国战略，以适应国家经济社会发展需要为导向，根据我国实际，借鉴国际职业分类先进经验，构建与国民经济发展相适应、符合我国国情的现代职业分类体系，促进我国人力资源管理工作的科学发展"的指导思想，严格遵循下列工作原则：一是客观性原则。从我国经济社会发展现状出发，充分考虑各行业、各部门工作性质、技术特点的异同，全面、客观、如实、准确反映当前社会职业发展实际状况。二是继承性原则。沿用1999年版《大典》所确定的大类、中类、小类和细类（职业）层级结构，并维持8个大类不变。三是科学性原则。遵循职业发展规律，运用科学的职业分类理论和方法，参照国际标准，借鉴国际先进经验，充分考虑我国社会转型期社会分工的特点。四是开放性原则。坚持与时俱进，适应经济社会发展实际和未来发展趋势，为今后实时对社会职业进行动态维护和更新、新职业及时发布留有空间和接口。

本次修订充分考虑了我国社会转型期社会分工的特点，参照最新修订的国际标准职业分类原则，将职业分类原则由"工作性质同一性"调整为以"工作性质相似性为主、技能水平相似性为辅"。"工作性质同一性"侧重传统社会分工的本原，"工作性质相似性"则反映现代社会分工的复合性，更好地体现复杂职业活动的总体与部分的关系；依据"技能水平"的差异进行职业分类，增加了分类维度，提高了分类结果的合理性，有利于淡化职业的"身份"界限，促进从业者职业能力发展。

本次修订，大类划分以工作性质相似性和技能水平相似性为主要依据并考虑我国政治制度、管理体制、科技水平和产业结构的现状与发展等因素。中类划分基于我国行业发展业态，参照国民经济行业分类，将1999年版《大典》"以职业活动所涉及的知识领域、使用的工具和设备、采用的技术和方法，以及所提供的产品和服务种类"为参照的划分原则修订为"以职业活动所涉及的经济领域、知识领域以及所提供的产品和服务种类"为主要参照。小类划分是中类划分的细化，与中类划分的原则基本一致。细类（职业）划分则主要以工作分析为基础，以职业活动领域和所承担的职责，工作任务的专门性、专业性与技术性服务类别与对象的相似性，工艺技术、使用工具设备或主要原材料、产品用途等的相似性，同时辅之以技能水平相似性为依据，并按此先后顺序划分和归类。

（4）修订内容

《大典》修订的主要内容包括四个方面。

职业分类体系修订。修订后的职业分类体系为8个大类、75个中类、434个小类、1481个职业，并列出了2670个工种，标注了127个绿色职业。与1999年版《大典》（含2005年版、2006年版、2007年版增补本）

相比，维持 8 个大类不变，增加了 9 个中类和 21 个小类，减少了 205 个职业，取消了 342 个"其他"余类职业。（见表 2—14）

表 2—14　　　　　　　　我国现行职业分类体系表

1999 年版《大典》				2015 年版《大典》			
大类	中类	小类	细类（职业）	大类	中类	小类	细类（职业）
第一大类：国家机关、党群组织、企业、事业单位负责人	5	16	25	第一大类：党的机关、国家机关、群众团体和社会组织、企事业单位负责人	6	15	23
第二大类：专业技术人员	14	115	440	第二大类：专业技术人员	11	120	451
第三大类：办事人员和有关人员	4	12	53	第三大类：办事人员和有关人员	3	9	25
第四大类：商业、服务业人员	8	43	197	第四大类：社会生产服务和生活服务人员	15	93	278
第五大类：农、林、牧、渔、水利业生产人员	6	30	135	第五大类：农、林、牧、渔业生产及辅助人员	6	24	52
第六大类：生产、运输设备操作人员及有关人员	27	195	1176	第六大类：生产制造及有关人员	32	171	650
第七大类：军人	1	1	1	第七大类：军人	1	1	1
第八大类：不便分类的其他从业人员	1	1	1	第八大类：不便分类的其他从业人员	1	1	1

注：1. 中类是大类的子类，是对大类的分解；2. 小类是中类的子类，是对中类的分解；3. 细类是本大典最基本的分类，即职业。

职业信息描述修订。维持了 142 个类别描述内容基本不变，修订、取消、新增的类别描述内容分别为 220 个、125 个、155 个；维持了 612 个职业描述内容基本不变，修订、取消、新增的职业描述内容分别为 522 个、552 个、347 个。将 1999 年版《大典》"下列工种归入本职业"的表述调整为"本职业包含但不限于下列工种",其含义有二:一是同时包括了不呈现与对应职业名称重名的工种;二是对检验、试验、修理、包装、营销等因其工作性质相似而数量众多、无法列举或穷尽的工种未予列举。

增加绿色职业标识。本次修订对具有"绿色、低碳、循环"特征的职业活动进行探索研究和分析,将部分社会认知度高,具有显著绿色特征的职业标示为绿色职业。这是我国职业分类历史的首次尝试,旨在注重人类生产生活与生态环境的可持续发展,推动绿色就业。绿色职业活动主要包括:监测、保护与治理、美化生态环境,生产太阳能、风能、生物质能等新能源,提供大运量、高效率交通运力,回收与利用废弃物等领域的生产活动,以及与其相关的以科学研究、技术研发、设计规划等方式提供服务的社会活动。2015 年版《大典》共标示了 127 个绿色职业,并统一以"绿色职业"的汉语拼音首字母"L"标示。

更新国家标准编码。2015 年版《大典》中的国家标准编码按照《职业分类与代码》(GB/T6565-2015)进行标注。

至此,以《工种分类目录》为基础、《职业分类大典》为骨干、新职业信息发布制度为补充,在社会劳动力管理领域形成了较为完备的职业分类体系。这一体系全面反映了中国社会职业种类和结构的状况,成为制定职业统计调查数据分类标准、职业资格标准的主要依据,在人口普查、职业统计调查、劳动力和生产组织管理,以及就业指导、职业生涯规划、就业与培训等方面发挥着不可替代的作用。《工种分类目录》与《职业分类大典》间的比较见表 2—15。

表 2—15 《工种分类目录》与《职业分类大典》的比较

名称	《中华人民共和国工种分类目录》	《中华人民共和国职业分类大典》
颁布年份	1992 年	1999 年
主持单位	原劳动部会同国务院 45 个行业主管部门	原劳动部会同国家统计局、国家技术监督局等 50 个部门

续表

名称	《中华人民共和国工种分类目录》	《中华人民共和国职业分类大典》
颁布背景	企业改革的深入使人力资源管理模式发生了很大的改变，客观上要求国家必须在加强劳动力有序化管理、全面提高劳动者素质的同时，做好工种划分工作，改变以往工种划分过细的状况，对工种名称与内容相同，操作技术与工艺相近，使用设备、工具相似的工种要进行调整、合并和简化	社会主义市场经济的建立，对人力资源管理提出了新的要求。劳动力市场快速发育和完善，相应对劳动力社会化管理市场机制所需的科学、规范的标准也提出了迫切的要求，全面提高劳动者素质，充分开发和有效利用我国丰富的劳动力资源越来越得到政府及社会各界的高度重视
标准依据	工种的划分以大多数企业专业分工和劳动组织的基本现状为依据，从当时行业、企业生产技术和劳动管理水平的客观实际出发，结合行业、企业生产技术发展和劳动组织改革等方面的因素，考虑工作岗位的稳定程度和工作量的饱满程度等进行	参照国际标准职业分类，从中国实际出发，充分考虑经济发展、科技进步和产业结构的变化，按照工作性质同一性的基本原则，对我国社会职业进行了科学划分和归类，较为准确地描述了每个职业的工作内容及活动范围
具体分类	从职业指导的角度，可以把我国职业分为 11 大类、45 中类、126 小类	将我国职业归为 8 个大类、66 个中类、413 个小类，1838 个职业
包含内容	每一个工种都包括编码、工种名称、工种定义、适用范围、等级线、学徒期及熟练期等内容	规定了每种职业的名称、定义、代码和工作内容，以及部分职业所包含的工种
主要意义	改变以往工种划分过细的状况，对工种名称与内容相同，操作技术与工艺相近，使用设备、工具相似的工种要进行调整、合并和简化，奠定了我国劳动力管理领域职业分类的基础	第一部职业分类的权威性文献和工具书，全面反映了我国社会职业种类数量和结构，积累了丰富的经验和方法，标志着我国职业分类工作进入了一个新的发展阶段

（三）职业分类体系的联系与区别

迄今为止，我国已有三种功能和适用范围不同的职业分类体系，三者之间相互借鉴、相辅相成。从演进关系来看，职业分类体系建立初期，客观存在着两套相对独立的体系分别用于统计调查或劳动力管理，到20世纪末出现融合的趋势，并具有彼此间的关联性。其演进过程及其相互关系分别见图2—1、图2—2。

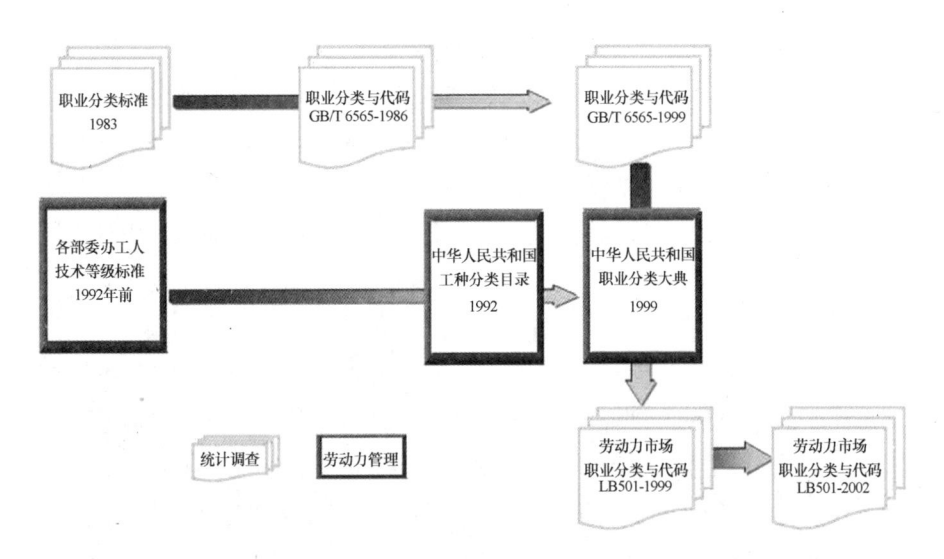

图2—1　职业分类体系演进关系图

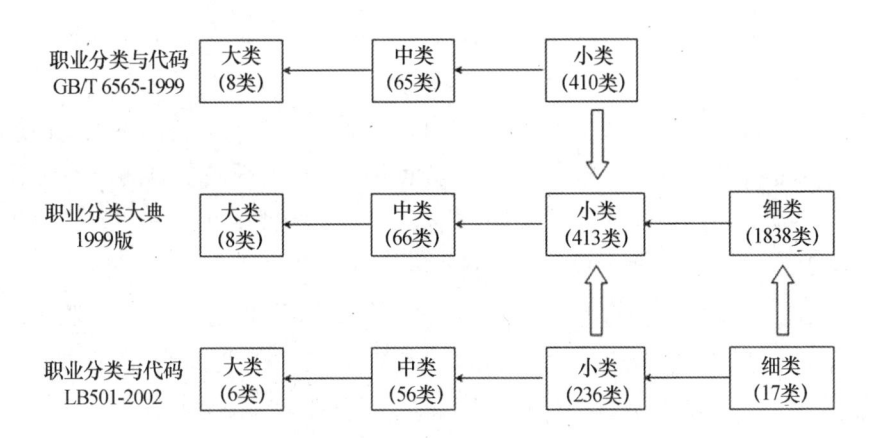

图2—2　职业分类体系间的联系

（四）我国职业分类古典动态更新制度改革建议

目前，我国正处于市场经济的快速发展时期，对于职业分类大典动态更新制度建设工作需要更加积极、更加科学、更加慎重，选择有利于我国民族经济的发展模式，促进我国市场经济的快速健康发展，因此，我们应充分借鉴国内外经验和教训，完善我国职业分类大典动态更新制度。

1. 加强职业分类大典动态更新制度顶层设计

顶层设计是采用系统方法，从整体和全局的视角，对职业分类大典动态更新的各个要素进行系统配置和组合，逐层设计，并制定策略和实施路径，保证达到动态更新的最终目标。

要营造宽松的制度环境。从地方、行业和企业的发展潜力、内外发展环境角度，科学规范地留出较大的自由空间，这样的安排，既为国家统一管控职业分类打好了基础，又有利于规模经济调结构转方式。

要制定科学的动态更新规制路径。从职业变迁形式的多样性角度考察动态更新的实现路径，既能反思现有职业分类成果的创新性，又能思考不同分类形式产生的经济后果，更能透视出经济因素对职业分类的影响。因此，在制定动态更新规制路径时应采取区别对待的态度，对于不同的行业、企业、职业施以或从严或从宽的规制方案。

要构建完善的职业分类信息管理体系。职业分类具有信息不对称的特点，提高职业分类信息披露的质量和程度是我国进一步完善市场经济机制，强化对职业技能鉴定工作的社会化约束，提高工作透明度的必然要求，是社会各界参与职业分类的重要条件，也是世界各国职业分类监督管理工作发展的趋势，因此建立和完善职业分类信息的对外披露制度，使披露的信息真实、充分，披露的形式规范、统一，披露的信息间具有可比性，实现职业分类信息披露标准的规范化、层次化和多元化。

2. 完善职业分类大典动态更新制度的核心技术

在经济全球化条件下，"产业—职业关联分析"是进行大规模职业活动调研、工作活动分析时的有力工具。建议用第一产业、第二产业、个人服务业、社会服务业、生产服务业和配送服务业六部门分类分析法作为国家职业分类动态更新的核心方法，以使其更加规范、更加科学。此外，目前职业分类大典的动态更新方法仍然以定期更新数据为主，而要满足职业分类大典动态更新要求，则需要结合职业分类信息的特点，着重研究支持增量更新的动态更新核心技术。增量更新是指职业分类信息发生变化之后,对新变化的数据及相互间的关系进行处理,包括需增加的新数据、需删除的旧数据和修改的变化数据,这些数据具有时态特征。增量计算是增量更新关键,不仅需要计算出更新数据,还需要管理数据的整个变更过程,所以是个极为重要的核心技术。

3. 发挥职业分类大典动态更新制度的统筹引领作用

职业分类修订工作是一项长期任务。在全球新一轮科技革命和产业变革中,在我国加快推进新型工业化、信息化、城镇化和农业现代化的过程中,许多领域的职业技术正在发生并且将继续发生变化,社会职业结构也会随之而变。要建立职业分类动态更新机制,加强统筹协调,建立健全领导小组、专家委员会、工作小组共同运行的工作机制。

要建设高效的组织能力和全员执行力,形成团队的整体战斗力和创造价值的能力。密切跟踪职业活动领域的新发展新变化,动态了解和掌握新职业的活动范围、工作内容、发展现状、从业人员数量和结构、薪酬状况和能力要求等,在此基础上,建立新职业信息发布制度,定期发布新职业信息,对《职业分类大典》进行及时调整和补充完善,包括修订职业分类体系和职业信息描述内容,调整职业信息描述项目。使职业分类成为职业教育和职业培训的基本依据和参照,引领职业教育培训的"方向标",通过制定人才培养标准和课程规范,可以促进职业教育培训质量提升,提高劳动者职业素质和技术技能水平。

4. 落实职业分类大典动态更新制度的应用实施

要抓好实施流程的全过程管理,以项目化为抓手,以制度化为保障,确保各级各类职业的动态更新工作落到实处、大力推进。从导入实施计划开始,全面实施应用专案模式,一个个动态更新项目单独立项、专门处理。加强组织领导,统筹协调配合,充分发挥专家作用,扩大公众参与度,提高工作透明度,增强社会影响力;坚持科学精神,紧贴时代需求,科学构建并合理设计符合我国国情的现代职业分类体系;秉持科学严谨的工作作风,以苦干实干的工作态度,深入调查研究,密切关注行业产业技术变化,及时反映代表先进生产力的新行业新职业,准确体现时代发展对职业分类及其活动内容的客观要求;创新工作方法,提高修订质量,注重利用互联网、大数据等现代信息技术手段,对职业信息进行采集和统计分析，建立国家职业信息网络系统。在分类上更加科学规范，在结构上更加清晰严谨，在内容上更加准确完整，全面客观地反映了现阶段我国社会的职业构成、内涵、特点和发展规律。[①]

[①] 李成：《进一步完善职业分类大典动态更新制度的思考》，《中国培训》2019年第3期。

第 三 章

职业指导制度

职业指导制度起源于19世纪末20世纪初工业时代的美国，是当时社会变革的结果。我国自20世纪初受国际职业指导运动的影响和国内特殊的政治、经济、文化环境的作用，为了沟通教育与职业的关系，解决数以万计的学生毕业后的生计及社会失业问题，以郭秉文、朱元善、周诒春、黄炎培为代表的一大批爱国教育家和进步知识分子将职业指导引入我国。[①] 随着我国经济社会的不断发展，职业指导制度也逐步加以完善。本章在对职业指导基本概念、分类、技术方法，职业指导从业人员要求，职业指导的三大类主要理论进行系统概述的基础上，系统梳理我国职业指导制度的形成与发展历程。

第一节　职业指导概述

职业指导是围绕职业发展过程提供的指导、辅导、咨询等服务的活动。职业指导的起源可以追溯到工业革命时期，在工业革命之前，以家庭农耕经济为主，人们通常追随父辈的人生轨迹，不需要做出职业选择。工业革命使职业领域发生了巨大的变化，工厂的出现、生产方式的变革使得许多人开始离开家乡寻找工作机会，在这样的背景下，人们开始进行职业选择、关注职业发展，产生职业指导需求，职业指导理论和实践应运而生。随着经济社会的不断发展，我国的职场也在发生着巨大变化，从计划

---

① 张元、李兴军：《中国职业指导发展的历史回顾》，《中国职业技术教育》2008年第21期。

经济体制进入市场经济体制,从单一国发展进入全球化战略,从工业革命到数字革命,职场环境越来越"流动和无根",无论是准备就业的年轻人、经验丰富的职场人,还是即将退休的工作人员,对高水平职业指导的需求越来越强烈,职业指导员成为人力资源服务领域中的重要职业,职业指导制度也逐步加以完善。职业指导主要回答如下问题:如何进行职业选择?为什么有些人比其他人更适合某些职业?哪些因素会使个体在职业上取得成功或得到满足?个体怎样才能做出最有可能取得成功和令人满意的职业选择?

一 概念辨析

据美国全国职业指导协会对职业指导下的定义,"职业指导乃是协助个人选择职业、准备职业、获得职业和改进职业的一种过程"。[①] 在现实应用中,职业指导总与"就业指导""职业生涯规划""职业发展教育"等名词混用,但实际上这些概念的应用情境是有差别的,为了进一步明晰职业指导的概念,有必要对这些概念进行辨析。

(一)职业指导和就业指导

从汉语词性上分析,"就业"和"职业"不同,"就业"是动词,而"职业"是名词。从词义上看,"就业"是指得到工作机会,参加工作,而"职业"是指个人所从事的作为主要生活来源的工作。职业指导的对象基本限定于职场范围,包括即将进入职场的大中专应届毕业生、已经进入职场的职场新人、职场精英、职场达人,甚至即将退休的职场老人,提供的咨询服务包括怎么找工作、怎么做工作、怎么换工作、怎么创业、怎么开启银色生涯等,都是职业指导的范畴。就业指导是指预测要求就业的劳动力资源、社会需求量,汇集、传递就业信息,培养劳动技能,组织劳动力市场,以及推荐、介绍、组织招聘等与就业有关的综合性社会咨询、服务活动[②],更多聚焦于怎么找工作。从二者的活动范畴可以看出,就业指导应该是职业指导包含的一个活动领域。

---

① 张元、李兴军:《论职业指导概念的形成与发展》,《教育与职业》2008年第21期。
② 张廷宇:《就业指导》,化学工业出版社2007年版,第一章第二节。

(二)职业指导与职业生涯规划

职业生涯规划指个人对影响职业生涯的主观因素和客观环境进行分析评估,确立自己的职业生涯发展目标,选择实现这一目标的职业,以及制定相应的工作、培训和教育计划,并按照一定的时间安排,采取必要的行动措施。简单地说,就是一个人对一生的各个阶段所从事的工作、职务或职业发展道路进行设计和规划,把个人的技能和愿望与组织内已经存在的或者将来会出现的机会匹配起来。是生活中各种事件的演进方向和历程,综合人一生中的各种职业和生活角色,由此表现出个人独特的自我发展组型。职业生涯规划的特点有可行性、适时性、可变性、连续性。[1] 职业指导的活动之一就是要帮助学生和社会求职者了解社会就业形势与当前就业状况,了解社会人才需求和有关人事与劳动政策法规,认识自己的职业兴趣、职业能力与个性特点,使他们可以根据所闻所见与所考虑,做出选择和判断。因此,职业生涯规划应该看作职业指导过程中的一个步骤环节。

(三)职业指导和职业发展教育

职业发展教育是以培养具有健全人格、独立生存能力、全面发展素质的人才为目的,有目的、有计划、有组织地培养职业生涯意识与技能,发展个体综合职业能力,促进个体职业发展的活动,更是以引导个体实施职业生涯规划并落实规划为主线的综合性、过程性、实践性教育活动。[2] 职业发展教育主要在大学教育情境下应用,与德育相互联系,面向在校大学生。与专业教育不同,职业发展教育是一项综合性较强、涉及领域比较广泛的系统性工作,通过对大学生自我认知、职业认知、社会认知和职业综合能力的教育和培养,进而促使他们成长成才。但从适应性考察,职业发展教育并不适合所有阶段的教育或被社会性的职业指导直接借用。因此,职业发展教育不能取代职业指导。

二 职业指导的类型

职业指导的目标是通过信息交流、咨询指导、生涯教育和就业辅导等

---

[1] 邵琪伟主编:《中国旅游大辞典》,上海辞书出版社2012年版。
[2] 张立新:《试论职业发展教育的有效性——对提升教育质量的作用及解决之道》,《新教育时代电子杂志:教师版》2014年第30期。

多种方式，提高人力资源开发利用水平，实现人与岗位最优配置，进而发挥人力资源最大效益，促进社会整体发展。按照不同分类标准，可以将职业指导分成不同的类型。

（一）按照对象的不同进行分类

根据职业指导对象的不同，职业指导可以分为社会职业指导和学校职业指导。社会职业指导的对象主要是社会广大求职者、下岗失业人员、再就业人员、在岗人员、在岗而意欲转行转岗的人员，以及诸如妇女、残疾人、少数民族人员及退出现役的军人等特殊就业群体。学校职业指导包括大中专学校、职业院校、技工学校的在校生和即将踏入工作岗位的毕业生。

（二）按照职业指导内容进行分类

根据职业指导的有关内容可以将其分成信息咨询、职业素质测评、就业创业指导、招聘用人指导、职业培训指导等。信息咨询包括向劳动者和用人单位提供国家有关劳动保障的法律法规和政策、人力资源市场状况咨询；帮助劳动者了解职业状况，掌握求职方法，确定择业方向，增强择业能力。职业素质测评主要是开展对劳动者个人职业素质和特点的测试，并对其职业能力进行评价。就业创业指导是对大中专学校、职业院校、技工院校学生，以及妇女、残疾人、少数民族人员及退出现役的军人等就业群体提供的就业指导服务，以及对准备从事个体劳动或开办私营企业的劳动者提供创业咨询服务。招聘用人指导是为用人单位提供选择招聘方法、确定用人条件和标准等方面的指导。职业培训指导包括向劳动者提出培训建议，为其提供职业培训相关信息，以及为职业培训机构确立培训方向和专业设置等提供咨询参考。

三　职业指导员

随着市场经济体制的建立，劳动者和用人单位逐渐成为市场的主体，市场就业要通过供求双方的相互选择来实现就业，求职者非常需要有专业人员帮助他们解决在职业生涯中遇到的各种问题。职业指导员成为一个职业，并列入1999年的国家《职业分类大典》，同年出台了《职业指导人员国家职业标准》。2015年《职业分类大典》修订时，依旧保留在第四大类社会生产服务和生活服务人员中，其对应的中类是租赁和商务服务人员，小类是人力资源服务人员。

(一) 定义和工作任务

按照《职业分类大典》的定义，职业指导员（4-07-3-01）是为劳动者就业和职业发展，用人单位合理用人，提供咨询、指导及帮助的人员。其主要工作任务：

1. 调查、分析劳动力市场供求状况并做出判断，撰写调查、分析报告；
2. 为劳动力市场供求双方提供法律法规、政策咨询；
3. 提供求职者的心理和求职咨询，指导求职者参加职业培训；
4. 设计职业指导宣传材料，提供劳动力市场人才供求信息；
5. 对失业者、残疾人、境外就业者等特殊就业群体，进行专门的指导服务；
6. 使用专业测评系统等，进行求职人员的职业能力测试及分析评价；
7. 利用职业信息网络，为劳动力市场供求双方提供信息查询。

(二) 能力素质要求

通用职业素质通常包括语言表达能力、文书事务能力、学习领悟能力、形体知觉能力和数字计算能力。语言表达能力是指理解词语含义及与之关联的思想的能力，以及有效地运用词语的能力；文书事务能力是指觉察词语或表格有关细节的能力；学习领悟能力是指领会或理解知识及基础原理的能力，推理与做出判断的能力；形体知觉能力，是指觉察物体、图画或图形资料中有关细部的能力；数学计算能力是指迅速、准确地进行算术运算的能力。作为职业指导人员，对具备语言表达能力和文书事务能力要求非常高，对学习领悟能力要求较高，对形体知觉能力要求中等偏上，对数学计算能力要求一般即可。

(三) 职业等级和培训要求

职业指导员实行职业技能等级鉴定制度，目前组织考试鉴定的等级为四级，职业指导员（四级）、助理职业指导师（三级）、职业指导师（二级）、高级职业指导师（一级）。不同等级职业指导员的培训要求有所不同，其中职业指导员、助理职业指导师为 200 标准学时；职业指导师、高级职业指导师均为 300 标准学时。

四 职业指导技术和方法

职业指导作为一门应用性很强的新兴学科，涉及领域宽泛，有其特有的理论体系、工作规律和专业化方法。在实践中职业指导的方法有很多，主要包括咨询技术、背景评估、标准化测验和信息资源搜索等。

（一）咨询技术

跟其他咨询过程一样，职业咨询技术也可以按照阶段进行描述。一般来说职业咨询过程可以分成开始、中期和结束三个大阶段，每个阶段的任务有所不同。

1. 开始阶段。本阶段的三个具体任务：（1）建立信任关系；（2）确定来访者的关注点和目标；（3）收集背景信息。

2. 中期阶段。本阶段的两个具体任务：（1）确定指导策略；（2）实施指导策略。

3. 结束阶段。本阶段的三个具体任务：（1）巩固咨询结果；（2）协助咨询对象为未来做准备；（3）为特定的咨询对象评估职业咨询过程的有效性。

（二）背景评估

有效的职业指导需要基于对指导对象的背景评估，一般包括五个基本的内容领域：（1）当前的心理状态；（2）情境信息；（3）教育和职业史；（4）与职业选择、成功和满意度相关的因素；（5）与职业决策有关的因素。

就评估形式而言，背景评估可以通过口头、书面或其他一切方便的方式进行。口头方式需要职业指导员与指导对象进行谈话，并记录所需要的相关信息——无论是通过电话还是面对面对话。也可以通过让指导对象自己提交信息来进行背景评估，提交信息可以是开放式、结构化或半结构化。开放式的评估往往依赖于指导过程开始时的对话，在此过程中请指导对象说出他们的顾虑。谈话由指导对象主导，职业指导师在需要时提出开放性问题。相反，结构化的背景评估则由一组预定的主题和问题来引导。谈话是由职业指导师主导的，他使用预设的结构化问题来引导来访者谈论多个主题。在高度结构化的评估中，这些主题是按顺序处理的。半结构化的背景评估融合了结构化和开放式的方法。职业指导师灵活把握话题，引导整个指导过程，而谁占主导并不重要。指导师会通过更具结构性的问题补充这种自然流程，以确保信息采集充分。

（三）标准化测验

标准化测验是职业指导中最常用的工具，帮助职业指导员快速定位指导对象与职业相关的特点。通常用于职业指导的标准化测验可分为三大类：一是与职业选择有关的标准化测验，包括职业兴趣、个性特征、与工作有关的价值观和学业成就、学业能力和职业能力等相关测验；二是与职业决策有关的标准化测验，包括职业准备状况评估、职业成熟度和职业信仰方面的测验；三是与职业调整有关的标准化测验，包括那些旨在评估职业技能、职业压力和工作满意度的测验。（见表3—1）

表3—1　　　　　　　　　　常用的标准化测验

类型	评估方向	标准化测验名称
与职业选择有关的标准化测验	兴趣	● 霍兰德职业兴趣量表 ● 阿什兰兴趣量表 ● 坎贝尔兴趣和技能调查问卷 ● 杰克逊职业兴趣量表 ● 库德职业兴趣量表 ● 职业态度调查和兴趣量表 ● O * NET 兴趣分析器
	个性	● 加利福尼亚心理量表（第三版） ● 杰克逊人格测验 - 修订 ● 大五人格量表 - 3 ● 16PF 量表
	价值观	● 职业锚自我评估 ● 库德工作价值评估 ● 明尼苏达重要性问卷 ● O * NET 工作重要性分析器
	能力	● 坎贝尔兴趣和技能调查问卷 ● 差别能力倾向测验 ● 一般能力倾向测验组 ● 库德技能信心评估 ● 职业态度调查和兴趣量表（OASIS） ● O * NET 能力分析器

续表

类型	评估方向	标准化测验名称
与职业决策有关的标准化测验	职业决策影响因素	• 职业信念量表 • 职业决策量表 • 职业决策效能感量表 • 职业成熟度量表 • 职业生涯观量表 • 我的职业状况
职业调整有关的标准化测验	职业调整影响因素	• 贝克尔工作调整问卷 • 职业态度和策略问卷 • 职业未来问卷 • 工作观察和行为量表 • 工作压力调查问卷 • 工作保留和成功量表 • 明尼苏达满意度问卷 • 明尼苏达被满意度量表 • 职业压力量表

资料来源：苏珊娜·M. 达格著：《职业规划心理咨询全案》，谢晶译，中国人民大学出版社2020年版。

（四）信息资源搜索

职业调整影响因素。最新和准确的职业信息往往对职业决策起到关键作用，因此使用与工作领域相关的信息资源是职业指导中的重要组成部分。职业指导员不仅要帮助指导对象了解他们的个人特征，还要帮助了解他们的工作领域，以及他们的个人特征和工作因素之间的相互作用如何影响他们的职业成功和满意度。要帮助指导对象获得这种认知和理解，职业指导员必须知道在哪里可以找到职业信息并熟悉它。职业指导员应该熟悉有关工作领域的四种主要信息：1. 职业分类系统；2. 职业和劳动力市场信息；3. 教育和培训信息；4. 技能建设和职位搜索信息。

第二节 职业指导理论

1908年,美国学者弗兰克·帕森斯创立了第一个职业指导项目"布拉德温纳协会",也就是后来的波士顿职业局,这标志着职业指导的创立,弗兰克·帕森斯也因此被誉为"职业指导之父"。随之许多发达国家意识到开展职业指导的迫切性和重要性,纷纷效仿美国,研究和实施职业指导,在20世纪20年代兴起了以美国为中心的职业指导运动。随着心理测验学、工业心理学和职业心理学等学科的发展,职业指导的理论和模式不断趋于成熟和完善,成为一门完整的学科。目前比较有影响力的理论主要有三大类:特质因素理论、发展理论和学习理论。

一 特质因素理论

特质因素理论的出发点是通过评估个体特征和识别相应职业环境,最终实现人职匹配。这里所说的特质,是指个体相对稳定的特征,包括能力、兴趣、性格、价值观等(Lent,2005)。特质因素是指职业或职业环境所具备的,与工作成功有关的相对稳定的特征。特质因素理论的代表人物包括"职业指导"之父弗兰克·帕森斯(Frank Parsons),职业指导领域影响力最大的约翰·霍兰德等著名学者。

(一)帕森斯的理论

帕森斯创立了第一个职业指导项目"布拉德温纳协会",也就是后来的波士顿职业局。他将职业发展与职业准备融合起来纳入教学体系,主张采用系统的方法帮助个人选择职业,并形成了职业指导领域的经典著作《选择一份职业》(Parsons,1909)。帕森斯的理论概括起来就是职业指导的五个基本观点和三个步骤。(见表3—2和表3—3)

表3—2   弗兰克·帕森斯关于职业指导的基本观点

1. 选择一份职业比盲目找一份工作要好。
2. 应该在全面、可靠的指导及认真自我分析的基础上,才能对职业进行选择。

续表

3. 年轻人应该对职业进行大量的调查,而不是简单地寻找一份工作或偶然获得一个职位。
4. 专家对成功职业所需条件进行过认真研究的人提出的忠告,对于青年人的职业选择是有益的。
5. 把对自己的分析写在纸上似乎是一件简单的事情,但这种研究极其重要。

资料来源:苏珊娜·M. 达格著:《职业规划心理咨询全案》,谢晶译,中国人民大学出版社2020年版。

表3—3　　　　　　　　弗兰克·帕森斯的职业指导三步骤

第一步:了解自己
• 自己的天资和能力
• 自己的职业兴趣
• 自己拥有的资源
• 自己的局限性
• 其他个人品质
第二步:了解职业世界
• 职业要求和成功的前提条件
• 职业的优点和缺点
• 工作报酬
• 晋升机会
• 职业发展前景
第三步:通过分析找到个体和工作世界的最佳契合点

资料来源:苏珊娜·M. 达格著:《职业规划心理咨询全案》,谢晶译,中国人民大学出版社2020年版。

概言之,帕森斯认为主动选择比任何形式的被动选择都更可取,从长远来看,遵循自己内心的职业选择才会更长久。有专业指导的职业选择通常要比没有的好。书写方式在职业指导过程中是非常重要的。他列出的职业指导三步骤已被公认为职业指导中最经典的概念,至今仍然是众多职业指导理论的基础。

此外,帕森斯最早将差异心理学的概念和技巧应用到职业指导中,在开展职业指导活动时,采用测量的方法,以个体的自我报告为主要依据,以访谈和非正式检核表作为主要评估手段。

(二) 霍兰德的人职匹配理论

霍兰德于1959年提出具有广泛社会影响的职业兴趣理论，认为个体的人格类型、兴趣与职业密切相关，兴趣是人们活动的巨大动力，凡是具有职业兴趣的职业，都可以提高人们的积极性，促使人们积极地、愉快地从事该职业，且职业兴趣与人格之间存在很高的相关性。该理论至今仍在不断完善，对职业咨询和教育实践产生的影响远远超过其他理论，是职业指导领域最有影响力的理论。霍兰德据此理论创建了一个人格发展模型，提出了人格和职业环境类型说，开发了个体与职业评估的具体工具和方法，并通过大量研究来验证他的理论。由于他的理论强调个体人格类型与职业环境之间匹配的重要性，因此也被称为人职匹配理论。

霍兰德通过对职业人格的划分，将个体分成现实型（R）、研究型（I）、艺术型（A）、社会型（S）、企业型（E）和常规型（C）六种类型。（见表3—4）

表3—4　　　　　　　　　霍兰德的职业人格类型

类型	缩写	描述
现实型 （Realistic）	R	行动者 现实型的特点是偏好实际的、具体的、操作性的活动。容易在一些要求具体操作的工作中找到满足感，通常是一些体力工作，例如建筑、安装、修理或种植等工作。现实型可能最不擅长于社交型的职业活动，不喜欢传统的学术环境，不喜欢进行抽象的、知识性的对话
研究型 （Investigative）	I	科学家 研究型的特点是偏好理性思考和解决问题。研究型容易在解决问题或创造知识的事业和学术追求中得到满足感。研究型可能最不善于企业型职业特点的活动
艺术型 （Artistic）	A	创作者 艺术型的特点是具有创造性，喜欢自我表达。艺术型喜欢营造玄妙的意境，通过写作、艺术、音乐和表演等活动进行自我表达，从而得到职业满足。艺术型可能最不擅长常规型的职业活动

续表

类型	缩写	描述
社会型 （Social）	S	助人者 社会型的特征是对人际关系感兴趣。社会型容易在需要建立人际关系的职业中找到满足感，如以助人为目的的教学或辅导活动等。社会型可能不太适合现实型的职业
企业型 （Enterprising）	E	说服者 企业型的特点是利用人际交往技巧来说服他人。企业型容易在领导、管理和销售等具有影响力、经济收益大的职业上找到满足感。企业型通常不擅长研究型的职业
常规型 （Conventional）	C	组织者 常规型的特点是喜欢使用系统的程序和组织。常规型容易在需要系统化的方法来管理和分析数据、信息或过程的职业中找到满足感。常规型通常不擅长艺术型的职业

霍兰德提出六种职业人格类型是一个六边形的关系。（见图3—1）每一种类型与其他类型之间存在不同程度的关系，大体可描述为三类。

（1）相邻关系，如 RI、IR、IA、AI、AS、SA、SE、ES、EC、CE、RC、CR。属于这种关系的两种类型的个体之间共同点较多，如现实型 R、研究型 I 的人就都不太偏好人际交往，这两种职业环境中也都较少机会与人接触。

（2）相隔关系，如 RA、RE、IC、IS、AR、AE、SI、SC、EA、ER、CI、CS，属于这种关系的两种类型个体之间共同点较相邻关系少。

（3）相对关系，在六边形上处于对角位置的类型之间即为相对关系，如 RS、IE、AC、SR、EI、CA，相对关系的人格类型共同点最少，一个人同时对处于相对关系的两种职业环境都兴趣很浓的情况极为少见。

霍兰德（1997）认为，职业环境也可以用 RIASEC 模式进行分类，特定人格类型的个体会被相似的职业环境类型吸引，在相似类型的环境中也比较有优势。人们通常倾向选择与自我兴趣类型匹配的职业环境，如具有

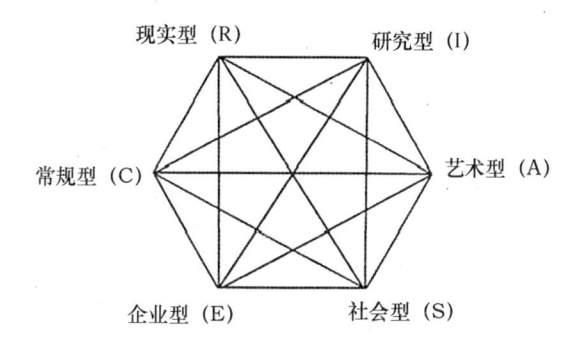

图 3—1　霍兰德的职业六边形

现实型兴趣的人希望在现实型的职业环境中工作，可以最好地发挥个人的潜能。但实际的职业选择中，个体并非一定要选择与自己兴趣完全对应的职业环境。一是因为个体通常是多种兴趣类型的综合体，单一类型显著突出的情况并不多，因此评价个体的兴趣类型时也时常以其在六大类型中得分居前三位的类型组合而成，组合时根据分数的高低依次排列字母，构成其兴趣组型，如 RCA、AIS 等，这样的兴趣组型也被称为霍兰德代码。二是因为影响职业选择的因素是多方面的，不能完全依据兴趣类型，还要参照社会的职业需求及获得职业的现实可能性。因此，职业选择时会不断妥协，寻求相邻职业环境甚至相隔职业环境，在这种环境中，个体需要逐渐适应工作环境。但如果个体寻找的是相对的职业环境，意味着所进入的是与自我兴趣完全不同的职业环境，则工作起来可能难以适应，甚至可能会每天工作得很痛苦。（见表 3—5）

表 3—5　　　　　　　　　霍兰德的职业环境类型

类型	缩写	描述
现实型（Realistic）	R	现实型职业环境更适合人格类型为现实型的个体。职业需求和机会表现为依据特定顺序和程序的实践性、具体性、手工操作性的工作。与现实型环境相关的职业通常涉及体力劳动，例如建筑、安装、修理或种植之类的工作

续表

类型	缩写	描述
研究型 (Investigative)	I	研究型职业环境更适合研究型人格的个体，主要表现为需要理性思考和解决问题的工作，并产生新的知识或问题解决方案。与研究型环境相关的职业通常涉及与自然科学或社会科学相关的学术研究
艺术型 (Artistic)	A	更适合艺术型人格的个体。艺术型职业环境的特点是非结构化的、需要创造性和自我表达的工作。与艺术型环境相关的职业通常涉及诸如写作、艺术、音乐和表演等活动
社会型 (Social)	S	社会型职业环境更适合社会型人格的个体。其特点是需要建立人际关系来帮助他人。与社会型环境相关的职业通常涉及提高他人健康水平的活动，如教学或咨询
企业型 (Enterprising)	E	企业型职业环境更适合企业型人格的个体。其特点是需要运用人际交往技巧来达到个人或组织利益的目的。与企业型环境相关的职业往往涉及一些诸如商业、政治或管理的需要"野心勃勃"
常规型 (Conventional)	C	常规型职业环境更适合常规型人格的个体。常规型环境下的工作特点是需要良好的组织和系统化的程序。与常规型环境相关的职业通常涉及数据、信息或流程的系统管理和分析，如会计、物流或文书工作

在霍兰德理论中，匹配过程是一个关键概念，也是职业指导特质因素法的核心。霍兰德理论和其他特质因素理论的基本目标就是帮助人们找到适合自己的工作。霍兰德认为，个体在与自己人格类型相似的典型环境中工作时，内心满意感最强，也最容易取得成功。他将这种观点称为匹配性。无论是帮助来访者识别可从事的职业，还是帮助他们理解对当前职业感到满意或挫折的原因，霍兰德都建议首先要探索个体的人格类型和潜能与当前职业环境之间的匹配性。为此，他开发了一系列非常简单实用的评估工具，如职业偏好量表（Vocational Preference Inventory）、自我导向搜寻表（Self-directed Search）和强兴趣量表（Strong Interest Inventory）等，在职业指导领域都是常用的测量工具。

二 发展理论

发展理论着重于阐释个体的早期经历如何影响他们的职业倾向和选择，以及随着时间的推移，人们的职业生涯如何发展。如果说特质因素理论强调的是对职业发展相对稳定的特征的静态描述，发展理论则强调职业发展随时间变化的过程。发展理论的代表人物有伊莱·金兹伯格（Eli Ginzberg）和唐纳德·E. 舒伯（Donald E. Super）。

（一）金兹伯格的职业选择理论

金兹伯格认为，个体职业心理的形成与发展与他的心理发展是同步的。随着个体心理由低级到高级，由简单到复杂，其职业心理也由低级到高级，由简单到复杂。因此，个体在选择职业时，不仅要考虑自己兴趣、能力与价值观的发展，还要与社会需要之间实现平衡。他的研究重点是从童年到青少年阶段发生的职业决策过程，划分了三个时期，每个时期内又划分了若干个阶段，用来解释个体如何做出职业选择。

幻想选择期。11 岁之前的幻想时期代表了第一个时期，在此期间，儿童们对大千世界，特别是对于他们所看到或接触到的各类职业工作者，充满了新奇、好玩的感觉，相信自己可以成为幻想的任何人。此时期职业需求的特点是：单纯凭自己的兴趣爱好，不考虑自身的条件、能力水平和社会需要与机遇，完全处于幻想之中。

尝试选择期。11 岁到 17 岁之间是第二个时期，被认为是由尝试选择组成，包括四个阶段。第一阶段，儿童的兴趣被视为尝试选择的主要来源。第二阶段，孩子的天赋或能力被视为尝试选择主要来源。第三阶段，儿童的价值被视为尝试选择的主要来源。这三个阶段（兴趣、能力和价值）与大多数特质因素理论的想法非常相似。金兹伯格认为主观性是尝试选择期的主题，即 11 岁至 17 岁之间的儿童和青少年倾向于根据他们的主观意识来确定职业愿望，因为他们还不能考虑外部客观因素，如劳动力市场。但是，在尝试选择的第四个也是最后一个阶段——转变阶段，青少年的注意开始关注高等教育或就业的现实性。总体来看，这一时期在职业需求上呈现出的特点是：有职业兴趣，但不仅限于此，更多的和客观的审视自身各方面的条件和能力；开始注意职业角色的社会地位、社会意义，以及社会对该职业的需要。

现实选择期。大约17岁时，青少年进入职业选择的第三个也是最后一个阶段。这个时期的重点是通过个人兴趣、能力和价值观与各种职业利弊之间的妥协过程来做出切合实际的选择。现实选择期的第一阶段是探索阶段，在这个阶段，青少年"最后一次寻求自己的选择"。第二阶段是具体化阶段，在这个时期青少年会探索各种职业选择的现实性，并导致做出最终的职业选择。一旦进行了职业选择，个体就进入了现实选择期的第三个也是最后阶段——规范阶段。这个最后阶段是一个微调过程，在这个过程中，个体对职业选择中最具吸引力的部门、环境和专业领域变得更加具体。这一时期所希求的职业不再模糊不清，已有的具体的、现实的职业目标，表现出的最大特点是客观性、现实性、讲求实际。

（二）舒伯的生涯阶段和生活空间理论

舒伯是职业生涯发展研究领域中最具权威性的人物之一，是全球最有影响力的生涯发展研究者，从1940年到1950年，舒伯出版了两本生涯发展的专著：《职业适应动力学》和《职业心理学》，奠定了他在该领域的权威地位。20世纪80年代末，舒伯在许多研究者的成果的基础上，综合了差异心理学、发展心理学、职业社会学、人格理论等四个学术领域的内容，系统提出了生涯发展理论。舒伯的职业生涯发展论是建立在一种生涯整合观念之上的，强调的是主客观的互相作用，这种互相作用实际上系统地阐述了一种生涯发展的应然模式，包括生涯发展阶段、自我概念、生涯成熟度及生涯彩虹等核心概念，被视为一种独立的理论流派。

1. 生涯发展阶段

1953年，舒伯在"生涯发展型态研究"中，将人生职业生涯发展划分为成长、探索、建立、维持和衰退五个阶段（又称大循环）：成长期（growth），从出生到14岁；探索期（exploration），15岁到24岁；建立阶段（establishment），25岁到44岁；维持期（maintenance），45岁到64岁；衰退期（decline），65岁以上。在每个时期至下个时期之间，称为转换期（transition），又称为小循环，包括：新的成长、再探索以及再建立三个历程。他认为不同的阶段，面临的发展任务不同，个人必须达成其每一阶段的生涯发展任务，并为下一阶段的发展做好预先规划与准备。个人一旦进入一个新的生涯发展阶段，可能进入一个新的发展循环，需重新经历成长、探索、建立、维持、衰退等一系列历程。（见表3—6）

表3—6　　　　　　　　　舒伯提出的生涯发展阶段

阶段	特点	子阶段
成长阶段（出生到14岁）（认知阶段）	个人在这一阶段，自我概念发展成熟起来。初期时，个人欲望和空想起支配作用，其后对社会现实产生注意和兴趣，个人的能力与趣味则是次要的	（1）空想期。主要是儿童时期，这时职业的概念尚未形成，对于职业只是根据周围人的职业情况和一些故事中的人物，空想将来要做某职业 （2）兴趣期。主要是小学阶段，对于职业主要依据个人的兴趣，并不考虑自身的能力和社会的需要，带有理想主义色彩 （3）能力阶段。主要是进入了初中阶段，对于职业不仅仅从兴趣出发，同时注意到能力在职业生涯中的重要性，开始注重培养自己某方面的能力，以便为将来的职业做准备
探索阶段（15－24岁）（学习打基础阶段）	个人在学校生活与闲暇活动中研究自我，并进行职业上的探索。探索阶段是人生道路上非常重要的转变时期	（1）暂定期。15岁至17岁，这一时期个人在空想、议论和学业中开始全面考虑欲望、兴趣、能力、价值观、雇佣机会等，做出暂时性的选择 （2）过渡期。18岁到21岁，是个人接受专门教育训练和进入劳动力市场开始正式选择的时期，这时个人着重考虑现实，在现实和环境中寻求"自我"的实现 （3）试行期。22岁到24岁，这个时期进入似乎适合自己的职业，并想把它当作终生职业
确立阶段（25－44岁）（选择和安置阶段）	进入职业以后的人发现真正适合于自己的领域，并努力试图使其成为自己的永久职业	（1）试行期。确立阶段的初期，在岗位上"试验"，若不合适就改为其他职业。目前很多大学生刚工作就不断地"跳槽"，就是他们在不断地"试验"、寻找自己最合适的职业 （2）稳定期。经过工作岗位上的"试验"，人们最终找到适合自己的岗位，以后在某种职业岗位上稳定下来
维持阶段（45－64岁）（升迁和专精阶段）	这一阶段人们主要是要保住现有的职业位置，按既定方向工作。极少数人会冒险探索新领域、寻求新的发展	
衰退阶段（65岁以后）（退休阶段）	是精力、体力减退时期，也是人们逐步退出职业劳动领域的时期	

2. 自我概念

自我概念（self-concept）是舒伯生涯发展理论中的核心重点。舒伯认为职业生涯发展是发展和实现自我概念的过程，他认为自我概念是一个结合体，包括了生物学特征以及个人所扮演的社会角色等。自我概念指的是个人看待自己和自身境况的观点，包括两个部分：一是个人或心理上的，包括个人如何选择以及如何对选择进行调整；另一个是社会的，重点是个人对其社会经济情况及与工作和生活有关的当前社会结构的个人评价。自我概念不是静态的，而是持续发展的。自我概念影响生涯决定，正确的自我概念是生涯成熟的必要条件。在20世纪90年代初，舒伯提出"拱门模型"（Archway Model），该模型说明了生理、心理以及社会经济因素如何影响生涯的发展（见图3—2）。拱门的基石之一是个人的心理特质，包括个人的需求、价值观、兴趣、能力等；拱门的另一基石是社会性因素，包括经济、社会、劳动力市场、家庭、学校等。连接两大基石的拱形，是由生涯发展阶段与自我概念连接而成，主导个人的生涯选择与发展。在个人的成长过程中，社会性因素与个人的心理特质交互作用，形成个人的自我概念。自我概念是影响整个个人生涯发展的重要因素。

3. 生涯成熟度

舒伯关于生涯成熟度（career maturity）的概念，是生涯发展理论的贡献之一。生涯成熟度是发生在生命中某个阶段内，由成功完成生涯发展任务而获得的，它为生涯咨询及生涯教育目标及策略提供了信息。舒伯认为在各个阶段完成适当的任务，即是生涯成熟，生涯成熟的概念包括两方面，一是指个人在整个职业生涯历程中达到社会期望的水准，二是以职业生涯各发展阶段的发展任务为标准所做的衡量。生涯成熟度与自我认知、生涯知识及发展规划的能力相关联。生涯成熟度包含了以下六个维度：①职业选择的定向，是决定个人是否关心做出最终的职业选择的态度维度；②职业信息和规划，与个人所有的未来生涯决策及过去所完成计划的能力维度；③职业偏好的一致性，指个人偏好的一致性；④个人特质的具体化，指个人朝向自我概念形成的过程；⑤职业选择的独立性，指工作经验的独立性；⑥职业偏好的智慧，个人将现实偏好与个人任务维持一致的能力维度。

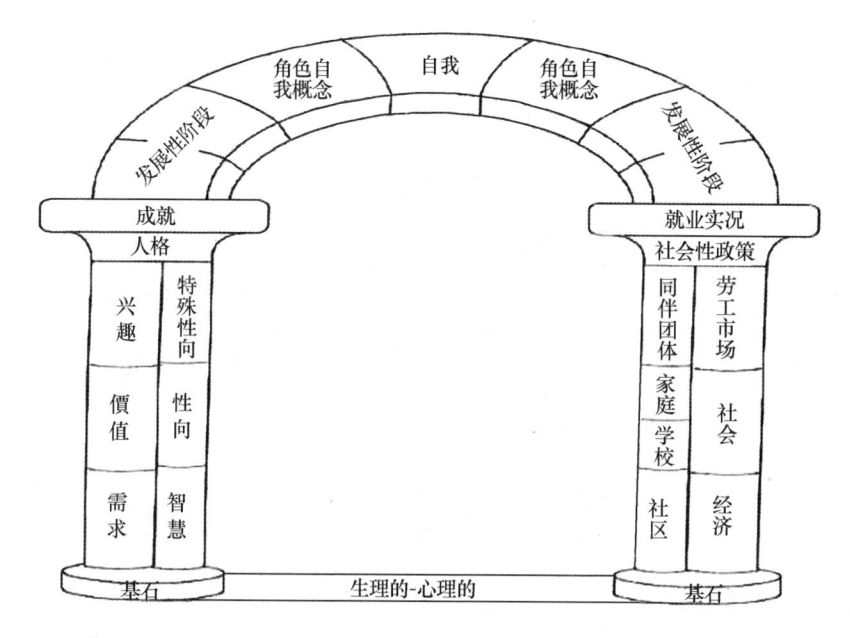

图 3—2 舒伯提出的"拱门模型"

4. 生涯彩虹

从 1957 年到 1990 年，舒伯拓宽和修改了他的理论，在这期间他最主要的贡献是生涯彩虹图。他认为在个人发展历程中，随年龄的增长而扮演不同的角色，图的外圈为主要发展阶段，内圈阴暗部分的范围、长短不一，表示在该年龄阶段各种角色的分量；在同一年龄阶段可能同时扮演数种角色，因此彼此会有所重叠，但其所占比例分量则有所不同。根据舒伯的看法，一个人一生中扮演的许许多多角色就像彩虹同时具有许多色带，这些角色包括儿女、学生、公民、工作者、休闲者、配偶、管家者、父母及退休者，这九个角色主要出现在家庭、社区、学校及工作场所四个人生舞台上。舒伯将显著角色（role salience）的概念引入了生涯彩虹图（见图3—3），显著角色指各个角色的重要性或显著性。他认为角色除与年龄及社会期望有关外，与个人所涉入的时间及情绪程度都有关联，因此每一阶段都有显著角色。

舒伯的生涯发展理论是一种心理学理论，其关注焦点是选择和配合个人，但它也是一种社会学理论，注意到了社会因素对职业选择和职业发展

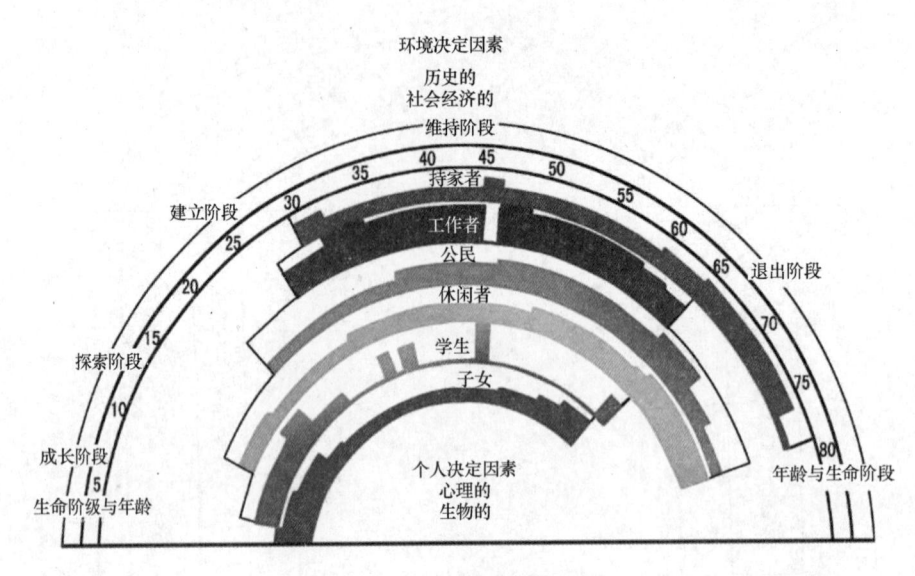

图3—3　舒伯提出的生涯彩虹图

的影响。舒伯在后期又将影响择业的因素分为两大类：一类为个体决定因素，包括兴趣、能力、价值观等个体化因素；另一类是环境决定因素，如社会结构和经济条件。舒伯认为人的行为方向受到三种时间因素的影响：一是对过去成长痕迹的省视；二是对目前发展状况的审视；三是对未来可能发展方向的展望。这三种因素是相互影响的，过去是现在的成因，现在又是未来的基础。

三　学习理论

学习理论的基本思想是个体根据学习经验而内化的思想观念会影响到他们的职业选择方向，以及他们在完成与工作有关的任务时所能达到的成功水平，重点关注于个体过去和现在的学习经验对自我信念、自我效能水平的影响，以及这些认知过程对个体职业选择和职业满意度的影响。这一理论的代表包括克朗伯兹学习理论和认知信息加工理论。

（一）克朗伯兹学习理论

美国斯坦福大学教育和心理学教授约翰·克朗伯兹（John Krumboltz）可能是职业发展理论家中最早专注于研究直接和观察学习经验对自己信念

的影响。他于1976年出版了《职业选择的社会学习理论》，并在1979年将其重新命名为《职业决策的社会学习理论》。他认为影响个人职业决策本质的主要有遗传素质和特殊能力、环境条件与特殊事件、学习经验以及任务处理技能等四个因素，而其中最核心的因素是丰富和适当的学习经验。

他提出了两种类型的学习经验：（1）工具式学习经验。个人为了得到好的结果，在特定的环境中采取一定的行为，其后果对个人会有重要的影响作用。克朗伯兹认为，生涯规划和职业所需的技能，可以通过工具式学习经验获得。（2）联结式学习经验。个人通过观察真实和虚构的模型，通过对人、事之间的比较来学习对外部刺激做出反应。某些环境刺激会引起个人情绪上积极或消极的反应。如果原来属于中性的刺激与使个人产生积极或消极情绪反应的刺激同时出现，这种伴随在一起的联结关系就会使中性的刺激也具有积极或消极的情绪作用。

克朗伯兹认为，个体学习经验的获取渠道是有限的，大多数都来自家庭和周边环境，因此职业指导的目标不是将职业发展与个体现有的兴趣、价值观、技能和个性特征相结合，而是要考虑到各种通用因素：学习技能、兴趣、信仰、价值观、工作习惯和个人素质等，使他们能够在不断变化的工作环境中获得满意的生活。职业指导的重点是帮助个体接受新的学习经验，体验不同的后果，发展自我观察的能力，强化任务处理技能。

（二）认知信息加工理论

1991年，盖瑞·彼得森、詹姆斯·桑普森、罗伯特·里尔登合著了《生涯发展和服务：一种认知的方法》一书，阐述了一种思考生涯发展的新方法，叫作认知信息加工方法（简称CIP）。该理论把生涯发展与指导的过程视为学习信息加工能力的过程，按照信息加工的特性构成了一个信息加工金字塔。位于塔底的领域是知识领域，包括自我知识和职业知识。中间领域是决策领域，包括了沟通（C）—分析（A）—综合（S）—评估（V）—执行（E）五个阶段。最上层的领域是执行领域，也称为元认知。这一理论为职业生涯规划和职业指导提供了操作的框架和流程。按照信息加工模型，在生涯管理中，针对最高层，我们需要辨别消极思维、进行积极的自我对话、提高自我控制和调节水平等，以此来完善我们的元认知。CASVE 循环提供了一种能用于职业生涯中解决问题的通用方法。当我们能成功、快速、有效地使用这一策略来处理生涯问题时,我们的生涯状况将得到极大改善。而自我知识和职业知识构成职业生涯规划的基础,没有全面而准确的知识,个人就无法做出快当的职业生涯决策,职业生涯规划时需要对其完善。

第三节　我国职业指导制度的形成和发展

我国古代就有职业指导思想的萌芽,但是真正的职业指导始于 20 世纪初,伴随着欧美国家职业指导运动的展开,承袭于欧美国家职业指导思想和理论。据文献资料,1916 年清华大学校长周寄梅先生初创职业指导,最早倡导职业指导的社会团体是中华职业教育社。1929 年,中华职教社《教育与职业》杂志第 100 期《十年来之中国职业指导》一文介绍:"职业指导一名词,流行中国,不过十年,倡导最先最力者,在学校为北京清华学校;在研究机关为本社。"[1]

一　古代的职业指导思想

尽管从现有文献来看,在中国古代没有"职业指导"这一名词,但在社会职业实践历程中,职业指导却无时不在、无处不在。在原始社会,职业指导的基本内容是传授制造和使用简单工具进行渔、猎、采摘的经验,以及一些劳动习惯、规则等,基本方式主要通过示范动作和口头传授而进行,职业指导是经验传承的形态,在生产过程中得到开展和传播。到了奴隶社会与封建社会时期,随着社会分工的加剧与职业范围的扩大,职业指导变得日益复杂,在诸多职业领域展开实践,其思想也走向丰富与完善。

在我国古代,学校的职业指导产生较早。在奴隶社会时代,就产生了学校,学校分官学和私学,官学培养大小奴隶主的子弟为各级官吏接班人,这些学校的重点在于指导学生如何做官,传授的基本内容是从事这一种职业所需要的主要知识与能力。私学指导的内容范围更加广泛,从知

---

[1] 柳君芳:《我国职业指导的历史沿革与发展》,《北京成人教育》2000 年第 2 期。

识、技术到方法都有所涉猎。在封建社会时期，开始创立专科学校，职业指导进入专门化时代。早在东汉时期，我国就建立了中国古代第一所文艺专科学校"鸿门都学"，直到明、清，曾设立过算学、天文历法、律学、阴阳学、书学、画学、音乐等专科学校。"这些专科学校培养出不少专门职业人才，对于发展中国的自然科学、法学、文艺等方面起过很大作用，并对世界文化也作出了一定的贡献。"①

社会职业指导的内容也非常丰富，涵盖面极为宽广。如对农业的指导，中国古代历史文献记载颇丰，各朝都先后设立劝农官，负责对农民进行农业方面的劝导、指教、示范与推广等。随着商贾社会地位的提升，对经商的指导日益受到重视，从商业道德到商业技能的培养和指导广泛开展，同时也有大量商业教科书问世。在这些职业指导的基础上，中国古代职业指导组织也得到相应发展，较典型者最初为"歇家"后发展为各类"荐头店"或"中人行"与"佣工介绍所"等，这类专门介绍职业机构的建立推动了中国古代职业指导的发展与繁荣。

职业指导思想在中国古代也不断发展。在《论语》中，孔子对学生论及他们的个性，"中人以上，可以语上也，中人以下，不可以语上也"，主张根据他们的个性因材施教。他还提出应指导学生从事与自己个性相符的、最适宜的职业，"德行颜渊，闵子骞，冉牛，仲弓。言语宰我，子贡。政事冉有，季路。文学子游，子夏"。孔子还阐明了"知、好、乐"三者在职业发展中的孰轻孰重，他强调说"知之者不如好之者，好之者不如乐之者"。至战国时期，管子提出著名的"四民分业"理论，他认为士、农、工、商各业有各业的要求，必须针对各业进行不同的职业指导。孟子则根据其职业分工思想在职业指导上则提出"劳心者治人，劳力者治于人"的观点。战国以后，中国古代职业指导思想走向丰富，如魏晋南北朝时期的颜之推提倡"以技立身"；北宋王安石提出"致用于天下"的观点；清初的黄宗羲强调"学贵适用"等主张。

从中国古代职业指导实践和思想发展流变的简单梳理中可以看到，中国古代的职业指导如世界各国职业指导产生初期一样缺乏"系统性"与"科学性"，甚至缺少"职业指导"这一词汇，但这种无其名却有其实的

---

① 赵元山：《职业教育概说》，湖南教育出版社1988年版。

存在对中国古代社会职业的发展与对封建制度的维护等方面产生了重大影响。

二 民国时期的职业指导

民国时期，中国职业得到快速发展，但由于自然灾害、战争及多种因素的制约使其在发展中陷入艰难困境，社会中相关的职业问题如失业、无业、改业、不乐业、就业不充分等随处可见，引发了社会秩序的混乱和经济的崩溃，为解决这些问题，社会各界进行了多领域的探索，其中，职业指导为教育领域的重要组成部分，中国职业指导思想在此基础上而产生。用中华职业教育社的社训来说明当时职业指导的目的最贴切，使"无业者有业，有业者乐业"，即使人人有业，并且有与其能力、兴趣、个性相称的职业。

（一）职业指导概念的形成

据文献史料记载，首次表述职业指导概念的名词为"职业引导"。1915年1月，当时留学美国哥伦比亚大学哲学博士、纽约师范大学教育学博士郭秉文在《东方杂志》第12卷第1号发表了《中国现今教育问题之一——职业之引导》一文。文中，郭秉文将 Vocational Guidance 翻译成"职业之引导"，概述了美国、德国等职业引导事业的发展历史，并认为对中国教育有很强的应用价值。第一次出现职业指导一词的时间是在1917年7月，朱元善以天民为笔名在《教育杂志》第九卷第7号发表文章《小学校职业指导之研究》，第一次使用了"职业指导"这个名词。同时，朱元善的著作《职业教育真义》也于1917年7月出版，在该书"第十一章指导职业"中对职业指导也做了相当篇幅的阐述，意义为"职业生活之指导"。后人多认为此为"职业指导"正式诞生的标志。

（二）职业指导实践活动的开始

在中国，最先进行的具有近代意义的职业指导实践开始于清华学校。1916年，清华学校在校长周寄梅的领导下开展了职业指导的具体活动，他特邀名人及专家到学校进行职业演讲以指导学生选择职业。1924年5月成立职业指导部，通过详细、系统的职业指导实践影响了学生的职业选择与人生态度，对民国时期的中国其他各级学校职业指导的开展起了引导和促进作用。

民国时期社会团体的职业指导实践以中华职业教育社提倡得最早,成绩最为显著。中华职业教育社是黄炎培先生于1917年在上海联合当时教育界、实业界知名人士蔡元培、张替、宋汉章等发起成立,以倡导、研究和推行职业教育为职志的全国性民间教育团体。[①] 1919年10月,中华职业教育社出版的《教育与职业》杂志就发刊《职业指导专号》,讨论职业指导的重要理论与方法,开始了对职业指导的正式介绍,以后各期对职业指导都有所关注。1920年,中华职业教育社组织了职业指导委员会,从事职业指导宣传,在第二届年会时由委员会改组为职业指导部,着手调查研究,并对该部的主要业务做了以下规定:"第一,把各地重要的职业切实调查明白以便给一般学徒有相当的准备;第二,调查各学校将毕业生徒的年龄、体力、学业、品性、能力和志愿,考察他是不是和他所认识的职业相应,倘使没有决定,更应该引导他选择最适宜的职业;第三,征集各实业家对于毕业生服务上必要的条件印送各校以供教师学生的参考;第四,各校生徒毕业以前,本部派员前往演讲选择职业的要点,顺便把调查的结果和选择职业时有重要关系的地方详细发表出来,使一般生徒得着许多的心得;第五,介绍毕业生入相当学校,使他们得到充分的学力,以便将来的出路。"[②]

在中华职业教育社的推动下,中国职业指导事业取得很大进展。在理论上著名的有何清儒的《职业指导学》与喻兆明的《职业介绍的理论与实施》等。制度建设上颁布了《社会部各直属社会服务处附设职业介绍组织暂行组织通则》《私设职业介绍所暂行办法》与《佣工介绍所规则》等。在机关建设上,中华职业教育社在各地如重庆、昆明、桂林与贵阳等办事处均设有职业介绍所。中华职业教育社推行的职业指导实践在中国职业指导史上有着极其重要的地位,是推动民国时期中国职业指导实践迅速发展与开中国职业指导风气之先的中坚力量。

三 中华人民共和国成立初期的职业指导

1949年,中华人民共和国成立,政治经济模式转变,就业制度也随

[①] 邵爱玲:《中华职业教育社职业指导工作的历史沿革》,《教育与职业》1990年第3期。
[②] 中华职业教育社:《本社设立职业指导部宣言》,《教育与职业》1920年第19期。

之发生变化，我国形成了与高度集中的计划经济体制相适应的统包统配的就业制度。与之相应，此时的职业指导是国家层面的宏观职业指导，是计划性职业指导模式，用"有形的手"指挥中国的人才配置，调控人才流动，实现社会稳定。这个时期的社会职业指导主要是失业治理和就业安置，学校职业指导主要集中于学生的就业安置和劳动教育。

（一）社会职业指导

1. 失业治理

新中国成立初期，百业萧条，社会失业待业问题相当严重，既有旧中国遗留的历史问题也有中华人民共和国成立后因社会变革而引起的新的就业问题。国家在就业与安置方面主要采用了统一调配的策略，政府努力创造资源安置失业待业人员，并设立专门的劳动就业介绍机构，根据生产单位的需要统一介绍职业，逐渐形成了统包统配的就业制度和固定用工制度。1950年5月20日，劳动部颁发了《市劳动介绍所组织通则》，要求各市应设置劳动介绍所，筹划介绍职工就业事宜。同年6月，政务院颁布了《关于救济失业工人的指示》和《救济失业工人暂行办法》。1952年7月，政务院发布《关于劳动就业问题的决定》，规定国家对职工统一调配，在全国范围内进行全面的劳动就业登记。国家采用接管旧政府时代的公教人员及企业的职工、救济失业者与统一介绍就业的方式，到1958年，基本上解决了旧社会遗留下来的严重失业问题，随之取消了城镇失业人员和失业率的登记与公布工作。

2. 就业安置

"大跃进"运动之后，国民经济调整，社会劳动力富余，出现闲散人员，当时的工商业以国营经济为主，个体经济受限，就业形势严峻。于是开展新一轮的国家人力资源调配。1962年中央批转劳动部《关于加强城市闲散劳动力的安置和管理工作的意见》，一方面将大批市民安置到农村就业、生活；另一方面规定对社会需要就业的劳动力进行登记，实行统一计划、统一招收、统一调配，任何单位和部门不经职业介绍所介绍，不得从社会上招收新工人（包括临时工）。

（二）学校职业指导

1953年之后，政府精简机构，紧缩编制，需要进行人才调剂，于是国家开始了对各级毕业生的升学就业指导工作。当时学生的生涯发展需求主要有三种情况：必须升学、争取留级、升学就业两手准备，多数家长还是希望政府可以安排就业。

1. 就业安置

20世纪50年代国家大规模经济建设开始，高级专门人才极端缺乏，国家主张"集中使用，重点分配"，让高校毕业生全力参与支援国家重点建设项目。1950年6月政务院颁布《为有计划地分配全国公、私高等学校今年暑期毕业生工作的通令》，规定对高校毕业生进行有计划的统一分配。"面向基层，充实和加强第一线"成为20世纪60年代后大力提倡的分配政策。随着高校毕业生就业分配政策的稳定发展，国家对人才的管制范围扩大，"包下来""配下去"的指导思想延伸至城镇复员转业军人、中专毕业生、技校毕业生、城镇未升学的中学毕业生和高小毕业生，甚至包括刑满释放人员。

2. 劳动教育

自1953年以来，中央多次指示中小学仍需加强劳动教育，号召中小学毕业生到农村去参加生产劳动，明确学习目的，中小学毕业不是只有升学一条路，还可以参加生产劳动，做有社会主义觉悟的、有文化的劳动者和新型农民。1953年，东北地区的中小学毕业生中没有继续升学的学生到工厂学工，起到了示范作用、带动作用。1954年教育界开始对学生的升学和就业进行指导，《人民教育》发表一系列的文章、社论，大力宣传并教育青年学生（毕业生）未来的发展方向并不一定是升学，从事生产劳动也是光荣的，也是为国家建设服务，而且在生产中也能继续学习。1955年由工人出版社出版并翻译了苏联的《你选择什么职业》以帮助学生端正对职业的看法，帮助中小学教师指导学生树立对各种职业的看法，树立正确的职业道德观和职业价值观。同年，中央人民政府教育部、高等教育部联合发出《对高中毕业生进行关于升学的思想教育的通知》，要求各级教育行政部门加强对高中毕业生进行升学指导教育，并且组织各中学购买、阅读全国高等学校招生委员会编辑的《升学指导》一书。1957年2月28日，教育部发布《教育部关于指导中小学毕业生正确对待升学和就业问题的通知》，要求各级教育行政部门和中小学加强对毕业生的升学和就业指导。

四　计划经济向市场经济过渡时期的职业指导

1978年党的十一届三中全会召开，从改革开放开始，到1992年明确建立市场经济体制，经营主体逐渐多元化，单纯依靠行政计划来调控社会资源的做法越来越无法适应市场经济发展的要求。就人力资源方面而言，雇佣劳动制度逐步形成，劳动力流动权力由无到有，流动权力日益扩大，劳动力市场逐步形成，职业指导日益规范化，法律地位逐步确立，专业化程度越来越高。

（一）职业指导的恢复和规范化

1979年，劳动服务公司作为一种新兴的私营经济组织，在劳动部的指导下承担安置就业与培训工作，开始了中国现代意义上的就业指导服务。当时的劳动服务公司主要服务对象是城镇失业人员，具体事务包括组织就业、就业训练、就业指导及举办集体服务事业。与此同时，专门性的职业介绍机构也悄然出现，一些个人性质的职业介绍机构也陆续产生，这些举措受到人们广泛的欢迎，沉寂多年的职业介绍事业自此拉开序幕。

1980年8月，在北京召开的全国劳动工作会议提出"在国家统筹规划和指导下，实行劳动部门介绍就业、自愿组织起来就业和自谋职业结合"的"三结合"就业方针。"三结合"方针虽仍是以国家计划为主，但已经打破了"统包统配"的计划职业指导模式。同时，提出建立劳动服务公司，"担负介绍就业，组织生产、服务，进行职工培训等项任务"，从此开始在部分劳动服务公司中开办了职业介绍所（即以前的劳动介绍所），主要是以安置城市待业青年为目的，向企业输送、介绍合格的劳动力。

1990年1月，劳动部颁发《职业介绍暂行规定》，指出"各地就业服务部门根据工作需要设置职业介绍工作机构，名称统一为职业介绍所，属事业单位性质。具体职责是执行国家劳动就业政策，提供劳动力供求信息，进行职业介绍，开展就业指导与咨询，组织劳务交流活动"。同年12月，在全国劳动厅局长会议上，第一次把劳动就业服务概括为职业介绍、就业训练、待业保险、生产自救四项主要任务。

（二）职业指导法律地位的确立

1994年7月，中国正式颁布《劳动法》，从法律上确定了劳动合同制的地位和作用，并且规定了地方各级政府应当采取措施，发展多种类型的职业介绍机构，提供就业服务。同年，劳动部颁布了《职业指导办法》《就业训练规定》等文件，其中《职业指导办法》明确规定了职业指导的原则、工作内容及职业指导人员应具备的条件，同时规定了职业介绍机构应该对劳动者和用人单位提供职业指导服务，这是国家劳动部门首次将职业指导纳入法律条文。

1995年5月15日，第八届全国人民代表大会常务委员会审议通过《中华人民共和国职业教育法》，职业指导在职业教育中被首次提及，总则第四条规定"实施职业教育必须贯彻国家教育方针，对受教育者进行思想政治教育和职业道德教育，传授职业知识，培养职业技能，进行职业指导，全面提高受教育者的素质"，明确提出进行职业指导，这是国家首次将职业指导列入国家法律条文，是职业指导地位转变的里程碑事件。

（三）职业指导专业化程度不断提升

职业指导是一项专业化程度较高的工作，随着专业发展和技术成熟，我国的职业指导工作也不断提升专业化水平，具体表现在三个方面。

一是职业分类体系的逐步建立健全，为职业指导提供职业信息。国家于1982年全国人口普查时开始进行职业分类，这是中华人民共和国成立以来首次进行专业的职业分类，虽然当时出于宏观统计的需要，但是客观上为职业指导的开展做了基础性工作。1999年首次颁布《中华人民共和国职业分类大典》，将我国职业归为8个大类、66个中类、413个小类、1838个细类（职业）。职业指导员也成为其中一个职业。

二是搭建公共服务平台，加强职业指导信息化建设。1996年以后，中央和地方都确立了信息化在国民经济和社会发展中的重要地位，信息化在各领域、各地区形成了强劲的发展潮流。国务院于1996年1月成立了以时任副总理邹家华为组长，由20多个部委领导组成的国务院信息化工作领导小组，统一领导和组织协调全国的信息化建设工作。1999年劳动部职业技能鉴定中心信息网站开通，标志着中国职业指导进入网络时代。

三是编写职业指导相关教材，建设职业指导队伍，开展职业指导人员资格鉴定工作。1986年，劳动人事部编写《就业指导》供求职人员培训使用。1993年，中国职业技术教育学会成立了职业指导专业委员会，并于 1995 年在黄山召开第一届全国职业指导研讨会，这标志着中国开始建设职业指导队伍。1999 年劳动部制定了职业指导人员的国家职业标准，并且编写了配套的培训教材。同年，劳动部下发《关于开展职业指导人员职业资格培训和鉴定工作的通知》，开始着力制定职业指导专业人才队伍标准，提高职业指导人员从业标准。

五　21 世纪以来的职业指导

2003 年 12 月 9 日，我国召开了新中国历史上第一次人才工作会议，呼吁转变人才评判标准，实施更有针对性的教育培训和政策性人才开发策略，破除限制人才的体制性障碍，树立人才是第一资源理念。高校职业指导逐渐常态化，基础教育阶段的职业指导地位进一步提升，社会上出现了更多的专业化职业指导机构。围绕就业创业、生涯规划、公共服务机构建设，职业指导活动从宏观走向中微观，从引导性走向学科化，从就业指导走向个体规划，从社会价值取向走向个人价值取向。

（一）就业指导成为中心工作

党的十九大报告指出"就业是最大的民生"。2002 年 3 月，国务院办公厅转发了教育部、公安部、人事部、劳动与社会保障局《关于进一步深化普通高校毕业生就业指导制度改革的有关问题的意见》，为高校的就业指导工作提出指导意见，标志着高校毕业生就业和就业指导工作进入新阶段。2003 年扩招后的第一届大学生进入劳动力市场，高校毕业生人数一年多于一年，结构性就业问题突出，就业形式转变，大学生就业问题成为全社会关注的话题。在此种形势下，在校大学生开始更加关注职业指导，随之，高校也更加重视职业指导工作，开始加强职业指导理论本土化研究工作，科学合理地推进职业指导向学科化发展。2007 年，我国颁布了就业领域的第一部专门法律《中华人民共和国就业促进法》（2015 年进行修正），把扩大就业放在经济社会发展的突出位置，实行积极的就业政策，明确职业指导是就业服务与管理的重要组成部分。党的十八大以来更加突出创业和就业紧密结合、支持发展新就业形态、拓展就业新空间，积极就业政策迭代升级，突出有针对性的职业指导，通过指导、测评、体验等方式，提升就业人员职业素养和就业竞争力。

(二) 职业指导是公共就业服务专业化的重要体现

2017年，人力资源和社会保障部办公厅印发《关于推进公共就业服务专业化的意见》，指出"要加强各项服务措施的衔接配合，建立职业指导、职业介绍、职业技能培训、就业见习、创业服务等服务项目有机结合机制"。"拓展职业指导服务功能"强调"综合运用专业知识和方法，激发劳动者就业创业信心和积极性。充分利用职业素质测评的新工具和新方法，帮助劳动者合理确定职业定位和方向，做好职业生涯规划。组织各类新成长劳动力参观公共就业创业和人才服务机构，开展模拟求职应聘、现场观摩等体验式教学活动，帮助他们提高求职就业经验和技巧。加强劳动者失业原因分析，科学诊断其求职就业面临的困难和问题，有针对性地提出解决方案和建议。各地要加强对用人单位的用工指导，帮助用人单位根据市场供求状况科学制定和调整招聘计划，合理确定招聘条件，做好岗位需求特征描述等基础工作，提高招聘针对性和成功率。帮助用人单位建立完善相关管理制度，提高用工稳定性。积极宣传和解读就业创业政策，帮助用人单位申请和享受相关就业扶持政策，提高其吸纳就业积极性"。

(三) 职业指导人员队伍建设不断加强

2000年6月，职业指导人员职业资格鉴定工作全面展开，我国职业指导和职业介绍队伍建设进一步走向专业化和规范化。高校职业指导开始选聘专职教师从事职业指导一线工作，推进中国高校实践发展的同时发挥职业指导学科的学术引领作用，为职业指导在中华大地上开花结果播下种子。2009年教育部牵头逐步在全国范围内开展万名就业指导师培训计划，打造专业化的就业指导师资队伍。党的十八大以来，国家针对公共就业服务提出要"建立职业指导人员服务基层机制，每一名职业指导人员每年要为一定数量特定服务对象提供服务，每一位长期失业者、就业困难人员、公益性岗位安置人员等服务对象都要确定专门的职业指导人员，建立长期固定联系，提供针对性服务"。

(四) 职业指导走向学科化

国务院印发的《"十三五"促进就业规划》提出，强化职业发展和就业指导教育。普遍开设职业发展与就业指导课程，建立专业化、全程化的就业指导教学体系，增强毕业生特别是高校毕业生自我评估能力、职业开发能力及择业能力，切实转变就业观念。加强就业指导教师培训和实践锻炼，创新教学方法，进一步提高教学效果。职业生涯教育作为公共课在大学生中普及开展，研究生教育教学也开始进入公众视野，2007 年北京师范大学在应用心理学专业下开设了"大学生职业生涯发展与辅导"研究方向；东北师范大学教育科学学院基于教育学及管理学进行职业指导研究；华东师范大学在职业教育与成人教育研究所开设"职业生涯规划"研究方向，主要从人力资源管理及成人教育角度研究生涯开发等，职业指导已经成为教育综合改革的重要内容之一。1999 年基础教育课程改革要求在小学至高中设置综合实践活动课程，开始试验将普通教育与职业教育结合，重点在陶冶小学生的职业意识，为提升中学生的职业选择能力和职业决策能力奠定基础，随着中高考改革的不断推进，中小学职业指导已经成为各地综合实践活动课程开发的核心内容。

第四章

职业资格证书制度

职业资格证书制度作为我国劳动就业制度的一项重要内容，深化其改革不仅要解决制度自身当前存在的突出问题，也要解决适应新形势、新任务、新要求所面临的创新发展问题。本章在系统阐述职业资格证书制度内涵特征与形成机理的基础上，重点分析我国职业资格证书制度的历史演进、主要成效、存在问题、形势任务，并借鉴国内外经验，提出我国职业资格证书制度改革的策略建议。

第一节 职业资格证书制度内涵与理论

职业资格证书制度是在一定的经济社会发展背景下形成和发展的，并遵循特定的规律、专业人员规制理论、市场失灵理论等职业资格证书制度形成的相关理论基础，有助于系统理解职业资格证书制度形成的内在机理。同时，概念、术语是职业资格证书制度框架体系构建的理论基石和逻辑起点。各方面认为，这是我国推行职业资格证书制度20年中没有根本解决的重要问题之一。因此，科学界定职业和工作、许可和认证、国家资格和民间资格、专业和专业化、职业资历和职业资历体系，以及职业资格证书制度和职称制度等概念，对于认识和把握职业资格证书制度尤为重要。

一 概念界定

概念、术语体系是构建我国职业资格证书制度的理论基石，也是我国建立和推行职业资格证书制度过程中长期没有解决的薄弱环节。目前，在研究和实践中,"职业与工作(岗位)""职称与职业资格""执业资格与从业资格""准入类资格与水平评价类资格"等交替使用,这是导致理论研究和实践探索混乱不清的重要原因。本研究在借鉴国外职业资格证书制度经验和做法的基础上,着重就职业与工作、许可与认证、国家资格与民间资格、专业和专业化,以及职业资历体系等相关概念进行分析和界定,试图重构既体现我国特色又与国际接轨的职业资格证书制度概念新体系。

(一)职业和工作

2008年,为了满足国际标准职业分类的需要,国际劳工组织进一步澄清了职业(occupation)和工作(job)两个基本概念。"工作"是"某人为雇主(或自雇)而被动(或主动)承担的任务和职责的总和"。"职业"是"主要任务和职责高度相似的工作的总和"。在职业社会学研究中,"工作"与"职务/岗位"几个概念通用。"工作系指所从事的工作或职务职业由一些相似度较高的工作或职务所组成。"[①] 依据我国《职业分类大典(2015年版)》,"职业"是指从业人员为获取主要生活来源而从事的社会工作类别,并且强调:职业须同时具备以下五个基本特征,即目的性、社会性、稳定性、规范性、群体性。

进一步厘清职业与工作的区别和联系,不仅是进行职称制度与职业资格证书制度框架体系设计的需要,也是确定国家资历框架标准导向的需要。(1)工作是职业存在的基础,但工作成为一个职业类别需要经过由特定性向通用性转化的过程[②],即工作的社会化。各方面认为,社会性是职业的基本属性;单位(组织)性是工作(职务/岗位)的基本属性。这是职称制度与职业资格证书制度在功能定位、适用范围和治理模式等方面的重要区别。(2)就人才评价效能而言,职称评价与职务密切联系。其

---

① 叶至诚:《职业社会学》,五南图书出版有限公司,2000年6月版。

② 人力资本理论认为,个人的人力资本有两种类型:通用性人力资本(General Human Capital)和企业特定性人力资本(General Human Capital)。通用性人力资本是由特定性人力资本经过一个演化过程形成的。这个过程就是社会化。首先,个别企业为提高生产效率,不断改进生产技术和业务流程,其次在企业内部进行劳动分工,形成了特定的岗位、工种,于是从事这种岗位工作的人就慢慢积累了针对这类职务/岗位/工种的知识和技能,但这些知识和技能具有企业的特定性。由于这种分工能够提高生产效率和企业竞争力,而受到更多的企业仿效,于是这种个别企业内部分工演化为一种社会分工;这种基于个别企业特定职务/岗位/工种的知识和技能,演化为一种职业类别的能力标准,即通用性人力资本。

评价的结果有数量限制，有明确的任期，组织内部有效，不能通用；资格评价与职业能力标准密切联系，其评价成果没有数量限制，一旦获得终身享有，在社会上可以通用。（3）就评价标准而言，职称评价以岗位要求为导向，是体现单位（组织）某一岗位（职位、职务）的特定标准。职业资格认证以职业能力为导向，体现某一职业通用的职业能力标准。

（二）许可和认证

通过实行国家职业资格制度对从事特定职业进行适度规制是世界各国通行的做法。职业许可（license）和认证（Certification）是被普遍采用的两种规制模式。

"许可"①。作为名词，其基本含义是自由（freedom, liberty）、被允许；作为动词，许可是指通过授权而准许，或者经由准许而取消法律限制。

"认证"②，含证明、证明文件之意。在我国法律文件中，2003年颁布的《中华人民共和国认可认证条例》首先使用了这个概念。《条例》指出，认证是指"第三方依据程序对产品、过程或服务符合规定的要求给予书面保证（合格证书）"③。

许可与认证相同之处：（1）都是基于某种标准、条件开展的评价、评定活动。（2）一般都以证书或证明文件正式确认。（3）这种确认对被申请者来说，都有一定的公信力。

许可与认证不同之处：（1）法律基础不同。许可属公法范畴，是行政行为；认证属私法范畴，具有中介性质。（2）实施的主体不同：许可只能是国家行政机关或法律法规授权的具有管理公共事务职能的组织；认证则是"第三方"。（3）设立的程序不同：许可，非法律法规不得设立。（4）法律效力不同：许可具有强制性、排他性。认证具有志愿性、可选

---

① license是指"由有资格的权威机构发放的、准许在某些行业或职业岗位上工作或开展某些活动的文件，如果没有相应的许可文件，上述的活动就是违法的"。《威伯斯特新大学词典》（Webster's New College Dictionary）。

② certificate指"证明某人已经达到了某一领域的基本要求可以在其中工作的文件"。《威伯斯特新大学词典》（Webster's New College Dictionary）。

③ 《条例》的适用范围包括产品、管理和服务，而不包括人的资格、资质。课题仅借鉴其概念的含义。

择性。(见表4—1)

表4—1　　　　许可类和认证类职业资格的区别（专业技术类）

	职业资格（许可类）	职业资格（认证类）
实施主体	行政机关或法律授权具有行政管理职能的社会组织	国务院主管部门认可的全国性协会、学会等社会组织
功能定位	公共管理	公共服务、行业自律
适用对象	特定职业	其他专业技术职业
管理模式	政府主管	政府管理监督
评价标准	国家标准，强制性标准	行业标准，推荐性标准
层次划分	除能力等级直接关系职业活动范围外，一般为一级	从国际情况看，专业技术类一般2—3级
评价应用	所获得的职业资格证书是执业的必要条件	获得的证书不是对就业、执业的限制，而是对学术技术水平和相应"称号"的认可
法律特征	是依申请的具体行政行为；是采用颁发职业资格证书等形式的行政行为；是行政主体赋予行政相对方某种法律资格或法律权利的行政行为	是依约定而形成的评价与被评价的关系
职业特征	是特殊的职业，需要具备"特殊信誉、特殊条件或特殊技能"；"直接提供公众服务"；执业者的行为对国家、社会或公民有产生危害的可能；有法定的职业活动范围	除国家已经设定职业许可的其他所有职业；有益提升专业服务质量；应当设定和实施许可，按照《行政许可法》第十三条规定但不设定和实施许可的职业

（三）国家资格和民间资格

在文献研究中，以实施主体为依据划分职业资格类别的国家有韩国和日本。比如韩国，将职业资格分为"国家资格"和"民间资格"。其中"国家资格"由依据《国家技术资格法》进行管理的"国家技术资格"和依据单独法令进行管理的"其他国家资格"组成。国家技术资格主要由与产业相关的技术、技能与服务领域的资格组成，其他国家资格主要为专业服务领域（医疗、法律等）的资格，根据各部门的需要设立、运营，大部分都具有执照性质。民间资格是指由国家以外的个人、法人、团体新设并管理、经营的资格。除了资格基本法第17条中禁止新设的领域外，无论任何人都可以自由地新设并管理、经营民间资格。民间资格包括"纯粹民间资格""国家公认民间资格"和"企业内资格"。国家公认民间资格是国家资格的重要组成部分，其认证活动的公信力与权威性与国家资格（非许可部分）是大体相同的。此外，美国各州政府除制定和实施许可类职业资格外，对部分民间资格给予一定的法律规制，即不构成对就业的限制，但对头衔（称号）予以保护。依据美国 O∗NET 公布的职业资格认证目录统计，目前美国由 O∗NET 认可的民间资格有 5712 个[①]，实施机构 1005 个，对应 840 个国家标准分类职业。

借鉴国际经验特别是在制定国家资历框架背景下，适时考虑加强对民间资格的规范与管理问题是必要的。具体办法是：将我国的职业资格分为"国家资格"和"国家认可的民间资格"，实行分类管理。其中"国家资格"是指许可类资格。"国家认可的民间资格"是指"非许可类资格"，包括列入《职业资格证书目录清单》管理的水平评价资格和实行备案管理的学会、协会、院校和社会培训评价组织和部分企业自行组织实施认证资格。主要考虑是：（1）《中华人民共和国境外非政府组织境内活动管理法》（2016.4）及《境外非政府组织在中国境内活动领域和项目目录》（2016.12），已对国际职业资格认证考试、工学教育和工程师资格国际互认等登记和备案管理做出了明确的规定。（2）强调国家资格是"证照合一"[②]的资格，是政府公权力规制的结果，具有绝对的权威性、排他性。其他资格包括列入《职业资格证书目录清单》水平评价类资格与尚未列

[①] 由于美国是实行联邦制的国家，所以同一职业在各州存在重复设置的情况。课题组统计时意在客观呈现美国资格证书的现状，未剔除重复设置这一因素。

[②] "证照"，顾名思义，是由"证"和"照"组成的一个词语。"证"即证书（certificate），是指用于证明资格或授予权力、特权及名誉的证件，如毕业证书、特许证书等；"照"即执照（license），是指政府对于从业人员请求从事某一特定业务所发给的许可证，如各种营业执照、注册执照等。台湾学者张吉成、饶达钦指出："证"为个人经由接受某种教育或训练课程的学习历程之后，其学习成就获得肯定之"证明"；"照"可视为具有公权力，由目的事业主管机关控管；其中"照"有其法令依据的专业权利与义务，各发照机构亦常有相配合之换照机制。

入清单的学会协会、社会培训评价组织、境外社会组织以及部分企业等实施的"民间资格",其本质是"证照分离"的资格,是权威机构经评定(考试、鉴定)出具申请人符合某种职业能力评价标准的证明。(3)《目录清单》是一个开放系统,不是一成不变而是动态调整的。目前集中清理工作重点解决的是"存量"问题,随着我国职业资格证书制度的不断完善,不排除部分"民间资格"也可纳入职业资格框架体系。这是许多国家通行的做法。(4)职业资格证书评价和其他多元主体的水平评价是职业资历的重要组成部分,是学习成果的重要证明。从各国资历框架的实施情况看,它所强调的学习成果是多元的和多样的,它重点考虑的不是这种学习成果在何处获得或由谁授予、是正式或非正式教育,而是这种学习成果是否达到国家规定的水平标准。只要达到这个标准均可在国家资历框架体系中实现学分认证、积累、转换。

(四)专业和专业化

专业(profession)也称专门职业[①]、专业人员。与我国"专业技术人员"(《职业分类大典》第二大类)不同,专业作为一个独立的职业类别存在于国际标准职业分类和美国等世界主要国家职业分类之中。1995年7月,世界贸易组织统计与信息局在界定专业服务[②]范围时采用列举清单的办法确定"专业"的统计口径,包括法律、会计审计与簿记、税务、工程、城市规划、医疗等11个职业群落。这一界定与国际标准职业分类——"专业人员"大体对应。综合文献研究成果[③]并基于对《行政许可法》第十二条的理解,课题组认为,从职业的角度看,专业具有以下特征:(1)专业是职业,具有职业的五个基本特征:即目的性,社会性、稳定性、规范性和群体性。(2)专业是具有"特殊信誉、特殊条件或特殊技能"的职业,从业人员须经高等教育或系统训练。这是区别专业与一般职业的主要依据。(3)专业是"直接或间接提供公众服务"的职业。

---

① 《专门职业和技术人员考试法》(中国台湾地区)。

② 国际专业服务(professional service)是指国际间对在他国获得的某些专业或商业营业执照、学位证书以及技术职称等资格予以承认,专业人员根据委托人的要求提供专业服务并获得报酬的活动。

③ 作为一个科学术语,专业(profession)被看成一个富有历史、文化含义而又变化的概念,主要指一部分知识含量极高的特殊职业。

同一职业,在第一、二、三产业中同时存在,但专业是这种职业高度社会化的结果,从业人员的执业范围、服务方式、职业规范"关系公共利益",是第三产业特别是现代服务业中的职业。①(4)专业是伴有国家和社会呼应行为的职业。其中国家的职业规制是最为普遍的表现方式。

课题组认为,"专业"的视角对职业资格框架体系研究是一个有益的视角,这将有助于从职业属性和特征上把握职业资格证书制度适用范围、重点领域及其与职业教育、专业学位教育的关系。从世界各国职业资格制度演进看,专业领域是实行职业资格证书制度的资源"富集区"。

自20世纪70年代,职业社会学从对职业现象分类学式的研究逐渐转向关于职业专业化(professionalization)的研究。"专业化"是指许多职业不断改变自身的关键特征,争取专业地位的动态过程。学者们认为,与其通过对职业特征的列举来理解职业,不如通过对知识、技能的作用和行业团体能够实现自律自治的社会条件来理解职业,更有理论和实践的意义。由此产生了一系列观察职业"专业化"的理论和模型。其中影响比较大的有职业属性模型(attribute models)和过程模型(process models)。课题组认为,这是职业社会学为职业资格框架体系研究所提供的另一个重要和有益的视角,有助于从职业自身发展规律上把握职业资格证书制度形成的动力机制、框架体系、治理模式以及正确处理政府规制与行业自律的关系。

(五)职业资历和职业资历体系

在汉语中,资历与资格的内涵和外延较为模糊,将"资历"解释为资格与经历②。在对 Qualification 的译文中,"资历"常常用于教育领域,

---

① 《相关概念界定-专业技术人员评价体系研究与探索》,2020年3月28日,桂云帆,(http://www.guiyufan.com/lilun/124613.html)。

② 一般认为"资历"即资格和经历。《中华法学大辞典》将资历视为雇员因工作时间长短不同而获得的一种社会地位。《现代劳动关系辞典》将资历定义为"职员因工作时间长短不同而获得的一种社会地位。资历的计算因企业和部门的不同而有所差别"。《英汉人力资源管理核心词汇手册》的定义为:"资历就是一个人的资格和经历,资格有两个含义:一是指从事某种活动所应具备的条件、身份等;二是指由从事某种工作或活动的时间长短所形成的身份。而经历是指亲身见过、做过或遭受过的事。"

"资格"① 常常用于人力资源开发领域。但是近年来随着国家资历框架（National Qualification Frameworks，简称 NQF）相关研究的快速发展，NQF 语境下的 qualification 一词作为关键术语被广泛研究应用，其概念的内涵和外延逐步清晰。比如《欧洲地区高等教育资历认可公约》（1997年），高等教育的资历被界定为：任何能够证明成功完成了一段高等教育项目、由主管部门发行的学位、文凭或其他证书。准许进入更高教育阶段的资历被界定为：任何能够证明成功完成了一段教育项目并准许资历持有者进入更高教育阶段的、由主管部门发行的文凭或其他证书。有些国家在国家资历框架设计中，将"职业资历"与"高等教育资历"对应，比如南非国家资历框架，大体包括"教育资历框架"和"职业资历框架"两个子框架，其中"职业资历框架"包括"继续教育和培训资历框架"和"贸易和行业资历框架"（职业资格和职业技能培训证书）。

在制定和实施国家资历框架视域下，引入"职业资历"的概念并将其与"教育资历"相对应是必要的。主要有以下意义：（1）有利于明确和把握职业资格证书制度的功能定位，在宗旨和目标任务中，突出其对人力资源能力建设等方面的促进作用；（2）有利于厘清"资历"和"资格"两个概念，在国家职业资格证书制度设计中，淡化"资格"的条件属性，强化"资历"的经历属性；（3）有利于实现人力资源开发领域一体化发展，在"国家资历框架"下，促进职业资格证书、技能等级鉴定以及继续教育和培训等制度一体化发展。综合各方面意见②，本书使用的"职业资历"是指：在职业活动中，劳动者经过权威机构评估所确认达到既定标准的学习成果，包括职业资格证书、技能等级鉴定证书、继续教育和职业技能培训证书以及经认可的社会培训评价组织和其他民间证书。"职业资历体系"是权威机构实施的各种职业资历证书（证明）的集合以及有关的资历认证（鉴定）制度、质量保障机制及其与"教育资历"和

---

① 在《辞源》中，资：指地位、经历等，格：指公令条例。《新唐书·选举制》："开元十八年，……始做循资格。而贤愚一概，必以格合，乃得轮授"，后泛指人在社会上的地位、经历。《现代汉语词典》的解释是从事某种活动应具备的条件、身份。与职业结合在一起，即从事某一职业应具备的条件、身份、能力、信誉、资质等。
② 欧盟将资历框架中的"资历"定义为："主管机关经过评估并确认个人达到既定标准的正式学习成果。"

劳动力市场衔接机制。

（六）职业资格证书制度和职称制度

长期以来，职业资格制度在制度设计上被认为是职称制度的延伸。2007年，国务院办公厅《关于清理规范资格认证活动的意见》首次提出将职业资格纳入职称框架。2009年，全国人社厅局长会提出：建立包括许可类职业资格、职业水平评价和任职资格评价"三位一体"的新职称框架体系，进一步强化了这两个制度的统筹和一体化。各方面认为，这是造成职称框架体系功能定位不明确、结构关系不明晰、概念术语不规范的重要原因，也不利于两个制度长远改革发展。职称制度和职业资格制度主要存在以下区别。（见表4—2）

表4—2　　　　　　职称制度和职业资格制度的区别

	职称	职业资格
制度设计基础	职务（工作）和特定人力资本[①]	职业和通用人力资本[②]
功能定位	公共部门用人评价制度	社会化人才评价制度
框架体系	由职位（职务）、职组、职系、职级和职等构成	由许可类职业资格和职业水平资格构成
适用范围	面向事业单位、国有企业和专业技术类公务员	面向全社会
评价主体	评审委员会	第三方人才评价机构
评价方法	同行专家评议	一般采取全国统一考试的办法
评价标准	任职标准	通用标准
评价与使用	评聘结合	评聘分开
有效性时限	任期制	终身有效
有效性范围	单位内部有效	全国通用
运行机制	职务分类、职务评价、职务聘任和任职管理	职业分类、职业教育和培训、职业能力认定、资格证明
治理模式	政府宏观指导和单位自主用人	政府、行业共同治理

资料来源：课题组整理。

[①] 2007年国际标准职业分类修订大会：工作（job）是"某人为雇主（或自雇）而被动（或主动）承担的任务和职责的总和"。特定性人力资本是企业内部的劳动分工和员工知识、技能或个人关系（贝克尔）。

[②] 2007年国际标准职业分类修订大会：职业（occupation）是"主要任务和职责高度相似的工作的总和"。通用性人力资本是指能够在很多行业或企业应用的知识和技能（贝克尔）。

2016年，中共中央办公厅、国务院办公厅印发的《关于深化职称制度改革的意见》将职称制度和职业资格制度确立为我国专业技术人员评价和管理的两种基本制度，这是对职称框架体系的一次重大调整，必将对深化职称制度改革产生重大影响。从实践看，各方面贯彻实施力度不大、抓手不多。因此，在顶层设计上，统筹职称制度和职业资格制度，按照人才分类评价改革的总体要求，分类推进国有企事业单位职称评审和职称评审社会化改革，构建以岗位胜任能力为导向的国有企事业单位专业技术职称和以职业核心能力为导向的社会化专业技术资格（职称）为两大支柱的职称框架新体系。对国有企事业单位职称评审，强化职称"职务"管理；对非公有制经济等单位职称社会化评审，强化职称"资格"管理，推动职称评审社会化向社会化专业资格（职称）转变。

职业资格证书制度作为我国劳动就业制度的一项重要内容，是指按照国家制定的职业标准或任职资格条件，通过政府认定的考试（考核）鉴定机构，对劳动者技能水平和专业水平进行客观公正的评价和鉴定，并对合格者授予相应国家职业资格证书的一种特殊形式人才评价制度。经过25年的改革完善，我国已初步建立了包括法规制度体系、管理实施工作体系和技术支撑体系的职业资格证书制度，在推动人才评价方式的改革、加强人力资源能力建设、提高专业与技术服务质量以及规范人力资源市场秩序等方面发挥了重要作用。2017年9月，人力资源和社会保障部印发《关于公布国家职业资格目录的通知》（人社部发［2017］68号），共公布了140项职业资格，其中，专业技术人员职业资格59项（准入类36项，水平评价类23项），技能人员职业资格81项（准入类5项，水平评价类76项）。

二 理论基础

（一）专业人员规制理论

专业文化是欧美文化的核心之一，是理解欧美专业人员规制的基础。职业与专业不同。在欧美，一个完成专业化进程后的成熟专业，通常具有以下特征：（1）有自己的专业社团；（2）首先形成其独有的知识体系，然后开展教育计划鉴定（accreditation）；（3）在学术方面该专业的所属学科被广为接受；（4）为其专业人员提供一个资格体系或证书体系（qualification system/credentials system），如认证（certification）、执照（licensure）和注册（registration）；（5）有约束其专业人员的专业道德标准，并有效地执行之。

专业人员的准入规制，属于微观的政府规制范畴，是指对专业人员进入某一职业领域的规制。在一些具有专业技术知识的领域，如建筑、律师、医生等行业，为了保证人力资本的有效利用，防止恶性竞争，同时保障消费者利益和服务质量，国家通常实行进入规制。在一般情况下，凡是要进入这些领域的人员必须通过专业技术培训，经考试合格后被授予相应的建筑师、律师、医生等证书，方可从事相关职业。这种规制在事关人力资源（人力资本）的合理配置及其经济影响方面属于经济性规制，而在事关职业道德方面则属于社会性规制。

（二）市场失灵理论

西方经济学家认为，所谓的市场失灵就是指市场失去效率。也就是说，当市场配置资源出现低效或无效率时，就出现了市场失灵，市场失灵就意味着市场不能或难以有效率地配置经济资源。

市场失灵是专业人员规制的理由。规制是政府等公共机构的强制力对市场机制的替代，其最初从国家干预主义派生出来，目的是解决"市场失灵"。在专业人员服务市场中，质量信息的不对称是引发市场失灵的潜在原因之一。如果顾客比销售者更难于判断服务的质量，市场失灵往往会发生。另一种市场失灵叫外在性，如果专业人员或顾客不考虑他们的销售或购买决定对这个交易中不直接涉及的第三方影响，这时另一种类型的市场失灵——外在性就可能发生。在公共健康和安全场所潜在的不良设计会带来比市场本身更大的影响，如桥梁和摩天大楼的倒塌会给许多不涉及购买决策的团体带来伤害。基于这两种类型的市场失灵，人们普遍认为专业人员服务的市场有失灵的倾向，需要政府规制进行干预。

专业人员规制显然基于政府的意愿，即专业人员规制的存在是为了对顾客提供可靠的服务，也基于这个专业的自我利益的愿望，即这一领域的实践可以保留给自己的成员。这两方面的需求是有矛盾的。专业自治与政府规制的协调也有助于解决这一矛盾。如果政府允许专业自治，则表明专业领导者没有以公共利益为代价来施惠其协会成员；如果政府撤回专业自治，则是对专业领导者的这种正直的质疑。

从公共利益理论到俘虏理论、寻租理论，再到激励规制理论，人们对规制本质及作用的认识越来越清晰。理论的研究重点从"市场失灵"逐渐转移到"政府失灵",最终寻求在解决"市场失灵"的基础上,如何同时解决"政府失灵"。

第二节 职业资格证书制度的国际经验

综观世界主要国家(地区)职业资格证书制度,它们在职业资格证书的设立办法、管理运作模式、监督保障机制、与其他证书的对接以及职业资格证书的退出机制等方面积累了宝贵经验。

一 资格设立依据

从世界主要国家(地区)职业资格设立的依据与办法看,各国都有较完善的职业资格证书立法,并制定了较系统的规范和条例,使职业资格证书制度的实施有法可依。从典型国家职业资格设立的依据看,主要有四种情况。

一是颁布职业资格管理法,如韩国从1967年的《职业培训法》的制定开始,陆续制定了多部有关职业资格的法规,其中,《国家技术资格法》对国家技术资格的分类与标准、技术资格认证标准、技术资格证书的取得、相关待遇与义务等都做了具体的规定,是国家技术资格认证的基础。

二是颁布某一职业资格的单项法规,如美国除了少数的职业由联邦政府机构实行职业监管之外,大部分的职业则是由州政府机构实行职业监管,各州政府基于美国宪法赋予他们的法律权力就不同的职业资格制定单项法规(民间职业资格是非政府行为,一般不存在配套的法律法规约束)。

三是在综合性法规中就职业资格做出规定,如俄罗斯虽然没有一部专门涉及职业资格认证的法律,但其有三十多部法律法规或多或少地涉及职业资格认证问题,其中有二十部左右的法律法规直接调节职业资格认证。澳大利亚于1990年州(领地)政府同意支持联邦政府建立全国职业教育与培训体系,2005年12月通过的《澳大利亚劳动力技术化法案》,就职业资格做出了相关规定。

四是在相关法律法规中就职业资格做出规定,如日本于1969年制定了《职业能力开发促进法》,其目标是规范并促进国家对职业能力的开发，提高每个劳动者对求职的期望和提高劳动者的职业素质以及社会就业率等，满足社会、企业和高等院校对职业能力培训的需要。

由此可见，上述这些国家在立法方面始终在为职业资格认证制度的不断完善而作努力，正是通过各项法律法规的建立，确定了各国职业资格证书制度的法律地位，使得职业资格证书成为人们职业身份的象征，受到社会的认可和尊重。

二 资格管理模式

世界主要国家（地区）非常重视职业资格证书的管理，在相关法律法规的基础上都建立了清晰的运作模式。从典型国家职业资格管理看，主要有四种模式。

一是美国模式，即政府职业监管与民间机构自愿职业资格两种模式并行。政府的职业监管有配套的法律条例，一般都是强制性的，如果违反会受到法律的严厉制裁。民间机构的自愿职业资格模式一般为非强制性的，社会公众自行决定是否参与，美国职业资格证书体系如图4—1所示。美国政府对职业进行监管主要采取职业许可（licensing）、职业资格鉴定（certification）、注册登记（registration）三种方式，其中职业许可是政府职业监管中最严厉的方式，相比而言，职业资格鉴定监管的程度较为宽松，注册登记的监管最宽松。而民间的职业资格认证通常是非强制性的，包括职业资格认证和课程培训认证两种，一般由行业协会、专业学会等专业团体，大学、研究所等培训教育机构、企业等发起组织，并由这些机构负责考试和证书颁发，社会公众自愿参与。事实上，由于一些领域的民间职业资格影响力非常强大，深受企业的认可，几乎成为从事这些职业的必备条件和事实标准，其中典型职业有注册营养师和瑜伽教练等。课程培训认证是美国的民间职业资格认证的另一种模式，民间的职业资格认证和课程培训认证的最主要区别在于认证内容方面，前者主要是鉴定考核申请人已经拥有的理论知识和实操技能，后者主要是培训申请人使其获得相应的知识和技能；另外一点不同的是，培训认证资格一般没有对持证人的持续要求，一旦授予则不再撤销。民间的课程培训认证的典型职业有美国饮食登记委员会的成人体重管理培训认证等。

二是日本模式，即依据有关法律法规对国家职业资格的严格管理。日

```
                    美国职业资格证书体系
           ┌─────────────────┴─────────────────┐
         政府监管                              民间自愿
      ┌─────┴─────┐                ┌──────────┼──────────┐
   联邦政府监管  地方政府监管    非营利性机构：  教育机构   厂商企业
                                 如协会、学会
```

图中右侧：
- 职业资格认证 Professional Certification
- 培训认证 Curriculum-based Certificate

图中左侧：
- 职业许可 Licensing
- 职业资格鉴定 Certification
- 注册登记 Registation

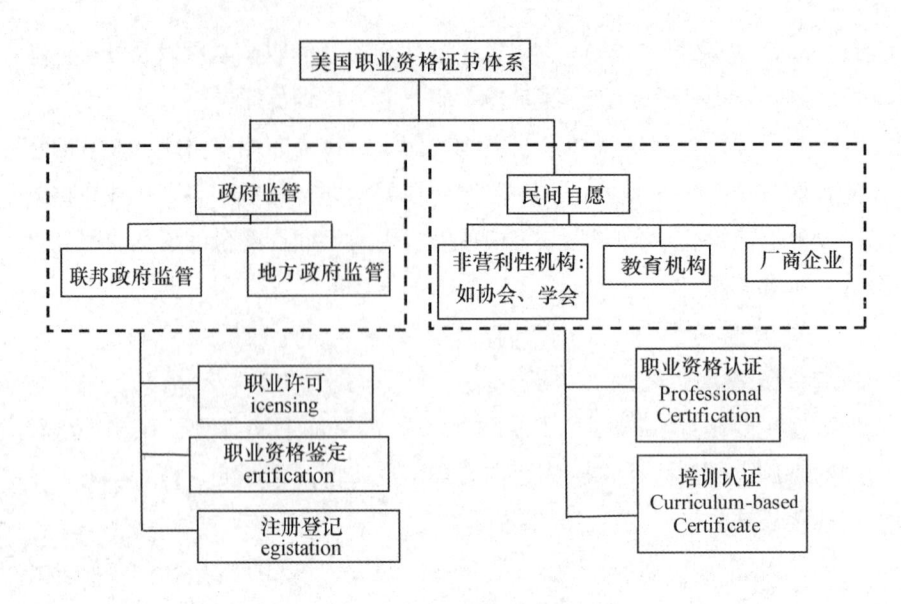

图4—1 美国国家职业资格治理模式

本的国家职业资格是依据有关法律法规制定并管理的，国家职业资格可以通过资格鉴定考试（即国家考试制度）和免试认定（即免试认定制度）两种途径获得。通过国家考试获得的国家职业资格，都要实施规范和严格的考试制度（全国统考和测试），对教材的编写和发行也非常规范且有很强的计划性，并对职业资格证书的退出（终止）机制有程序性的安排。不同省所颁布的职业资格类型、性质不同，职业资格形成过程各异，不同省厅管理的职业资格在资格取得的方法、考试资格、免试认定条件等方面也都各有特点，有的省厅设定的是通过资格鉴定考试获得的资格，有的是通过免试认定制度获得的资格，有的是二者兼而有之。如大藏省设定的职业资格全部是通过资格鉴定考试获得的资格，即都必须通过国家考试才能取得资格。

三是英国模式，即实行国家职业资格（NVQ）、通用国家职业资格（GNVQ）、学历资格（AQ）有效对接。NVQ是以国家职业标准为导向、以能力为基准、以实际工作表现为考评依据的一种职业资格证书制度，也是一种特殊形式的国家考试制度，每一个"国家职业资格"皆是一项"能力说明"，它由主要职能、能力单元、能力要素以及操作上的具体要求和范围等所构成。（如表4—3）作为英国国家认可的职业资格考核制度，NVQ 在英联邦国家的职业体系中是一块金字招牌，获得 NVQ 的学生不仅在英联邦国家内通用，还可获得在英联邦国家和世界 80 多个国家的工作机会，使他们在就业和职业发展中终生获益。GNVQ 是在 NVQ 证书制度基础上，英国政府在职业教育领域中推行另一种职业资格证书制度，它提供与某种职业有关的、最基本的知识和技能，为进入劳动力市场或进入更高级教育做准备，主要在职业院校里实施，目前覆盖 16 个职业工种。GNVQ 将学历教学同职业培训相结合，学生既可以通过按通用国家职业资格标准设置的课程学习为就业做准备，也可以学习基础课程争取接受高等教育。英国政府实施 NVQ 和 GNVQ，排除了社会对职业教育的轻视和偏见，实现了学历教育、职业教育、职业资格三者之间的相互对应、相互交叉及转移。三种证书之间的对照关系如表 4—4 所示。

表 4—3　　英国国家职业资格（NVQ）级别和能力标准

级别	能力标准
1	能够在可预见的环境下进行常规性工作
2	能够在没有人监管的情况下独自完成更多工作，其中有些工作是较为复杂的，并且非常规的；有一定的责任心和自我管理能力；能够参与团队工作
3	能够参与更广范围内的工作，其中大部分工作都带有一定的复杂性，而且非常规；有较好的责任心和自我管理能力；在需要的情况下，能够对他人进行一定的指导
4	能够参与更多技术性强、职业素质要求高的工作；责任心和自我管理能力都很强；能够管理一支工作团队并对该团队的工作负责；能够调配和使用资源
5	能够在不可预见的环境下开展工作；有非常强的自我管理能力，能够应对复杂的团队工作，能够有效调配和使用各种资源；能够进行分析、诊断、设计、计划、执行和评估等全部工作

资料来源：http://www.direct.gov.uk, 2009。

表 4—4　　英国 NVQ、GNVQ 和 AQ 三种证书之间的对照关系

通用国家职业资格（GNVQ）	国家职业资格（NVQ）	学历资格（AQ）
（5 级）	5 级	高级学位
（4 级）	4 级	学位
高级	3 级	大学入学水平
中级	2 级	中学毕业水平
初级	1 级	中学在校水平

四是韩国模式,即国家技术资格由劳动部负责总体运营,民间资格没有单独的管理体系。韩国技术资格制度的总体运营是依据《国家技术资格法》由劳动部负责,考试题目的命题、认证的具体实施等技术资格认证的具体业务委托给韩国产业人力公团和大韩工商会议所实施,其中韩国产业人力公团承担技术、技能领域与服务领域的资格认证,大韩工商会议所承担事务服务领域的资格认证工作(见图4—2),具体认证方式有定期认证、常时认证和随时认证三种。国家技术资格的新设、废止、认证方法等与国家技术资格的管理、运营相关的事项要在"技术资格制度审议委员会"中进行审议,该委员会是劳动部长官的审议机构,由政府的公务员与相关的专家组成。韩国的民间资格没有单独的管理体系,相关法律所规定的对象都可以对民间资格进行运营、管理。无论是政府的主管部门(主要为教育与科技部)还是民间资格所属部处都只注重民间资格指导、监督相关规定的制定,目前只实施了民间资格的登记制度,对民间资格管理则处于放任自流的状态。

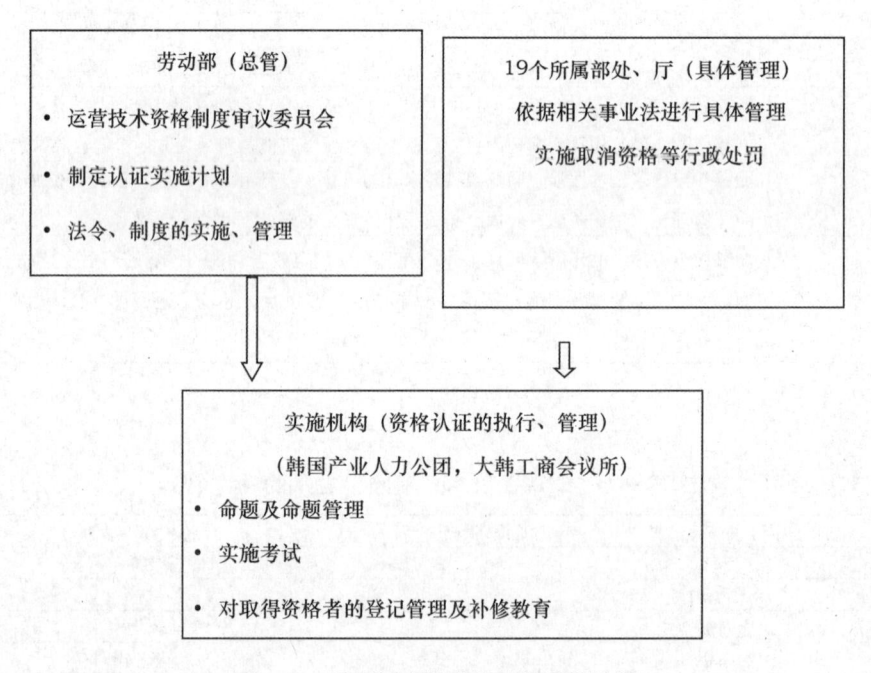

```
┌─────────────────────────┐      ┌─────────────────────────┐
│      劳动部(总管)       │      │ 19个所属部处、厅(具体管理)│
│ • 运营技术资格制度审议委员会│      │   依据相关事业法进行具体管理 │
│ • 制定认证实施计划         │      │   实施取消资格等行政处罚    │
│ • 法令、制度的实施、管理   │      │                         │
└───────────┬─────────────┘      └────────────┬────────────┘
            ↓                                   ↓
         ┌──────────────────────────────────────────┐
         │    实施机构(资格认证的执行、管理)         │
         │  (韩国产业人力公团,大韩工商会议所)        │
         │  • 命题及命题管理                         │
         │  • 实施考试                               │
         │  • 对取得资格者的登记管理及补修教育        │
         └──────────────────────────────────────────┘
```

图4—2 韩国国家技术资格的运营体制

三 质量保障机制

从世界主要国家（地区）职业资格监督保障机制看，严格的监督机制是保证职业资格证书质量，保障职业资格培训及颁证工作的有效实施的关键。从典型国家职业资格监督保障机制的实施效果来看，美国、德国和新西兰较为典型。

一是美国模式，即政府的职业资格按相关法律法规认证，民间职业资格主要由行业标准认证。在美国，政府的职业资格证书由于是强制性的，都有配套的法律法规。民间职业资格证书主要由行业标准认证。制定职业资格认证行业质量标准体系的机构有卓越职业资格认证协会（ICE）、美国国家标准协会（ANSI）和国际标准化组织（ISO），主要面向民间职业资格证书颁证机构提供标准认证服务。ICE 作为非营利性组织，是美国最有影响力的职业资格认证标准组织之一，长期致力于为职业资格认证行业提供教育服务、建立行业网络、宣传与分享各类资源。ANSI 作为非营利性标准化组织，是美国国家标准化活动的中心，许多美国标准化学会的标准制定和修订都同它合作，经其认证后才能成为国家标准。ISO 是由各国标准化团体（ISO 成员团体）组成的世界性的联合会，制定国际标准工作通常由 ISO 的技术委员会完成。ISO 和 IEC 作为一个整体担负着制定全球协商一致的国际标准的任务。随着 ANSI 影响力的进一步扩大，ANSI 正在寻求与美国各级政府职业资格证书机构的合作，提供标准认证认可服务。

二是德国模式，即实行教学、培训、命题、考试、聘用环节的相互分离与相互监督机制。德国职业资格证书的考核与颁发涉及考核的法律基础、考官的任命、考试委员会的组成、考题的制定、考试结构及实施、考评技术手段、评分以及颁发证书等多方面。为防止营私舞弊，德国建立了各单位、部门和层次的相互协调与相互监督机制，推行教学、培训、命题、考试和聘用等环节相分离。职业资格考试委员会主席由政府教育部门的教育督导官员担任，教学单位（普通职业技术教育学校和培训企业）不参与考试命题，主考人实行"回避"，用人部门（经济界）负责组织命题，平行班可有不同考题；工商及手工业联合会受国家委托实施主考，并颁发职业资格证书。

三是新西兰模式，即技能鉴定的各个方面都有相应的质量控制规范。

新西兰的技能鉴定质量控制主要有三个方面：标准的质量、测评员的质量和教育培训机构的质量。技能鉴定的基本单元是单元标准，单元标准由相关行业的标准设定机构负责，由 NZQA 在国家资格证框架中注册，其对单元标准的设计和审核有严格的规定，出台了包括《国家资格证书框架单元标准注册准则》在内的多项措施保证质量，该准则规定了 12 项专门质量准则（包括单元标准的名称、学科、领域、要件、操作标准、范围说明、特别说明、级别、学分、目的声明、入学要求、质量管理体系和有效期等）和有关评估和修订的附加技术准则。测评员是具体执行技能鉴定的人员，他们的质量决定着鉴定和考核的质量。测评员大致分为工作场所的现场测评员和注册教育培训机构任职教师两种。工作现场测评员一般只负责本单位的工作现场测评，他需要在相关行业的行业培训机构（ITO）注册，且每个 ITO 都有相应的测评员选拔和注册标准。注册教育培训机构中的测评员的质量控制，是 NZQA 对该机构的质量控制过程的一个部分。新西兰的技能鉴定是和资格证书联系在一起的，对技能鉴定的质量控制，实际上就是资格证书的质量控制。新西兰新的 NZQA 质量保障框架的重点在教育培训机构如何能不断地改善学习者的学习成果，更好地服务于雇主和企业，因此对于在册的教育培训机构来说，新的 NZQA 质量保证框架制定了三个质量评估步骤，即自评、外评和审核。这三个步骤所针对的不仅仅是技能鉴定的质量控制，而是教育培训机构整体的质量。

四 资格证书与学历文凭衔接机制

世界主要国家（地区）职业资格证书与学历等其他证书实现了有效对接，为我国实现职业资格证书与学历等其他证书的衔接提供了经验借鉴。从典型国家（地区）职业资格证书与学历等其他证书对接效果来看，英国、澳大利亚、南非、日本、中国香港较为典型。

一是英国模式，即国家资格框架下职业资格与学术资格有效对接。从理论上说，英国的职业资格是目前世界上资格等级水平最高的国家之一，达到了博士学位水平。国家资格框架从入门级到第八级，共有 9 个等级。高等教育资格框架从大专到博士学位层次，计有 5 个等级。可以看出，英国的国家资格框架（NQF）是由职业资格和学术资格两个系统合并组成，为两个学习系统的对接提供了基础（见表 4—5）。2008 年 10 月，英国通过英格兰、威尔士和北爱尔兰资格和学分框架（QCF，见图4—3），以使之成为对接 NQF 的工具。该工具是认证职业资格的框架体系，它赋予资格和资格单元以学分，使人们能够按照自己的学习进度和弹性学习路线取得资格。该框架是英国职业资格制度改革的重要措施，它使英国职业资格体系从以前的单维模式（只是按照难易程度从入门级到八级）发展到现在的双维模式（既有按照难易程度划分的从入门级到八级，也有按照学时规模划分的从证明到证书再到文凭），使得职业资格制度更易于理解和使用，使资格与雇主的需要更具相关性，使学习者的学习更具弹性和更方便地享有学习机会。

表4—5　　　　英国国家资历框架下职业资格与学术资格的对接

英国国家资格框架（NQF）（英格兰、威尔士和北爱尔兰）		
以前的国家职业资格	国家资格框架	高等教育资格
五级	八级	博士学位
	七级	硕士学位
四级	六级	优等学士学位
	五级	基础学位
	四级	高等教育文凭
三级		
二级		
一级		
入门		

二是澳大利亚模式，即国家资格框架下学校、职业教育培训及高等教育这三个界别所颁授的资历有效对接。1995年前后，澳大利亚由联邦教育、就业、雇佣和青年事务委员会联合职业教育培训提供机构和大学共同创建了全国性的资历框架（AQF），该框架把学校、职业教育培训及高等教育这三个界别所颁授的资历纳入一个统一名称及水平的系统中（见表4—6）。该框架使学术和职业资历享有相同地位，为各个教育系统之间的资格和证书衔接提供了方便。此外，配合终身教育，该框架为人们提供了灵活多变的跨界别教育及培训途径；配合机构多元化发展目标，该框架鼓

116 / 职业管理制度研究

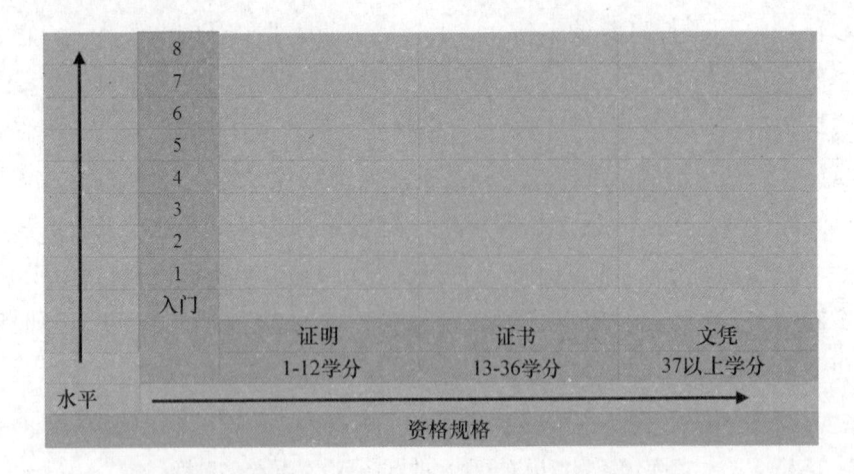

```
       8
       7
       6
       5
       4
       3
       2
       1
      入门        证明           证书          文凭
              1-12学分       13-36学分      37以上学分
水平
                        资格规格
```

图4—3　英格兰、威尔士和北爱尔兰资格和学分框架

励跨界别合作，使教育及培训机构具有弹性；配合国家政策，该框架有利于质量保证、资历衔接及学分转换的相关政策的落地。AQF 的建立是为了加强三个教育系统之间的联系和衔接，但是重点的衔接方向是高中毕业证书和职业教育资格证书之间的衔接，和职业资格证书与普通高等教育资格证书（即高等教育学位）之间的衔接。

表4—6　澳大利亚资格框架下三个教育系统的对接

资历级别	资历类型	职业教育及培训	学校教育和高等教育
10	14		博士学位
9	13		硕士学位
8	12	研究生文凭	研究生文凭
		研究生证书	
	11		研究生证书
	10		荣誉学士学位
7	9		学士学位
6	8	进修文凭	副学士
			进修文凭
	7		

续表

资历级别	资历类型	职业教育及培训	学校教育和高等教育
5	6	文凭	文凭
4	5	第四级证书	
3	4	第三级证书	
2	3	第二级证书	
1	2	第一级证书	
	1		高中毕业证书

三是南非模式，即国家资格框架下职业资格与各类教育有序衔接。1995年，南非颁布了《南非资格署法》，提出要建立国家资格框架，以衔接各类教育和职业资格。2003年，南非资格署正式颁布了《关于国家资格框架1—4级水平指标的条例》，详细描述了国家资格框架1—4级职业资格应达到的学术和技能水平的相应指标。2009年，《国家资格框架法》颁布，正式建立了国家资格框架。2013年，国家资格框架进一步完善与修订，正式建立了由普通和继续教育与培训资格框架、高等教育资格框架、职业资格框架等三个子框架构成，共10级资格的国家资格框架。（见表4—7）南非国家职业资格框架（OQF）目前仅有1—8级（8级以上尚未确定），主要构成要素包括资格等级与入学要求、涵盖领域与课程设置、考核评价与资格认证等四个方面，并对学生的入学资格要求、项目设置、基础课与职业课程的设置及学分要求、考核方式、资格的获取认证等内容做了详细的规定。

表4—7　　南非国家资格框架下职业资格与各类教育资历的对接

国家资格框架		
层次	子框架及资格类型	
10	博士学位	
	博士学位（专业型）	
9	硕士学位	
	硕士学位（专业型）	

续表

国家资格框架			
层次		子框架及资格类型	
8		荣誉学士学位	职业证书（第8级）
^		研究生文凭	^
^		学士学位	^
7		学士学位	职业证书（第7级）
^		高级文凭	^
6		文凭	职业证书（第6级）
^		高级证书	^
5		高等证书	职业证书（第5级）
4		国家证书	职业证书（第4级）
3		中级证书	职业证书（第3级）
2		初级证书	职业证书（第2级）
1		普通证书	职业证书（第1级）
1. 示例：		普通和继续教育与培训资格框架	
^		高等教育资格框架	
^		职业资格框架	
2. 8级以上的职业资格证书尚未确定			

　　四是日本模式，即建立与终身教育接轨的职业资格证书体系。日本的职业资格证书体系可以将职业资格培训和职业教育、学历学位教育互换学分，获得职业资格证书可以通过学习获得更高教育的机会，实现职业资格与学历学位的对接（见表4—8）。从日本的实际情况看，日本的职业资格证书和一般学校学历有部分的关联关系，比如部分职业资格证书的考试报名资格就对所学专业有要求，如木结构建筑士：考试科目要有建筑计划、建筑法规、建筑构造、建筑施工等，它要求参加考试的人要有大学或大专或技校建筑专业的学历。学历和实际工作经历在职业资格证书考试的问题上有一个兑换的比例，这个比例各个领域不尽相同，按该行业的实际情况而定。正是由于日本职业资格考试与学历之间的这种有机联系，使得低学历者可以通过实际工作经历弥补学历的不足，实现了每个劳动者积极进取的愿望。

表4—8　　　　　　　　　　日本职业资格框架体系

技能士鉴定资格（应试资格）					学历教育		专业资格（应试资格）
特级	1级	2级	3级	单一等级			
1级后5年	4年经验	2级后2年/3级后4年	3级后/无学历要求	无学历要求	博士研究生（3年）		1. 业务独占资格，如公认会计师、税务代理师、律师、医师等 2. 行为独占资格，如建筑师、药剂师等 3. 名称独占资格，如临床检查技师、临床工学技师等
^	^	^	^	^	专门职研究生（2年）/专门硕士	硕士研究生（2年）/一般硕士	^
^	^	^	^	^	专门学校（4年）/高级专门士	大学（4年）/学士	^
^	5年经验	^	^	^	高等专门学校（3+2年）/毕业文凭	专门学校（2—3年）/专门士（或准学士）	短大（2年）/短期大学士	^
^	6年经验	^	^	1年经验	^	职业高中（3年）/毕业文凭	综合高中（3年）/毕业文凭	普通高中（3年）/毕业文凭	^

五是中国香港模式，即资历名衔计划下主流教育与职业教育之间的有效衔接。2004年2月，香港地区行政会议通过了"建立一个跨界别的七级资历架构及相关的素质保证机制"，运用资历等级制度来界定主流教育、职业教育和持续进修方面的资历。2008年5月5日《学术及职业资历评审条例》全面生效，资历架构正式推出，资历架构为主流教育、职业教育和持续教育等不同界别的资历厘定统一的标准，搭建各资历之间的衔接阶梯。资历架构的七级级别是按照"资历级别通用指标"来制定的，涵盖四个范畴，即知识及智力能力、自主性及问责性、沟通能力、运用信息科技能力及运算能力。为更有效实现主流教育与职业教育之间的衔接，

香港地区在七级级别的基础上又推出了资历名衔计划（见表4—9），该计划覆盖了学术、职业培训和持续进修等不同教育界别所颁发的资历架构的各级资历。通过资历名衔计划的实施，资历架构打通了从中学教育一直到博士教育、从初级证书到高级证书（1—7级）的路径，同时建立了客观的评价标准，在职业教育与学术教育之间进行横向贯通。

表4—9　　　　中国香港资历名衔计划下可选用的资历名衔

级别	各级别可选用的资历名衔						
7	博士						
6	硕士	深造文凭 深造证书	专业文凭 专业证书	高等文凭 高等证书	文凭	证书	
5	学士						
4	副学士	高级文凭 高级证书				
3							
2							基础证书
1							

五　资格退出机制

为适应日益变化的职业岗位的需求，许多国家建立了完善的职业资格退出与善后机制。通过有效的退出机制，不断地完善了国家职业资格证书体系，使之更好地适应了岗位与职业标准的变化。从典型国家（地区）职业资格的退出与善后机制实施效果来看，美国、新加坡和韩国较为典型。

一是美国模式，即通过日落立法机制对职业监管的立法机关进行监管。美国通过日落立法机制，对立法机构进行监管，如果职业监管的立法机构没有通过审查，则其监管将终止。日落立法程序包括研究或立法听证会，评估的结果最终可能导致监管的终止，也可能继续授予监管权力。多数情况下，日落立法经常是导致修改调整，很少会真正废除原定的职业监管法律。从实施效果看，美国的日落立法机制并不像最初想象的有那么明显的效果，部分原因是日落立法审查会遇到监管支持者的强烈反对。通常情况下，日落立法审查关注的问题是职业是否对公众利益有直接的、重大的影响，而不是部分影响。

二是新加坡模式，即以再培训代替证书终身制。新加坡的技术人员在获得等级证书几年后一般需再次进行相应的培训，方可继续从事当前的技术工作，这种再培训制度较证书终身制具有较大优势。随着经济和社会的快速发展、产业结构和经济增长方式的重大变革，对劳动者的素质要求也在不断变化，要求劳动者有更高、更强、更全面的能力，特别是具有适应生产和技术发展、适应职业变化的能力。只有通过知识更新来不断适应职位工作的新要求，使劳动者能够不断更新与完善自身的知识和能力，从而不被市场所淘汰。

三是韩国模式。在韩国的《国家技术资格法》中，对技术资格的取消进行了明确的规定：（1）对于以不正当手段取得技术资格者，主管部门的长官必须取消其技术资格；（2）持有资格证书者在履行业务时故意或由于重大的过失而给他人带来伤害时，主管部门可以取消其技术资格，或依据总统令的规定在一定时间内停止其资格；（3）接受资格认证时有不正当行为者，将停止该认证或被视为无效，并在3年之内不能依据本法进行资格的认证。

第三节　我国的职业资格制度状况

职业资格证书制度作为我国劳动就业制度的一项重要内容。经过20多年的改革完善，我国已初步建立了包括法规制度体系、管理实施工作体系和技术支撑体系的职业资格证书制度，在推动人才评价方式的改革、加强人力资源能力建设、提高专业（技术）服务质量，以及规范人力资源市场秩序等方面发挥了重要作用。当前，我国的职业资格证书制度正处于由集中清理规范向科学合理、规范有序发展转变的关键时期。深化职业资格证书制度改革不仅要解决当前自身存在的突出问题，也要解决适应新形势、新任务所面临的创新发展问题。

一 历史演进

(一) 起步阶段 (1993—1995 年)

1993 年,国务院印发《关于中国教育改革和发展纲要实施意见》,提出"在全社会实行学历和职业资格证书并重的制度"。同年 11 月,中共十四届三中全会做出《关于建立社会主义市场经济体制若干问题的决定》,指出"要制定各种职业的资格标准和录用标准,实行学历文凭和职业资格两种证书制度"。由此,职业资格制度作为我国劳动人事制度的一项改革,而且将其列入建立社会主义市场经济体制的重要措施中。

1994 年 3 月,原劳动部、原人事部联合颁发《职业资格证书规定》,对职业资格的概念界定、功能定位、申请原则、管理体制、考核办法、适用范围等均做出相应的规定。这一文件的出台标志着职业资格证书制度的诞生。

1994 年 7 月 5 日,全国人大常委会第八次会议通过《中华人民共和国劳动法》,其中第八章第六十九条规定:"国家确定职业分类,对规定的职业制定职业技能标准,实行职业资格证书制度",首次确立了职业资格制度的法律地位,从法律的角度确定了在我国实行职业资格制度的合法性和有效性。

1995 年 1 月 17 日,原人事部印发了《职业资格证书制度暂行办法》(人职发〔1995〕6 号),对专业技术人员职业资格的性质、类别、资格设置、申请条件、考试考务、证书管理、纪律要求等制度进一步做出明确的规定。同时,为促进职业资格证书制度建设,1995 年 6 月,原劳动部颁布《从事技术工种劳动者就业上岗前必须培训的规定》。这标志着我国职业资格制度正式踏上发展轨道。

(二) 推广阶段 (1996—2002 年)

1996 年 5 月,《中华人民共和国职业教育法》颁布,其中第一章第八条规定:"实施职业教育应当根据实际需要,同国家制定的职业分类和职业等级标准相适应,实行学历文凭、培训证书和职业资格证书制度",用法律的形式将学历文凭、培训证书和职业资格证书放在一个框架下,体现出国家资历框架的初步构架。

1996 年 6 月,中共中央、国务院下发的《关于深化教育改革全面推进素质教育的决定》再次明确，要在全社会实行学业证书、职业资格证书并重的制度。

1997年9月，原劳动部印发《推行职业资格证书制度完善职业技能鉴定社会化管理体系实施方案（1997—2000年）》以及其他一系列重要的政策性和技术性文件，将技能人才职业资格鉴定工作推向新的高度。

2002年全国职教会进一步强化职业资格证书制度和就业准入制度的重要性，2003年全国人才工作会议再次提出完善这一制度的要求。职业资格证书制度在社会上、在职业学校中、在企业内得到普遍认可。

（三）规范发展阶段（2003年至今）

2003年8月27日，第十届全国人民代表大会常务委员会第四次会议通过了《中华人民共和国行政许可法》。对设定公民资格许可事项做出规定。

2004年，国务院印发《对确需保留的行政审批项目设定行政许可的决定》（国务院412号令），保留77个具有许可性质的职业资格。

2007年12月，国务院办公厅下发了《关于清理规范各类职业资格相关活动的通知》（国办发〔2007〕73号），通知指出，职业资格制度是社会主义市场经济条件下科学评价人才的一项重要制度。近年来，我国职业资格制度逐步完善，对提高专业技术人员和技能人员素质、加强人才队伍建设发挥了积极作用。与此同时，这一制度在实施过程中也存在一些突出问题，集中表现为考试太乱、证书太滥：有的部门、地方和机构随意设置职业资格，名目繁多、重复交叉；有些机构和个人以职业资格为名随意举办考试、培训、认证活动，乱收费、滥发证，甚至假冒权威机关名义组织所谓职业资格考试并颁发证书；一些机构擅自承办境外职业资格的考试发证活动，高额收费等，社会对此反应强烈。为有效遏制职业资格设置、考试、发证等活动中的混乱现象，切实维护公共利益和社会秩序，维护专业技术人员和技能人员的合法权益，加强人才队伍建设，确保职业资格证书制度顺利实施，更好地为发展社会主义市场经济和构建社会主义和谐社会服务，经国务院同意，对各类职业资格有关活动进行集中清理规范。

2014年7月，国务院印发《关于取消和调整一批行政审批项目等事项的决定》（国发〔2014〕27号），取消11项职业资格许可和认定事项。同时，国务院决定取消各地区自行设置的各类职业资格。自此至2016年年底，人力资源和社会保障部报请国务院批准分七批取消了429项国务院部门设置的职业资格，总量减少70%以上，其中专业技术人员职业资格149项（包括准入类46项，水平评价类103项），技能人员职业资格280项（包括准入类1项，水平评价类279项）。初步实现了国务院部门设置的、没有法律法规和国务院决定作为依据的准入类职业资格基本取消；国务院部门和全国性行业协会、学会未经批准自行设置的水平评价类职业资格基本取消。

2017年9月12日，人力资源和社会保障部印发《关于公布国家职业资格目录的通知》（人社部发〔2017〕68号），共公布了140项职业资格，其中，专业技术人员职业资格59项（准入类36项，水平评价类23项），技能人员职业资格81项（准入类5项，水平评价类76项）。

二 主要成效

（一）法律地位初步确立

国家职业资格证书制度是依据1994年原劳动部和原人事部联合颁布的《职业资格证书规定》建立的。之后，通过《劳动法》《职业教育法》《就业促进法》《行政许可法》等专项法律，以及《教师法》《律师法》《会计法》《医师法》《统计法》等若干专门职业法律明确了职业资格证书制度的法律地位、作用和管理实施要求。此外，出台了一系列规章、标准，如《职业资格证书制度暂行办法》《职业技能鉴定规定》《职业分类大典》《国家职业技能标准编制技术规程》等，进一步对职业资格证书制度的组织实施和运行管理进行规范。各地区、各部委也结合本地区、本行业的实际，制定了一系列地方性和行业性的配套行政法规和技术性管理文件，初步建立起职业资格证书制度的相关法律法规体系。

（二）治理体系不断优化

职业资格证书制度确立之初，只有原劳动部、人事部两个部委参与治理，技能人员职业资格管理归口在劳动部，专技人员职业资格管理归口在人事部。随着职业资格证书制度不断发展，形成劳动和人事部门联合有关部委遵循职业资格证书相关制度对国家职业资格证书进行综合管理的格局。专业技术人员职业资格证书制度是伴随职称制度改革逐步形成的，但一直以来在制度上结构关系不明晰，缺乏统筹协调，2017年1月出台的

《关于深化职称制度改革的意见》指出："促进职称制度与职业资格制度有效衔接。以职业分类为基础，统筹研究规划职称制度和职业资格制度框架，避免交叉设置，减少重复评价，降低社会用人成本。"至此，职业资格证书制度和职称制度从"三位一体"转向各归其位、各行其道的格局已经基本形成。

（三）运行管理机制基本确立

我国职业资格证书制度是在政府主导下，由政府或政府授权的机构来统一组织认证，并且在相应的法律保障下实行。国家职业资格中的专业技术人员职业资格考试工作由行业主管部门联合人社部共同负责，日常的管理工作由职业资格相对应的行业主管部门或主管部门委托的行业协会承担，考试的报名、审核、组织等具体工作由人事部考试中心负责。根据1993年颁布的《职业技能鉴定规定》精神，国家职业资格中的技能人员职业资格管理实行职业技能鉴定的政府指导下社会化管理。人社部对全国职业技能鉴定工作进行宏观管理，制定标准、政策，并对职业技能鉴定工作根据社会市场需求做相应的规划，审核批准行业有关的职业技能鉴定机构；各省、市、自治区综合管理本地区职业技能鉴定工作，审核审批本地区的职业技能鉴定中心（站），制定职业技能鉴定相关的申报条件、考核办法、考评考务考场规则等办法；职业技能鉴定指导中心负责对职业技能鉴定工作进行组织、指导和协调；职业技能鉴定站负责职业技能鉴定的具体实施工作。

（四）国际资格互认进行了有益的探索

经济全球化发展加剧了专业人员和技术人员国际间的跨国流动，不仅是我们的专业技术人员和技能人员亟须"走出去"，在国际间和"一带一路"流动起来，同时随着中国经济的快速发展，国外的专业技术人员和技能人员也有越来越多的"走进来"的需要。在这些方面，职业资格证书制度都是最基础的一环，这就决定了职业资格证书制度一定要向国际化看齐。工程技术领域的国际互认的主要平台是国际工程联盟大会，它是由《华盛顿协议》《悉尼协议》《都柏林协议》《工程师流动论坛协议》《亚太工程师计划》和《工程技术员流动论坛协议》六个工程师资格国际互认体系有关协议联合召开的会议，每两年举办一次。中国在2013年6月19日的国际工程联盟大会上正式加入工程教育本科专业认证的国际互认协议《华盛顿协议》，标志着我国工程技术领域资格认证迈出了国际化的第一步。2008年中国和新西兰签署职业资格互认框架并成立了工作组；还有许多专业团体间的资格互认，如中国建筑学会与欧盟有关组织就注册建筑师的互认达成协议；一些技能院校与国外职业院校签署战略合作协议；人力资源和社会保障部职业技能鉴定中心引入并注册16个国际职业资格证书，其中语言类2个，服务类14个，制造类2个。

三 存在问题

从座谈访谈情况看，大家认为，当前制约我国职业资格证书制度发展的因素是多方面、多层次的。有人们的认识观念、社会用人制度、部门利益以及培训市场驱动等非制度因素，更有职业资格制度本身综合管理职能不强，制度安排系统性、整体性和协调性不高，监督管理机制不健全，治理体系开放程度不够以及法制建设薄弱等制度性因素。其中最根本的是在顶层设计方面"缺少一个大的框架"[1]，具体表现在以下几个方面。

（一）综合管理作用发挥不够

早在1994年我国就确立了对职业资格证书实行政府集中统一的管理体制，即"职业资格证书实行政府指导下的管理体制，由国务院劳动、人事行政部门综合管理"（劳部发〔1994〕98号），也明确了政府主管部门的综合管理职能。但是在之后的实施中，这种集中统一的管理体制没有真正形成。造成这种状况的原因，有部门规章约束力不强的问题，也有对综合职能作用重视不够、发挥不够的问题。各方面认为，统筹规划、管理监督、综合协调等综合管理职能不断弱化，这是造成"政出多门"、资格设置过多过滥的重要原因。

（二）学会协会的作用没有充分发挥

职业社会学研究表明，某一职业资格制度形成和发展，是政府、协会学会、高校"三种力量"共同推动的结果。随着行政审批制度改革和政府职能转变的深化改革，一部分职业资格开始由学会协会承担，但是学会

---

[1] 人力资源和社会保障部汤涛副部长2016年6月接受新华访谈时指出："从制度执行本身来看，因为它缺少一个大的框架设计，这使很多地方和很多行业、很多协会设置了不少职业资格。"

协会资格的功能定位、运行机制和治理模式还健全。"就评价论评价""评价与使用相脱节"等问题没有解决。大家建议,要确立行业组织的主体地位,促进职称评价与会员注册登记、继续教育、会员管理以及职业诚信体系建设等环节关联复合。

(三)"两个"证书衔接机制亟待建立

为解决人才重复评价问题,近年来国务院出台了一系列政策,推动建立职业资格、职业技能等级鉴定与相应学历比较认定制度。目前,通过实行"1+X证书"制度,职业教育学历和技能等级鉴定证书的比较认定制度初步建立。但在职业资格证书方面,"怎么看""怎么办",还没有明确的政策支持。实践中的一些探索也局限在资格考试中学历学位免试环节,比如勘察设计注册土木工程师(道路工程)基础考试。各方面认为,在国家资历框架建设中,职业资格证书不能缺位。

(四)法制建设薄弱

综合各方面意见,目前存在的突出问题是:缺少一个能承上启下、起统领作用的专门的职业资格管理法。大家建议,通过制定专门的职业资格管理法,进一步明确国家职业资格制度的法律地位、类别划分、适用范围、设置条件、认证程序、证书管理以及管理体制、管理监督机制和违法责任和处罚措施等。同时还要进一步完善《劳动法》《就业促进法》《职业教育法》等法律对国家职业资格证书制度的有关规定过于原则、可操作性不强等问题。

四 形势任务

从国际经验看,职业资格证书制度是经济社会发展到一定阶段的产物。一个国家或地区设置哪些职业资格、采取怎样的评价模式,与这个国家或地区的职业结构、专业服务发展水平、劳动力市场准入制度以及经济、政治、文化等因素都有密切关系。

(一)推进经济结构战略性调整和转型发展的客观要求

2015年,我国服务业占GDP产值首次超过50%。2017年上半年,我国服务业增加值占GDP的比重已达54.1%,这是我国经济结构调整和供给侧改革的重要成果。服务业特别是专业服务发展需求显著提升、发展潜力不断释放,为职业资格证书制度的发展提供了宽广坚实的经济社会基础。在国家《职业分类大典（2015年版）》中，专业技术人员占比达到30.45%，接近发达国家的平均水平。专业技术人员职业数量增加和专业化发展，为职业资格证书制度的发展提供了源源不断的内生动力。从美国情况看，前工业化阶段（1870年前），职业资格证书主要集中在律师、医师、牙医师、教师等少数职业领域。而进入工业化阶段（1900年）特别是由工业化向后工业化转移30年间（1900—1930年），美国专业化运动达到了最高峰，这30年共颁布执业许可法律399部，会计、建筑、工程、测量等领域的职业资格证书制度快速发展。"十三五"以及今后一个时期，随着供给侧结构性改革深入推进和服务业扩大开放，我国职业资格证书制度将进入快速发展的战略机遇期。

（二）构筑服务贸易优势和实行更加开放人才政策的客观要求

经济全球化特别是国际专业服务贸易发展加剧了专业人员和技术人员国际间的跨国流动。2001年11月，我国加入世界贸易组织承诺开放国际贸易条款中8个专业服务领域，具体包括：（1）法律服务（不包括中国法律服务）；（2）财会、审计与簿记服务；（3）税务服务；（4）建筑服务；（5）工程服务；（6）综合工程服务；（7）城市规划与环境美化；（8）医疗与牙科服务。但从实践情况看，目前我国在这些领域的国际竞争力还比较薄弱，专业服务在我国国际贸易中所占份额不高，"中国服务"的国家品牌少之又少。这是我国经济转型升级过程中的阶段性现象。但是与发达国家比，专业服务领域的职业资格证书数量不足、可比性不够和国际影响力不大等问题，正在成为制约我国专业服务人才队伍建设和构筑服务贸易竞争新优势的一个"瓶颈"。职业资格证书和学历文凭证书是专业人员和技术人员跨国流动的通行证，需要更有效地引进急需紧缺的高层次人才，也需要越来越多的专业人才和技术人才随着"中国制造"和"中国服务"走出去，在这方面，职业资格证书及其国际互认程度是最基础的一环。

（三）促进专业化发展和提升专业服务质量的客观要求

从文献研究情况看，职业资格认证"是提高质量还是限制竞争""是专业主导还是国家干预"等问题是长期争论的问题，但所有这些并没有影响世界各国通过职业资格证书制度对特定的职业进行规制，以达到提高专业服务质量、优化人力资源配置以及同时保障消费者利益等目的。从我国实行职业资格证书制度20多年来的实践探索看，上述问题和讨论同样存在。一方面，实行职业资格证书制度极大地促进了专业人才和技术人才队伍建设，特别是在提升各类人才职业化、专业化水平以及促进人才合理流动等方面发挥了独特的作用；但另一方面，也存在功能定位不清和设置过滥等问题。经过"集中清理"工作之后，目前列入《国家职业资格目录》职业资格共140项，其中准入类（即证照合一）41项、水平类（即国家认可的认证类证书）99项。与发达国家实行职业资格证书200多年的实践探索相比，目前我国职业资格证书制度无论在数量上还是质量上都有十分巨大的发展空间。课题组依据美国O＊NET网站公布的职业资格目录清单统计，目前美国各州实施许可类工程师职业资格累计有57个，政府认可、全国通用认证类工程师职业资格有106个。

（四）巩固集中清理工作成果和深化制度改革的客观要求

自2013年以来，国务院经过"七连清"共取消了434项职业资格证书许可认定事项，削减比例达原资格总量的70%以上。2017年9月，经国务院批准，人力资源社会保障部公布了《国家职业资格目录清单》，标志我国职业资格证书制度由此走上科学化、规范化发展之路。集中清理工作是深化"放管服"改革的重要举措，在规范政府行政行为、改变资格设置随意无序和资格过滥状态、维护国家职业资格证书权威性和公信力等方面具有重要意义，也为深化职业资格证书制度改革奠定了良好的政策基础。当前和今后一个时期，如何巩固集中清理工作成果和深入贯彻落实国务院一系列重要决定精神，完善职业资格证书制度还有许多问题亟待解决。比如进一步明确功能定位，处理好职业资格证书制度与学历文凭、职称、技能等级鉴定，继续教育与培训制度的关系；如何推进立法工作和制度建设，建立符合我国国情的职业资格证书体系框架？如何在多元主体人才社会评价体系中，既更好发挥政府作用（目录清单之内）又发挥市场配置资源的决定性作用（目录清单之外）？如何适应制定国家资历框架的新要求，改革完善分类体系、等级标准体系和管理服务体系？等等。有专家指出，清理不是清除。相对于发达国家200年和我国20年的实践探索，"七连清"具有明显的时效性、阶段性和战役性特征，从长远看特别是在建设国家资历框架的背景下，职业资格证书改革任重道远。

五 发展建议

（一）加强职业资格立法

研究制定《国家职业资格证书管理条例》，明确国家职业资格的法律地位、资格分类、职业范围、设置权限、标准程序、管理体制以及权责关系。依据《行政许可法》第十九条的规定，研究制定《拟设国家职业资格（许可类）审查标准和举证责任标准》，进一步发挥国家职业资格证书主管部门在有关职业资格法律法规草案编制和立法过程中的指导、监督和协调作用。

（二）明确国家职业资格证书的功能定位

坚持适度规制原则，合理界定国家职业资格证书的功能作用、设置条件和适用范围，严格控制许可类职业资格证书数量，提高认证类职业资格证书质量。同时，积极培育社会化、市场化人才评价，发挥市场配置人力资源的决定性作用。以实行国家职业资格目录清单管理制度为依托，建立资格分类统一、质量标准统一、考试考务流程统一、证书发放与管理统一的国家职业资格证书管理体系。加强职业资格证书名称、样式和标识管理与保护，维护国家职业资格的权威性、排他性。

（三）妥善处理职业资格证书评价与职称评价的关系

科学界定职称和职业资格的功能定位和适用范围。在职业资格制度改革方面，以职业分类为基础，突出职业化、专业化、社会化和国际化导向；在职称制度改革方面，以职位（职务）分类为基础，突出职务管理、单位管理和自主管理导向。借鉴深圳市深化职称制度改革经验，推动职称评审社会化向社会化专业资格转变。

（四）明确职业资格类别划分

在我国职业资格证书制度建立和推行过程中，有关职业资格的类别先后使用过"职业资格"和"执业资格""准入类资格"和"水平评价类资格"，其主要划分依据是政府对某一职业规制的强度。其中"执业资格""准入类资格"的职业规制强度最强，为职业许可；"职业资格""水平评价类资格"次之，两种资格统一由国家设定并以国家职业资格目录清单的方式公布实施。各方面认为，这种划分办法目前已不适应深化放管服改革、多元人才评价体系建设和制定实施国家资历框架的客观要求，在理论研究和实践探索中也造成了一些认识上的混乱。借鉴国际经验并考虑我国职业资格证书制度的现状，建议将我国职业资格证书划分为："国家资格"和"国家认可的社会资格"。

（五）加强职业资格等级标准建设

参照国际上一些国家通常采用8—10级资历框架的做法，考虑到我国职业技能等级认定的工作基础并且兼顾我国普通教育和职业教育的现状，建议将我国职业资格证书等级设置为8个等级（含初级工）。即在职业技能等级认定五级设置的基础上，将专业技术人员职业资格等级设为三级：专业一级、专业二级和专业三级。其中技能一级相当于专业三级。从其他国家资历框架及其与职业资格证书相关性分析看，无论是采取七级、八级或十级设置，其技能型资格等级设置基本为5级并且与职业资格证书等级一一对应，而五级以上专业型资格等级细分主要是体现各个国家学历学位设置的情况。

（六）强化政府对职业资格证书综合管理职能

建议成立国家职业资格证书管理委员会或部际联席会议，统筹规划和统一领导国家职业资格证书工作。强化政府主管部门对职业资格的综合管理职能，完善职业分类体系、职业标准体系、考试考务管理体系和证书质量保障体系，增强各项制度的系统性、整体性和协调性。建立职业发展状况监测评估制度，适时提出职业分类和职业资格目录清单动态调整建议。完善公共服务，借鉴美国 Onet 经验，建立国家职业资格证书信息发布、咨询服务和证书查询网络服务平台。

（七）健全国家职业资格证书质量管理体系

建立健全职业资格认证机构认可制度。凡列入国家职业资格目录清单管理的职业资格，其认证机构须经过国务院职业资格管理部门的审批或授权。加强事后监管，建立健全国家职业资格证书质量监测评估标准体系和第三方评估机制。加强职业资格证书与继续教育、会员管理、行业自律和职业诚信等制度的关联复合，促进专业发展。

（八）推动职业资格证书国际互认

总结我国成功加入《华盛顿协议》的工作经验，研究论证我国加入《工程师流动论坛协议》《APEC 工程师计划》《悉尼协议》等国际职业资格认证体系的必要性和可行性。以制定和实施国家资历框架为契机，推进"一带一路""中国—东盟自由贸易区""澜湄合作区""粤港澳大湾区"等区域资历框架建设，增强各国（地区）职业资格证书的可比性、等效性和可转换性，促进人才资源国际流动。

第五章

职称社会化评审制度

职称社会化评审是市场经济条件下对我国现行职称制度的发展和完善。本章在系统阐述职称社会化评审的内涵特征的基础上，重点分析我国职称社会化评审的历史演进、实践探索、存在问题，进一步明确政府、社会组织、用人主体在职称社会化评审中的职能定位以及权责关系。在此基础上，借鉴国内外经验，就深化我国职称社会化评审制度改革提出建议。

第一节 职称社会化评审的内涵特征

从文献检索结果看，目前在理论研究和实践中，各方面对什么是职称社会化评审至今还没有比较统一的、权威的、为各方面所接受的界定。理论基本问题不解决，就不能形成统一的认识和统一的行动。如何科学界定职称社会化评审的基本内涵和主要特征，深入探讨职称社会化评审产生和发展的经济社会因素，都迫切需要通过进一步深化理论研究予以解决。

一 基本含义

（一）社会化人才评价

职称社会化评审是社会化人才评价的重要组成部分。社会化人才评价是我国特有的概念，2003 年在《中共中央国务院关于进一步加强人才工作的决定》中正式提出。从现有研究看，目前关于社会化人才评价的理解存在两种视角。第一种观点认为，所谓社会化人才评价是指独立于政府、用人单位和专业技术人员自身的社会组织所进行的各种评价活动。该观点是相对于计划经济体制下政府评价的单一模式而提出来的。第二种观点认为，所谓社会化评价是指从市场需求、基本的评价和使用关系出发，在确立劳动关系（就业和执业）过程中相对于雇员和雇主，权威的、正式的、专业的和普适性的评价活动，即"第三方评价"。比如，根据《行政许可法》的规定，由国家行政机关或法律法规授权的具有管理公共事务职能的社会组织设定的职业资格许可，也是社会化人才评价机制的重要组成部分。

判断一种评价制度是不是社会化评价，不能仅仅从评价主体出发，而要从市场需求、从基本的评价和使用关系出发，评价的最终目的是使用。因此，本书倾向于第二种观点。从第二种观点可以得出，我国的社会化人才评价体系是包括职称制度和其他评价活动。从评价的实施主体上看，既主要是指与评价者和使用者（雇员和雇主）没有直接的行政管理关系或劳动关系的"第三方"，具体包括国家、行业组织、专业认证机构以及企事业单位；从评价标准上看，有国家标准、行业标准以及企事业单位的特殊标准；从评价结果的法律效力上看，既有具有行政许可性质的强制性评价，也有非行政许可性质的志愿性、推荐性评价。

(二) 职称社会化评审

在充分借鉴人才评价社会化概念的基础上，本书将职称社会化评审的内涵界定为：在我国现行职称制度的总体框架下，从市场需求、基本的评价和使用关系出发，由独立于用人单位和专业技术人员的"第三方"，依据一定标准和程序对专业技术人员职业能力和学术技术水平进行的评价活动，具体包括政府主导评聘分开的职称评价、资格认证，以及社会组织开展的资格资质认证活动等。

从历史的角度看，推进专业技术人员职称社会化评审不是现在才提出来的，体现了很强的政策导向性和地方实践性。无论是1996年起开始的完善专业技术职务聘任制中推行"评聘分开"试点，还是建立和推行职业资格制度、落实用人单位职称评聘自主权、促进政府职称评审、审职称转变等，都是对职称社会化的积极探索，并且贯穿于职称制度改革的全部过程。从发展的角度看，职称社会化评审不只是针对提出来的具体问题，而且是有着深刻的经济社会根源：现代服务业的发展，职业结构变化和专业化趋势，人才资源市场配置以及人员交流国际化都对发展多元的、丰富的职称评价产品提出了客观要求。

(三) 社会化专业资格

基于资格认证活动实施主体和国家对该资格认证活动的呼应程度，一个国家和地区的资格大体可分为三类："国家资格"、"公认的民间资格"和"纯粹的民间资格"。如韩国将职业资格分为"国家资格"和"民间资格"。其中"国家资格"是依据《国家技术资格法》进行管理的"国家技术资格"和依据单独法令进行管理的"其他国家资格"组成。"国家技术资格"主要由与产业相关的技术、技能与服务领域的资格组成，"其他国家资格"主要为专业服务领域（如医疗、法律等）的资格，根据各部门的需要设立、运营，大部分都具有执照性质。民间资格是指由国家以外的个人、法人、团体新设并管理、经营的资格。除了资格基本法第17条中禁止新设的领域外，无论任何人都可以自由地新设并管理、经营民间资格。民间资格包括"国家公认民间资格""纯粹民间资格"和"企业内资格"。其中，"国家公认民间资格"是国家资格的重要组成部分，其认证活动的公信力和权威性与国家资格（非许可部分）是大体相同的。此外，美国各州政府除制定和实施许可类职业资格外，对部分民间资格给予一定的法律规制，即不构成对就业的限制，但对头衔（称号）予以保护。依据美国 O∗NET 公布的职业资格认证目录统计，目前美国由 O∗NET 认可的民间资格有 5712 个，实施机构 1005 个，对应 840 个国家标准分类职业。

从我国各类资格认证活动现状和人力资源市场配置需求看，目前我国境内的各类资格认证大体也可分为四类，即"国家资格"、"国家认可的民间资格"和"民间资格"、"企业资格"。其中"国家资格"是指依据《行政许可法》，由国家行政机关或具有行政管理职能的社会组织设定并实施的许可类资格。"国家认可的民间资格"是指"非许可类资格"，包括列入《职业资格证书目录清单》管理的水平评价资格和实行备案管理的学会、协会、院校和企业自行组织实施认证的资格。

社会化专业资格是一种"国家认可的民间资格"，是国家资历框架的重要组成部分。在当前条件下，社会化专业资格是指在职称评审社会化深化改革过程中，除纳入国家《职业资格目录清单》管理的职业资格和专业技术水平评价外，由行政机关授权或认可的协会、学会等社会组织开展的专业技术资格。其主要特征：（1）政府主导；（2）非行政许可;(3)实行"资格"管理;(4)适用于《国家职业资格目录清单》管理之外所有职业。从深圳和其他省、市、区情况看,目前社会化专业资格包括:(1)面向非公有制经济、社会组织、自由职业专业技术人员等开展的职称评价;(2)在深化职称制度改革中,"对专业性强、社会通用范围广、标准化程度高的职称系列以及不具备评审能力的单位",由社会化评审机构进行的职称评价;(3)在推动政府职能转移过程中,由协会、学会等行业组织承接的职称和职业能力水平评价;(4)依托前海蛇口自贸区、粤港澳大湾区建设以及"一带一路"建设,通过双边或多边协议互认的境外资格评价。

(四)职称社会化评审制度

相对于传统的职称制度,职称社会化评审制度是基于公共人事管理的制度设计,主要承担社会管理和公共服务两大职能,与现行职称制度主要以实现对国有企事业单位内部人事管理的功能作用有本质的区别。也就是说,职称社会化评审强调的是职称头衔属性。但是,从我国的实践情况看,在体制外职称既是"职务"同时也是头衔的观念依然存在,强化职称社会化评审头衔属性的认识还不到位。

职称社会化评审制度是社会化人才评价制度的重要组成部分,具有以下特征:一是强化职称社会化评审的公共服务属性,即职称社会化评价实施主体为行政机关授权或认可的社会组织。这是职称社会化评价与行业组织自主评价的根本区别。二是强化职称社会化评审的资格(头衔)属性。这是体制内职称与体制外职称评价的根本区别。在体制内,职称既是"职务"同时也是资格(头衔),实行评聘结合。在体制外,即厘清职称是资格(头衔),实行评聘分开。三是强化职称社会化评审的开放性。在实行国家职业资格目录清单管理背景下,将由政府主管部门授权或认可的社会组织所进行的专业技术职称(资格)评价纳入职称社会化评价框架体系。

综上所述,可以得出:(1)职称社会化评价的对象:专业技术人员(包括体制内外)。(2)功能定位(评什么):专业技术水平(职业核心能力)。(3)管理体制(谁评):政府授权或认可的协会、学会等社会组织。(4)意义作用:搭建职业发展阶梯;推动(职业)专业化发展;提升专业技术水平(继续教育与终身学习);推动人才工作与教育工作相结合（资历框架）；促进人才合理流动和国际互认；维护人力资源市场秩序（政府规制）。

二 构成要素

(一) 评价主体

所谓评价主体是指实施职称评审社会化的机构或组织，主要是指政府、社会组织等。根据评价主体的不同，职称评审社会化大致分为四类：第一类是依据行政许可法开展的许可类职业资格评价；第二类是列入《国家职业资格目录清单》的职业水平评价；第三类是由政府主导的实行评聘分开方式并采用高评委模式的职称评价；第四类是政府职能转移过程中转移给协会、学会等行业组织承接的职称和各类水平评价。从国际发展趋势看，职称评审社会化主要是指上述第四类情况。

(二) 评价对象

所谓评价对象是指适用职称社会化评审的专业技术人员范畴。课题组认为，适用于职称社会化评审的评价对象应为：依法应当或者根据职业特点能够以认证认可的方式对其职称（资格）予以确定的专业技术人员范畴。依据2016年中共中央办公厅、国务院办公厅印发的《关于深化职称制度改革的意见》，职称社会化评审应坚持：对专业性强、社会通用范围广、标准化程度高的职称系列，以及不具备评审能力的单位，依托具备较强服务能力和水平的专业化人才服务机构，行业协会、学会等社会组织，组建社会化评审机构进行职称评审。

(三) 评价内容

所谓评价内容是指职称社会化评审属性，也就是职称评价是职务管理属性，还是学衔属性。随着社会主义市场经济体制逐步建立、干部人事制度改革稳步推进以及国家职业资格制度建立和推行，我国的职称体系包括任职资格、许可类职业资格、职业水平评价"三位一体"的框架结构。一般而言，体制内单位的职称评价既有职务管理属性，又有学衔属性，是"职务管理"和社会化"资格管理"的混合体。而面向体制外的职称社会化评价，仅仅有头衔属性，是对专业技术人员职业能力和学术技术水平的评价。

（四）评价标准

所谓评价标准是指职称社会化评审活动中应用于评价对象的价值尺度和界限。通常，体制内的职称评价标准总体依据"用人做事"原则加以确定。重点考察专业技术人员的职业道德，专业性、技术性、实践性、创造性，以及履行岗位职责的工作绩效、创新成果的经济效益和社会效益等。社会化评价标准要以职业分类为基础、以职业能力为导向，形成体现不同职业特点和各类人才成长规律的职业能力标准。从层次上看，主要包括国家标准、行业标准和用人单位岗位标准。本研究重点关注职称评审社会化的区域标准和行业标准，并关注区域标准和行业标准与国家标准、用人单位岗位标准的联系和衔接。

（五）评价效用

所谓评价效用是指职称社会化评审活动中评价主体做出的评价结果对评价对象和用人单位的使用价值。职称社会化评审是一种以社会公益为主的工作，必须有使用价值才会有生命力。从总体上看，职称社会化评价是基于公共人事管理的制度设计的，具有普适性，没有数量和结构比例限制，对所有专业技术人员都公平、公开、公正地适用，并且在全国或区域内通用。从法律关系上看，评价与被评价是依申请或约定而产生的评价关系，不能强制，也不必主动给予。职称社会化评审所给予的证书或其他证明文件不是对专业技术人员就业和执业的限制，而是对其能力素质达到一定水平的鉴定、证明和认可。同时，也为用人单位科学客观地选人用人提供了决策参考。

三 主要特征

按照上述定义，职称社会化评审必须具备一定的条件才能实现，因此它具有以下基本特征。

（一）专业性

职业的专业化过程，是从根本上解决职称社会化评审的根源和动力问题。有研究表明，一个充分成熟专业必须具备六个标志：（1）是一个正式的全日制职业；（2）拥有专业组织和伦理法规；（3）拥有一个包含着深奥知识和技能的科学知识体系，以及传授/获得这些知识和技能的完善的教育和训练机制；（4）具有极大的社会效益和经济效益；（5）获得国家特许的市场保护（鉴于高度的社会认可）；（6）具有高度自治的特点。一个职业的专业化是一项巨大的社会工程，无论是在"专业中心"还是在"国家中心"发展模式主导下，一个专业化工程始终卷入职业、国家、高校和社会（客户和公众）四个实体要素。因此，职称社会化评审的最终成功则极大地依赖于这四者合力的正确取向。在我国目前的资历认证体系内，教育市场上学位文凭认证，劳动力市场上职称（资格）认证，其中行业组织都发挥了重要的主体作用，这正体现了一个职业专业化的演进规律和演进特征。

（二）多样性

职称社会化评审的多样性，主要体现在评价主体的多元性、职称评价产品的多样性以及评价效用的多样性等方面。从评价主体看，主要包括国家、行业组织、专业认证机构以及企事业单位等多个评价主体。从国际经验看，行业组织是主要的评价主体。从评价产品看，既有具有行政许可性质的强制性评价，也有非行政许可性质的自愿性、推荐性评价。从国外情况看，日本有国家资格、公共资格、民间资格和企业资格等。从评价效用看，用人单位可以在经过职称评价的人才中择优用人，专业技术人员可以到具备评价资格的社会组织进行职称评价，然后进入人才市场自由择业。

（三）自律性

如前所述，行业组织是职称社会化评审中最主要的评价主体。行业学会、协会是一个自律性行业组织，其职责是代表会员利益向政府或有关组织提出意见建议，维护本行业信誉地位，制定本行业职业行为规范、职业道德准则，保持公众利益、受理投诉和进行处罚等。行业自律管理涉及会员管理和继续教育等诸多方面，是职称社会化评审的一个突出特点，其中职称（资格）评价是会员管理和继续教育的重要组成部分。从国外的情况看，各类行业组织在管理中承担的职责大致有：注册登记、认证评估、制定、行业规范和职业道德规范、组织考试或考核、继续教育、资格互认、调查分析和听取公众意见、受理投诉、处罚等。

（四）权威性

一般而言，职称社会化评审是由权威的行业组织来推进的。行业组织的权威性一方面来自于法律支持；另一方面来自于行业组织自身能力。例如，会计师有税务、审计等相关法律要求，并建立了专业协会、学会开展行业自律管理。又如，科协所属学会都具有独立的法人身份，具有对评价结果承担法律责任的资源和能力。在职称社会化评审中，行业组织必须在政府主管部门审查备案后方可开展职称社会化评价工作。从国外的情况看，行业组织是对专业技术人员管理的直接实施者，起到了主导作用。行业组织在相关专业方面权威性的建立，主要是通过建立相关专业人士的职称（资格）标准，规范会员的行为准则，从而使学会或协会获得良好的信誉而被社会认可，推动整个行业的健康发展。

第二节 典型国家专业技术资格社会化评价经验借鉴——以工程师为例

职业社会学研究表明，在世界各国推进专业技术资格社会化评价制度中，政府、专业团体（协会、学会）和高等学校是最活跃的三种力量。这三种力量相互促进、协同配合，在本国专业技术资格社会化评价制度框架体系中各自发挥着重要的、不可替代的作用。在典型国家，工程师培养是一个多方协作的过程，工程界也是利益共同博弈的联合体，其每一步发展和改革都会涉及政府、社会组织（学会、协会/联合会）、教育机构和企业等诸多利益方的协调和支持。以专业工程师为例，分析英国、美国、日本和澳大利亚等典型治理模式下专业技术资格社会化评价体系框架，对于推进我国专业技术资格社会化评价制度改革具有重要的借鉴意义。

一 法律基础

从典型国家的经验看，工程师制度的和谐、有效发展必然需要一个强有力的顶层机构作为工程活动的核心组织。一般而言，这个核心组织通常不是政府，政府不直接参与和工程师有关的核心认证工作，而是从法律角度赋予社会组织作为工程师培养和资质认证顶层机构的社会地位和法律地位，确立它们的合理性和权威性，从而奠定其群众基础，也为工程社会的自我调节与自我发展功能的实现提供充分的空间。同时，在这些国家的工程师制度中，政府依据相应法律法规建立准入资格，对资格的管理一般是通过国家立法建立，并依法实施管理或授权社会公益机构与行业协会（或学会）实施管理。

二 管理模式

综观世界各国工程师制度，政府、专业团体（协会或学会）和高等学校是最活跃的三种力量，这三种力量相互促进、协同配合，在本国工程师制度框架体系中各自发挥着重要的、不可或缺的作用。英国工程师制度作为单元适度规制模式的代表，实行的是以专业自治为中心的治理模式，政府不承担具体管理职能，而是通过授权专业管理团体进行综合管理，并由专业学会、协会具体实施。美国工程师制度作为多元适度规制模式的典型代表，呈现政府规制与自我规制相结合的管理模式，即政府立法设立准入门槛，专业团体（美国工程与测量考试委员会，简称 NCEES）制定规制标准，工程师协会组织实施，各州政府有关机构负责证书颁发及管理。

三 规制形式

专业人员规制的目的是给顾客提供可靠的服务，也为了这个专业自我利益的实现，将这一领域的实践保留给自己的成员。这两方面的需求是有矛盾的，而专业自治与政府规制的协调有助于解决这一矛盾。受专业文化的影响，欧美等西方国家政府允许专业自治，从法律角度赋予社会组织作为工程师认证顶层机构的社会地位和法律地位，确立专业组织的权威性。专业工程师制度是一个多方参与、相互协调、相互合作的运行体系。在国际工程界，根据各个国家或地区的特点和规模不同，有两类社会组织发挥了指导性、权威性功能。第一类是国家工程界的顶层机构，如英国的工程理事会（ECUK）；另一类是学会，如英国工程师专业学会覆盖 36 个工程领域，根据各学科领域特点执行顶层机构的标准框架与程序。

四 能力素质标准

综观英国、美国等发达国家的工程师能力素质标准，尽管各国在能力素质要素的数量方面有很大差异，但在素质描述中，都主要包括知识、能力和素质（人格、特征）等三个维度。如英国工程师认证标准中关于学习应用知识的能力、工程实践能力、技术与商务领导能力和人际交流能力，以及职业操守、社会责任和个人可持续发展等能力素质要求的描述，基本上也是从知识、技能、素质三个维度来阐述的。美国 ABET 的《工程准则 2000》提出对工程师 11 个方面的素质要求，其中包括数学、自然科学和工程科学知识的应用能力等基本要素，也是从知识、技能、素质三个维度进行阐述。国际组织 FEANI 提出了包括知识理解、工程分析、研究能力、工程设计、工程实践和可转移技能在内的能力素质标准。

五　终身教育

从英国工程师制度运行的实践看，它是基于以学习成果为导向的资历框架，推动认证标准与工程教育标准、继续教育标准有效衔接。如前所述，英国基于国家资历框架将所有资历分为 9 个级别，使得高等工程教育认证和专业工程师认证在国家资历框架下一脉相承、有效衔接，从而简化了专业工程师认证阶段的难度和工作量，节约工程师认证成本。同时，英国工程师持续发展 CPD 作为提升工程师能力素质的重要手段，ECUK 将对持续专业发展的承诺与工程师资格认证绑定在一起，作为工程师职业道德与社会责任水平的重要考量，是工程师资格认证的准入门槛。在澳大利亚，通过对工程师职业准入资格和特许资格两个职业类别的划分，为不同类型的专业工程师确立更为全面、综合的成长路径，并通过具有明确量化标准的继续教育评估，有效地促进工程师持续专业发展。

六　工程师认证国际化

20 世纪 80 年代，美国等一些国家发起并开始构筑工程教育与工程师国际互认体系，其内容涉及工程教育与继续教育的标准、工程师资格认证等诸多方面，各国也积极参与。例如，英国 ECUK 作为英国工程界指定的权威机构，制定专业工程师的认证标准是其一项重要的职能，同时它也代表英国签署并参加有关工程教育和专业工程师职业资格证书的国际协议，推进工程师的国际化发展。德国 ASIIN 的主要职能之一是建立对德国高等教育工程、信息科学、自然科学与数学的鉴定标准。同时，它也代表德国与国际主要的工程教育鉴定机构与机构联盟签订互认协议，保持良好的沟通关系，促进德国高等工程教育在国际上的互认。推动日本专业工程师的国际流动和推动国际合作是日本技术士学会的主要职能之一。

七 专业学会作用

从典型国家（地区）的经验看，专业学会在工程师认证中发挥着独特作用。英国工程师的专业学会作为公益性学术团体，是工程界事务的具体执行方，起着承上启下的作用，连接着每一个工程师和工程理事会，具体执行顶层机构的标准框架与程序，是专业工程师制度得以有效实现的重要保障。与其他国家相比，英国专业学会在专业工程师制度中尤为重要。与英国模式相比，澳大利亚不同领域的专业学会不参与鉴定、认证的执行工作，只提供继续教育课程以及向顶层机构反馈专业未来发展的意见与建议。日本技术士学会（IPEJ）是日本官方授权的对技术士资格进行认证的非营利性学会。

八 会员管理制度

从国外典型国家的经验看，各国专业工程师制度都是一个多方参与、相互协调、相互合作的运行体系。英国工程师的专业学会作为公益性学术团体，就本学科领域特点进行具体化，具体执行顶层机构的标准框架与程序，是专业工程师制度得以有效实现的重要保障。如果个人想获得专业工程师资格，就必须先成为有关专业学会的会员，再通过专业学会提出注册申请；如果专业工程师要保留工程师资格，就必须长期成为该学会会员；如果会员失去该学会会员资格，就可能导致专业工程师资格的丧失。日本技术士学会（IPEJ）作为一家非营利性组织，是一个覆盖资格管理、职业教育、伦理监察、商务活动开展、社会公益于一体的综合组织，其宗旨是推动、普及与改进日本专业工程师制度——技术士制度。IPEJ 是一家推行会员制的机构，正式会员为取得执业资格的技术士。

第三节 我国的职称社会化评审制度状况

从实践情况看，我国职称社会化评审改革的成效不仅体现在构建了完善的职称社会化评价机制这一制度自身的成就上，更多地体现在其深化职称评价制度改革、发挥职称评价导向作用、促进职业资格的国际互认等推动职称制度改革与发展，以及推动职业专业化发展、优化专业技术人才流动配置等促进专业技术人才队伍建设方面。职称社会化评审制度是在职称制度改革过程中逐步形成和发展的，具有"彼时彼地"阶段特征。随着市场经济体制逐步完善、"放管服"改革深入推进以及人才资源配置市场化、国际化步伐不断加快，职称社会化评审所面临的突出问题也逐步显现出来。

一　历史演进

（一）初始阶段（1986—1994年）

1986年，我国确立了专业技术职务聘任制，在评价与使用的关系上，强调评聘结合，这是专业技术职务聘任制最基本的评聘模式。1991年，针对实行专业技术职务聘任制中的突出问题，原人事部印发了《关于职称改革评聘分开可试点工作有关事项的通知》，开始启动"评聘分开"试点工作，专业技术人员通过职称评审获取相应的专业技术职务任职资格。文件强调："进行评聘分开试点工作，是为了进一步强化竞争机制，深化和完善专业技术职务聘任制度，研究探索少数专业系列实行职务聘任制，建立学术技术称号制度。"试点最初在人才密集单位的副高级职称中进行后逐步推开，其基本模式是"个人申报、社会评价、单位聘任、政府指导"。这一模式成为后来深化职称社会化评审改革的基本模式。

（二）拓展阶段（1994—2003年）

随着我国社会主义市场经济体制逐步建立，职称社会化评价逐步打破体制内外的界限，将"个人申报、社会评价、单位聘任、政府指导"的职称评价模式拓展到非公有制经济组织和社会组织。1998年，全国人事厅局长会议又明确提出："要深化职称改革，逐步建立政府宏观指导下的公开公平公正的社会评价机制"，搭建为全社会提供职称评价服务平台。

（三）深化改革阶段（2003—2016年）

2003年，中共中央办公厅、国务院办公厅联合印发的《中共中央国务院关于进一步加强人才工作的决定》指出："建立以能力和业绩为导向、科学的社会化的人才评价机制"，"发展和规范人才评价中介组织，在政府宏观指导下，开展以岗位要求为基础、社会化的专业技术人员评价工作"。

（四）规范发展阶段（2016年至今）

2016年，中共中央办公厅、国务院办公厅印发《中国科协所属学会有序承接政府转移职能扩大试点工作实施方案》，提出："要突出学会专业属性和技术优势，重点开展专业技术人员专业水平评价类职业资格认定，以及开展非公有制经济组织的专业技术人员职称评定工作。"2016年，中共中央办公厅、国务院办公厅印发的《关于深化职称制度改革的意见》提出："对专业性强、社会通用范围广、标准化程度高的职称系列，以及不具备评审能力的单位，依托具备较强服务能力和水平的专业化人才服务机构、行业协会、学会等社会组织，组建社会化评审机构进行职称评审。"2017年，国务院在机构改革和职能转变方案中提出，"按规定需要对企业事业单位和个人进行水平评价的，国务院部门依法制定职业标准或评价规范，由有关行业协会、学会具体认定"。2018年，中共中央办公厅、国务院办公厅印发的《关于分类推进人才评价机制改革的指导意见》指出："进一步明确政府、市场、用人主体在人才评价中的职能定位，建立权责清晰、管理科学、协调高效的人才评价管理体制。""发挥市场、社会等多元评价主体作用，积极培育发展各类人才评价社会组织和专业机构，逐步有序承接政府转移的人才评价职能。"

综上所述，我国职称社会化改革，根植于科技创新活跃、经济社会开放度高、市场机制完善、非公经济发达的土壤，是向着加快建设社会主义现代化国家相时而动、应运而生的。

二 实践探索

（一）增设与区域发展相结合的职称专业

各地关注区域战略性新兴产业发展，凸显和强化区域比较优势，增设区域新兴产业和特色产业。辽宁、广东、北京等地结合本地产业和区域发展实际，及时调整职称专业设置情况，增设战略性新兴产业相关专业及区域特色专业，促进新兴行业发展。此外，广东、海南、四川等地还加强对新兴业态、新兴领域的调研，对职称专业设置进行研究论证，努力实现专业设置的动态调整，广东提出要在规范清理各系列专业设置基础上，构建分类清晰、等级完备、定期更新发布的职称专业目录。（见表5—1）

表 5—1　　　　　　　　　部分省市①新增评审专业

省份	新增专业
辽宁	生物技术、海洋、金融、生态环境保护、能源资源、现代物流、通信、旅游、工业设计、电子商务、科技服务、知识产权、食品安全等
湖北	生物制药、智能制造、动漫等
江西	新能源、新材料、生物和新医药、信息技术、航空制造、先进装备制造、锂电与电动汽车、文化暨创意、绿色食品等
广东	智能制造、绿色低碳、生物医药、文化创意、网络信息、人工智能、知识产权、新材料、新能源等
北京	人工智能、创意设计、知识产权、技术经纪、科学传播等
江苏	思想政治工作、工业设计、文化创意等

(二) 建立和完善社会化评审机制

在已经公布职称改革实施方案的省市中, 河北、山西等 21 个省市为了满足各方面职称评价需求、服务产业结构优化升级和实体经济发展, 各地积极构建个人自主申报、业内公正评价、单位择优使用、政府指导监督的社会化评审机制。方案中明确提出, 拓展职称评价人员范围, 服务包括从非公有制经济组织、社会组织中的专业技术人员, 到离岗创业人员、在内地工作的港澳台专业技术人员、持有外国人永久居留证或各地颁发的海外高层次人才居住证的外籍人才、海外引进人才、高技能人才等多种类型人才。其中的典型做法有：浙江探索推进企业职称社会化评价, 坚持标准引领, 以职业属性和专业要求为基础, 由自律性强、专业性强、运转规范、具有较大影响力的行业协会、学会等牵头, 行业龙头企业参与, 共同制定相关职称评价标准, 组织开展职称评审工作。黑龙江在评审能力薄弱的地区探索实行市 (地) 际间联合评审, 有效解决评审专家不足、执行回避制度难的问题。福建和浙江还着力加强职称评审专家库建设, 完善评审专家遴选机制, 探索专家评审实名制, 建立评委工作业绩档案, 建立评审专家履职评价、晋级、淘汰和退出机制。

(三) 构建职称评审综合监管体系

职称制度改革在强调同行评价和业内认可的同时, 更加注重加强事中

---

① 在该省市实施方案中明确提出专业设置名称的省份。

事后监督管理，通过加强评审专家库建设，实行评审公开制度、公示制度和随机抽查、巡查制度，建立复查、投诉机制，加强对评价全过程的监督管理，构建政府监管、单位（行业）自律、社会监督的综合监管体系，提高了职称评审的公信力，营造了公平公正的选人用人环境。典型做法包括福建在职称评审中推行"一随机、一巡查、一公开"制度，评审前对评审材料进行随机抽查，评审时实行全过程巡查，及时公开抽查及巡查结果；天津推行"双公示""双承诺""三公开""四到位"和"四不准"制度，确保职称评审工作规范有序开展。教育部会同人社部专门出台了高校教师职称评审监管办法，对监管内容、监管方式和违规惩处措施进行了明确规定。

（四）推进职称评审与继续教育制度相衔接

各省坚持评价与人才培养使用相结合，积极推进职称评审与专业技术人员继续教育制度相衔接。浙江制定本行业专业科目学时登记细则，进一步明确学习内容、学时数量和登记标准等要求；将继续教育情况列入职称评审、岗位聘任、聘期考核、执业注册的内容，作为专业技术人员考核评价和晋升的重要依据，加快推进专业技术人员知识结构优化。河北围绕雄安新区建设、京津冀协同发展、冬奥会筹办、世界一流大学和一流学科建设、大气环境治理等重点工作，健全高层次人才职称聘用政策，适当提高专业技术岗位结构比例，激励高层次人才创新创业。健全岗位统筹管理机制，动态调整事业单位岗位结构比例。安徽按照"控制总量、盘活存量、优化结构、增减平衡"的原则，建立岗位管理"五统筹"机制。

（五）合理下放职称评审权限

2016年11月1日，中共中央办公厅、国务院办公厅印发的《关于深化职称制度改革的意见》提出，"进一步推进简政放权、放管结合、优化服务。政府部门在职称评价工作中要加强宏观管理，加强公共服务，加强事中事后监管，减少审批事项，减少微观管理，减少事务性工作"。各地在科学界定、合理下放评审权限，发挥基层、用人单位和社会组织作用方面，积极探索下放职称评审权限的有效方式，推动相应层级职称评审权限下放，充分发挥基层、用人单位和社会组织作用。下放评审权限的三个重点：第一是高校。截至2018年5月底，甘肃、湖南等8个省市已经发布下放高校职称评审权限通知。第二是重点园区和企业联盟。山东、湖南、广东等地探索社会化评审，鼓励第三方机构参与人才评价，积极吸纳龙头企业参与评价标准制定。第三是行业组织。浙江除了建立企业社会化评审机制，还以特种设备高级职称社会化评审为突破口，建立以行业协会为主体的职称评价体系，实现由"政府评"到"业内评"的转变；江苏、山西等地鼓励支持具备条件的专业化人才服务机构、行业协会、学会等社会组织，有序承接政府转移的人才评价职能。

（六）提升职称公共服务水平

为专业技术人员提供科学、客观、公正、便捷的人才评价服务是职称制度改革的重要内容。各地聚焦专业技术人员反映突出的评审渠道不畅、评审通知不及时、材料要求不清晰、材料提交多反复、评审过程不透明、评审数据共享度低等问题，加大研究协调，严肃评审规则，优化工作程序，简化申报手续和审核环节，进一步健全公共服务体系，建立权利平等、条件平等、机会平等的职称评价服务平台。浙江、内蒙古、海南、江西等地利用大数据、云计算等技术，整合数据资源，推进"互联网＋职称"建设，开展职称网上申报、网上审核，探索职称电子证书，打造"阳光职称"；安徽等地完善高层次人才综合信息服务体系建设，衔接贯通省、市、县三级的高层次人才"一站式"服务平台，形成省、市、县三级联动的服务体系；新疆及兵团出台细则，专门为对口援疆省、市、港澳台及"一带一路"沿线国家专业技术人员参加职称评审开辟渠道。

三　主要成效

（一）推动职称评价社会化改革，增强职称制度生命力

职称社会化评审是在深化职称制度改革过程中逐步形成和发展起来的。从初始阶段对学衔制（资格）的探索、到拓展阶段以及深化改革阶段推动政府职能转变，每一步重要改革都与不同时期我国经济体制改革、干部人事制度和人才管理制度等重大改革密切联系，同步推进。这是职称社会化评审始终保持强大生命力的重要因素，也是深化职称制度改革必须坚持的一个正确方向。同时也必须看到，社会化评审改革具有明显的"彼时彼地"的阶段特征，而缺少对功能定位、适用范围、标准导向、运行机制和治理模式等方面的制度性设计。这又严重地影响和

制约了职称社会化评审持久、有序、规范发展和独特作用发挥。这是当前我国推进人才分类评价改革和深化职称制度改革必须着力解决的一个重要问题。

（二）扩大职称评审覆盖面，发挥职称评价导向作用

人才评价是重要的风向标和指挥棒。通过资格评价，认证、认可各类人才专业技术知识、能力和业绩并对赋予他们的资格（头衔）予以保护，是国际通行的做法，也是激励各类人才拓展职业发展空间、提升学术技术水平、促进专业自律的重要举措。中国人事科学研究院的调查显示，有99.0%专业技术人员认为，如果具备评定职称的条件，他们都会希望获得资格。他们获得资格的主要目的是：拓展自我职业发展空间（78.0%）、获得同行认可和社会认可（69.5%）、体现个人学术技术水平（63.0%）。以深圳为例，目前90%的人才在体制外，90%的研发人员、75%的专业技术人员在企业。职称社会化评审实践探索，不但打破了体制内外、区域内外的界限，使各类人才都有机会享有职称（资格）评价公共服务，而且更重要的是，通过发挥职称评价风向标作用，引导和凝聚各类人才主动适应经济社会发展和行业/产业的要求，立足岗位建功立业。

（三）推进职业资格国际互认，提升人才评价国际化水平

随着我国各行各业国际化程度的不断提高，特别是"一带一路"倡议的实施，迫切要求我国专业技术人才评价体系与国际接轨。以深圳为例，近年来，结合前海蛇口自贸区、粤港澳大湾区建设以及"一带一路"建设，在有效引进急需紧缺高层次人才的同时，也需要越来越多的专业人才和技术人才随着"中国制造"和"中国服务"走出去，这些都要以人才评价的国际化作为基础。深圳市职称评价社会化改革非常重视职业资格的国际互认。据统计，截至2018年4月，仅在建筑领域，已有1205名香港专业人士通过互认取得了内地注册执业资格，通过互认取得香港执业资格的广东专业人士有246人。深圳市注册建筑师协会从2012年起与香港建筑师学会建立了友好关系，特别是为了"一带一路"倡议的沿线城市基础建设、粤港澳大湾区建设等，借助于香港建筑师健全的法律制度，深圳建筑师与香港建筑师优势互补并船出海，实现了深圳建筑师快速"走出去"的目标。目前，在深圳前海试行的"建筑师负责制"，就是香港建筑师模式与深圳特色的有效结合。

（四）培育和壮大专业性社会组织，推动职业专业化发展

专业化是职业演进的必然规律，建立和实施资格认证体系是职业实现专业化的关键步骤和重要标志。从各国专业资格认证模式看，无论是实行"专业主导"还是实行"政府干预"的国家，职业（协会学会）、政府、高校和社会（客户和公众）始终是四个重要的推动力量。其中职业（学会协会）是资格认证的实施者，负责制定资格认证标准、组织协会学会实施认证活动、建立资格认证质量保障机制到资格证书管理。政府是资格认证的监督者，通过许可或认可资格认证活动、确立资格认证法律地位并对资格证书予以保护，目的是提高专业服务质量、优化人力资源配置以及同时保障消费者利益。以深圳为例，自 2003 年以来，深圳非常重视发挥行业组织在资格评价中的主体作用，厘清政府主管部门与行业组织权责关系、完善社会组织承接职称评审监督管理办法、建立健全跟踪测评质量保障机制和信息通报共享机制，初步探索出职称评审社会化的一条新路。同时，在处理政府主管部门与行业组织的关系上，不是一交了之，而是通过指导行业组织制定承接职称评定工作管理办法、完善明确职称评定操作流程、建立专业委员会和专家库，使推动政府职称评审转移工作成为培育、发展和壮大社会组织的一项重要举措。

（五）突出人才职称评审自主性，实现人才资本优化配置

我国现行职称评审制度是一种基于岗位和用人单位的评审制度，在体制内单位普遍推行，且多数采用评聘合一的模式，在体制外单位尝试推行。在这种制度下，体制内单位的专业技术职称就是职务，这在一定程度上限制了专业技术人员的流动配置，尤其是在不同岗位间的自由流动，以及不同单位间的自由流动。从体制外单位职称申报情况看，积极性和主动性明显不足，专业技术人才普遍认为职称并未成为他们进入职业领域的"通行证"和引领其职业生涯规划的重要风向标。中国人事科学研究院的调查显示，"职称没有什么用"已成为体制外单位专业技术人才不申报的主要原因（62.5%）。我国职称社会化评审改革突出了专业技术人才的自主性，削弱了政府和用人单位在职称评审过程中的控制力，从而减少专业技术人才自由流动的羁绊和束缚，实现人力资本的优化配置，非公单位的申报人员所占比例逐年大幅提升。

四 存在问题

(一) 分类改革问题

分类改革是深化职称社会化评审的难点。目前职称社会化评审主要解决了"一视同仁"问题，但依然用体制内职称评价的模式和办法开展职称社会化评审。职称社会化评审的功能定位、评价标准、评价与使用关系等问题含糊不清。同时从职称资格属性看，哪些职业适用于职业资格或纳入《国家职业资格目录清单》管理？哪些职业适用职称社会化评审或纳入《国家职称目录》？已经实行职业资格管理的职业是否还要进行职称社会化评审？目前缺少一个大的框架。

(二) 制度设计问题

从实践探索情况看，职称社会化评价总体上是沿用体制内职称评价模式和办法，其功能定位、评价标准、运行机制和治理模式等问题还没有根本解决。调研中有专业技术人员反映，目前职称社会化是评审环节的社会化。据专业技术人员反映，他们评职称总体上是"自娱自乐"，与单位内部用人关系不大。对企业而言，既有"用不上"问题，更有"不得不"问题，在科研项目申报、企业资质注册登记以及人才引进、子女入学、安居房配售等方面，"职称"都是"不得不"的条件。各方面认为，不解决顶层设计和制度设计问题，职称社会化评价很难有大的发展。一些专业技术人员建议，必须参照国际通行做法重新设计我国社会化职称制度框架体系。

(三) 评价标准问题

所谓评价标准是指职称社会化评审活动中应用于评价对象的价值尺度和界限。通常，体制内的职称评价标准总体依据"用人做事"原则加以确定，重点考察专业技术人员的职业道德、专业性、技术性、实践性、创造性，以及履行岗位职责的工作绩效、创新成果的经济效益和社会效益等。社会化评价标准要以职业分类为基础、以职业能力为导向，形成体现不同职业特点和各类人才成长规律的职业能力标准。从目前我国职称社会化评价标准看，主要是学历、资历等职称评审的客观标准，这种硬性指标并不能科学、客观地反映专业技术人员的工作水平。调查表明，体制外的专业技术人才对着力完善职称评价标准的呼声非常强烈。

(四) 行业组织主体作用发挥问题

进行专业资格评价并对这种资格进行保护,是行业组织在推进本职业专业化(professionalization)发展过程中通行的做法。由于我国社会组织发育不成熟,目前行业组织在职称社会化评审中的作用还没有充分发挥。即使已经承接职称社会化评审职能的行业组织,也存在"就评价论评价""评价与使用相脱节"等问题。总的来看,职称评审体系的总体架构没有改变,政府部门作为评价主体,依然主导申报标准、评委会组建、申报流程、职称证书等一系列要素,这显然与职称社会化评审的最终目标不一致。大家建议,要确立行业组织的主体地位,促进职称评价与会员注册登记、继续教育、会员管理以及职业诚信体系建设等环节关联复合。

(五) 与继续教育制度衔接问题

继续教育在职称社会化评审中占据着重要的地位,它是社会化职称获得与维持的重要评估标准,与学历教育存在延展与补充的关系,是专业技术人才职业发展的必经之路;同时,由于职称认证不是终身认证,所以继续教育与社会化的职称认证存在相互依存的关系,是社会化职称认证准入的硬性要求。在我国职称社会化评审工作中,政府人社部门依然主导职称证书管理和继续教育等工作,没有真正放权由社会组织统筹资源开展继续教育活动。政府部门也尚未设立专项经费来支持社会组织开展继续教育。此外,从我国的实践情况看,职称评审环节不能严格做到相对独立,导致评审与继续教育、论文发表等服务项目捆绑,尚未真正实现"评培分开""考培分开"。

(六) 国际互认问题

随着我国各行各业国际化程度的不断提高,特别是"一带一路"倡议的实施,迫切要求我国专业技术人才评价体系与国际接轨。从我国的情况看,职称社会化评价制度存在国际化对接瓶颈,职称社会化评价标准和评价方式上的差异也造成接轨困难,不能适应经济、贸易全球化发展趋势。以深圳为例,自2012年以来,陆续出台了一系列措施鼓励香港专业人员到前海执业,同时积极推动双边资格互认,但是成效不大。除部分专业化程度较高、国际性较强和域外互认实践经验较为成熟的职业资格证书外,专业技术人员通过职称社会化评审所取得的专业技术资格(职称)没有国际可比性。专业技术人才对获得国际资格以及国内职称(资格)

的国际互认存在一定的需求。

(七) 公共服务问题

近年来,我国一些地区依托信息手段不断提升职称评审服务质量和水平,但总体来看信息技术手段还应用得不够充分,必须进一步优化职称申报、评审、管理等信息服务平台,打破信息孤岛,推动职称社会化评价与学历文凭认证、国家职业资格考试、继续教育管理以及行业组织会员管理等平台资源整合。此外,还必须充分运用互联网、大数据等现代信息技术,借鉴其他省市职称网上申报评审、电子证书查询验证、个人电子档案管理等做法,简化职称申报手续和审核环节,实现信息互联共享。加快建立职称诚信档案制度的步伐,在将考试作弊、职称申报中涉及学历、经历以及论文、科研项目成果等学术造假行为纳入失信黑名单方面取得一定的突破。

五 发展建议

(一) 明确职称社会化评审的功能定位

职称社会化评审是深化职称制度改革必须坚持的正确方向。职称社会化评审是在深化职称制度改革过程中逐步形成和发展起来的。从初始阶段对学衔制(资格)的探索、到拓展阶段以及深化改革阶段推动政府职能的转变,每一步重要改革都与不同时期我国经济体制改革、干部人事制度和人才管理制度等重大改革密切联系,同步推进。这是职称社会化评审始终保持强大生命力的重要因素,也是深化职称制度改革必须坚持的一个正确方向。职称具有"职务"和"资格"属性,而职称是"职务"或是"资格"还是兼而有之,是深化职称制度改革时需要明确的基本问题。为此,深圳通过构建以岗位要求(标准)评价为导向的事业单位专业技术职务评聘体系和以职业标准评价为导向的社会化专业资格认证体系,加强分类管理。在事业单位,强化职称"职务"管理属性;在非公经济组织和社会组织,强化职称"资格"属性。

(二) 探索建立"社会化专业资格"认证制度

从深圳情况看,有必要推动职称社会化评审向社会化专业资格评价转变。社会化专业资格是指除国家《职业资格目录清单》管理的职业资格和水平评价外,由协会、学会等社会组织为促进本行业人才职业发展,依据行业标准或团体标准、面向单位会员或个人会员而独立开展的专业资格认证。其主要特征：（1）非行政许可；（2）学会协会主导；（3）以会员单位或个人会员为主要评价对象；（4）实行团体标准或区域标准；（5）与会员注册管理、继续教育、职业信用等体系相衔接。

（三）突出协会、学会等社会组织的主体地位

我国的职称社会化评审改革虽然初步实现了职称管理主体由一元向多元转变，但社会组织、专业人员并未形成目标一致的专业共同体。通过确立协会学会等社会组织"专业共同体"的主体地位，将社会化职称评审从政府监管、行业自律、社会监督，向政府、社会组织、专业个人共建共管共治转变。按照国际通行做法，培育社会组织建立社会专业资格认证管理所需的内部管理制度、人才评价体系、自律管理制度。同时通过"抓认证的认证、抓标准的标准"，强化职称社会化评审质量监管和保障机制。进一步下放职称评审权和推进由社会组织承接职称社会化评审职能，确立协会、学会等社会组织在职称社会化评审中的主体地位。

（四）适时导入国家资历框架的理念

从国际经验看，国家资历框架已成为促进教育文凭与职业资格证书有效衔接、建设学分银行和学分转换互认体系、畅通继续教育与终身教育渠道、搭建终身学习"立交桥"等的基础性举措和通用政策工具。一直以来，职称与职业资格的内部和相互间结构关系不清晰、相互脱节。在人才评价机制设计上，缺少能打破部门职能界限、统筹资历和学历、贯穿终身教育的大"框架"。为推进人才评价制度有机衔接，深圳首次提出构建涵盖学历层次、职称层级、技能等级、职业资历等要素的资历框架，搭建各级各类职业资历与学历资历贯通的"立交桥"。一方面可有效促进职业资格、职称、职业技能等级鉴定、职业培训与继续教育等制度间的相互关联或一体化发展；另一方面也可有效统筹学历学位和职业资格证书制度，实现"两个"证书的衔接。

（五）加强职称社会化评审综合配套改革

推进职称社会化评价与学历文凭、职业资格证书考试、技能等人才评价制度的综合配套改革，推动建立以资历框架为基准的人才分类评价体制机制创新。厘清职称等级标准与教育资历等级标准的对应关系，搭建职称社会化评价与学历学位证书、国家职业资格证书、继续教育证书有序衔接

的学习成果共享互认"立交桥"。适当下放职称序列和等级标准设置权。鼓励和支持行业组织以增强国际可比、质量等效为重点，依据职业特点设置资格序列和等级标准。完善继续教育学分制管理办法，加大继续教育情况在职称社会化评价中的权重。统筹规划工程师与技能人才资格和工程学位与职业教育学历等级标准，制定工程师资格与学历（学位）证书、技能认定证书衔接办法，建设工程技术人才终身教育培训体系和职业发展"立交桥"。

（六）强化职称社会化评审质量保障

一方面，"抓认证的认证"。以促进提升职业专业化发展为重点，研究制定承接政府职称社会化评价职能行业组织资质标准。具体包括从业人员状况、职业专业化程度、行业组织成熟度以及国家或社会对该职业活动的呼应度等。另一方面，"抓标准的标准"。研究制定行业组织职称社会化评价标准的审定标准和备案管理办法。鼓励和支持行业组织采用国际通用资历框架标准和职业能力标准。此外，指导行业组织制定承接职称评定工作管理办法等规章制度，明确职称评定操作流程，建立专业委员会和专家库。建立健全职称社会化评价质量监测评估标准和第三方评估机制。

（七）完善职称社会化评审公共服务体系

制定并公布《职称社会化评价职业（专业）目录》和《授权或认可职称社会化评价行业组织或专业机构目录》。指导行业组织制定和公布职称社会化评价标准、评审工作指南和管理服务规程。借鉴美国 O*NET 经验，推进职称社会化评价信息化，进一步优化职称申报、评审、管理等信息服务平台。打破信息孤岛，推动职称社会化评价与学历文凭认证、国家职业资格考试、继续教育管理以及行业组织会员管理等平台资源整合、信息共享。

（八）推进社会化专业资格国际互认

以我国加入《华盛顿协议》和深化工程教育改革为契机，推动工程师资格评价制度改革和资格多边或双边互认。在《国家职业资格目录》外，鼓励和支持协会、学会等社会组织根据本行业专业化发展和国际间人才流动的需要，设立并实施相应的专业技术资格认证。符合条件的，纳入职称社会化评审体系框架。按照国际可比、等效原则，探索建立注册工程师制度。以建立工程师职业资历框架为中心，推进工程师职业资格认证、水平评价与继续教育、专业学位教育、会员管理和职业诚信体系建设等制度的关联复合。拓宽与知名的国际专业资格认证机构的合作，推动社会化专业资格双边或多边互认。通过资质认可、合伙联营、项目试点、执业备案等特殊机制安排港澳专业人士到前海执业从业。借助于已经纳入国际职业资格互认体系的国家（地区），通过社会化专业资格的双边互认，促进专业人才和技术人才随"中国制造"和"中国服务"走出去，加快资格多边互认的步伐。

第六章

职业教育培训制度

职业教育与培训作为人类最早的教育活动，起源于生产劳动，即将生产实践活动中的知识、技能和经验进行代代传递。本章在阐释职业教育培训制度的内涵、构成和作用的基础上，通过总结德国"双元制"职业教育、典型国家新型学徒制和工程师继续教育等经验，梳理了我国职业教育培训的发展状况，主要包括技校教育、继续教育、职业技能培训以及学徒制等方面。

第一节 职业教育培训制度的内涵构成

现代职业教育培训的最初形态是发生在早期同业行会中的学徒制度。伴随着西方近代工业革命的发生和发展，以传授现代生产技术为主要特征的专门技能培训和学校职业教育逐渐取代学徒制。后来出于解决就业问题、缓解社会矛盾、挽救经济困顿的目的，在凯恩斯国家干预主义的直接影响下，西方各国开始通过制定一系列干预政策不断强化对职业教育培训的政府责任。我国的职业教育培训制度自中华人民共和国成立开始，就一直围绕促进经济社会发展、加快劳动者素质提升、加强就业能力建设等方面不断进行改革完善。

一 基本含义

职业教育培训一词的概念一直存在很多争议，它包含了职业教育和职业培训两个概念，这两个概念之间既有联系又有区别，定义的角度不同就会产生不同逻辑起点。科学概念建构的任务在于尽可能准确地确定概念的内容。它是明确做出一项有关某一对象是否属于某个概念的决定的必要前提。因此，首先要对职业教育培训一词进行精准的定义，才能够明确职业教育培训制度的框架范围。

（一）职业教育

职业教育是一个百家争鸣的舞台，这一点从它的概念界定上就有所体现。由于对概念内涵的理解不同，职业教育也有很多称谓，如"职业教育""职业技能教育""职业技术教育""技术与职业教育"等。《教育大辞典》将"职业教育"界定为"传授某种职业或生产劳动知识和技能的教育"；同时对"职业技术教育"的界定是"进行科学、技术学科理论和相关技能学习的教育以及着重职业技能训练和相关理论学习的教育。与其他类型教育比较，偏重理论的应用和实践技能、实际工作能力的培养。大多处于高级中学阶段和高等专科阶段，也有的处于初级中学阶段。培养目标为各层次的技术人员、管理人员、技术工人和其他城乡劳动者"。

从职业、教育与职业教育的关系来看，有两种定义方式，一种是从职业的角度界定职业教育概念，主要是侧重职业教育中劳动者的培养，通过教育提高劳动者各方面的能力，从而为其工作做准备，即职业教育是指对进入所有职业（包括专业的和非专业）的个体所进行的准备性教育，包括全部的教育过程。另一种是从教育的角度来界定职业教育的内涵，侧重职业教育中受教育者各方面能力的发展，即"职业教育是教育体系的重要组成部分，是教育体系的一个子系统，与教育体系的各个组成部分必然存在一定的联系"。本章所涉及的职业教育概念是基于第一种定义方式，即从职业角度定义的职业教育，包括学校教育、职业培训、继续教育等旨在提高劳动者素质，提升其就业能力，促进其职业发展的各类教育活动。

（二）职业培训

"培训"是一个人们耳熟能详的词语。然而，对于"培训"一词的含义，不同的学者有着不同的理解。《教育大辞典》中"培训"的定义为："培养训练，指在职、在业人员的专门训练或短期再教育。"《教育大辞典》同时列有"职业技能训练"和"职业技术培训"两个词，分别解释为"使受训人员熟练掌握完成某种职务所需要的一系列活动方式而进行的训练"和"使从业人员获取某种职业所需专业知识或技能而进行的培训工作，一般学习时间较短，不以取得学历资格为目的。培训结束经考核合格者，可按国家规定发给相应的培训合格证书和技术等级证书"。前者强调的是对特定工作岗位所应具备的操作技能或行为方式的训练，属于职业培训的一种形式。而从后者的含义上看就是职业培训的同义词。

职业培训是直接为适应经济和社会发展的需要，对要求就业和在职劳动者以培养和提高素质及职业能力为目的的教育和训练活动。其含义：①是一种以劳动者为特定对象的劳动力资源开发活动；②是一种以直接满足社会、经济发展的某种特定需要为目的的定向性培训；③它通常是按照国家职业分类和职业技能标准进行的规范性培训。与普通教育在对象、目的和内容上均有所不同。从对象看，职业培训的对象是劳动法意义上的劳动者，而不是普通在校学生。这里的劳动者是广义的，既包括即将成为工薪劳动者的人（谋求职业的人），也包括已经成为劳动关系一方当事人的劳动者。从目的看，职业培训的目的是开发受训者的职业技能，使受训者获得或提高某个方面的职业技能，而不是培训受训者的文化水平。从内容看，职业培训的内容是相关岗位或工种的技术业务知识和实际操作能力，而不是文化知识。

（三）职业教育培训

为适应国际社会、经济及技术发展的新趋势，联合国教科文组织提出了"全民终身技术与职业教育和培训"的新思想，试图将世界各国之间对技术与职业教育和培训的分歧统一起来，并在终身教育的框架内架构起与其他教育形态间的沟通与衔接，赋予当前技术与职业教育和培训以新的内涵。

"技术与职业教育"一词多见于联合国教科文组织的相关文件中。早在1962年，联合国教科文组织各成员国就一致通过了《关于技术与职业教育的建议》，对技术与职业教育的范围、定义、发展战略及其具体策略做了系统介绍。此后，该文件一再得以修订和重申。1999年，在韩国汉城召开的第二届国际技术与职业教育大会，通过了工作文件《终身教育与培训通向未来的桥梁》。在大会形成的《致联合国教科文组织总干事的建议》中，提出要拓展技术与职业教育概念，在各类教育与培训之间建立起新的联系，并建议联合国教科文组织总干事与国际劳工组织密切合作，形成"技术与职业教育和培训"的通用概念。

2001年，在联合国教科文组织《修订的关于技术与职业教育的建议》

中，对技术与职业教育的范围解释为，"具有技术与职业性质的，旨在确保所有公民均有终身学习机会的教育的各种形式和各个方面，无论它是在政府直接主管的教育机构之内，或是在教育机构管理之下提供，还是由私立机构或通过其他形式的有组织的教育提供"。"'技术与职业教育'是作为一个综合术语来使用的，它所指的教育过程除涉及普通教育之外，还涉及学习与经济和社会生活的各部门的职业有关的技术及各门科学，以及获得相关的实际技能、态度、理解能力和知识。技术与职业教育还进一步被理解为：（1）普通教育的一个组成部分。（2）准备进入某一就业领域以及有效加入职业界的一种手段。（3）终身学习的一个方面以及成为负责任的公民的一种准备。（4）有利于环境的可持续发展的一种手段。（5）促进消除贫困的一种方法。"

可以看出，联合国教科文组织的这一定义融通了职业教育和职业培训的思想，基于此，笔者认为职业教育培训是指"依据经济社会发展需要和职业岗位需求，由各级各类教育培训机构实施的，针对即将进入工作岗位的在校生、不同行业在职员工、各类转业或失业人员、城乡新生劳动力以及其他求职人员开展的，旨在提升劳动者就业创业知识和技能的培养与训练活动"。

（四）职业教育培训制度

职业教育培训制度是指国家为培养和提高从事各种职业的人们所需要的技术业务知识和实际操作技能而制定的政策法规。它涉及的对象有工人、农民、各种技术人员和管理人员以及将要参加工作和已经参加工作的人员。从我们国家的制度设计来看，主要包括技校教育、继续教育、职业技能培训、企业新型学徒制等。

技校教育从历史上看，与其他职业教育的不同，最核心的是直接服务于经济建设，为企业培养技术工人和技能人才，在培养技术工人方面最具适用性和专业性。1956年劳动部下发《关于试行中华人民共和国工人技术学校标准章程（草案）》，规定：技工学校培养目标是"能掌握一定专业的现代技术操作技能和基础技术理论知识的、身体健康的、全心全意为社会主义服务的中级技术工人"。

继续教育是面向学校教育之后所有社会成员特别是成人的教育活动，是终身学习体系的重要组成部分。《教育大辞典》中，继续教育是对已获得一定学历教育和专业技术职称的在职人员进行的教育活动，为学历教育的延伸和发展，使受教育者不断更新知识和提高创新能力，以适应社会发展和科学技术不断进步的需要。我国《关于改革和发展成人教育的决定》(1987)、《关于进一步改革和发展成人高等教育的意见》(1992)等比较一致地认为，"继续教育"专指"对具有大学专科以上学历和中级以上职称的专业技术人员和管理人员的再教育"。

职业技能培训是一种以劳动者为特定对象的劳动力资源开发活动；是一种以直接满足社会、经济发展的某种特定需要为目的的定向性培训。它通常是按照国家职业分类和职业技能标准进行的规范性培训。是直接为适应经济和社会发展需要，对要求就业和在职劳动者以培养和提高素质及职业能力为目的的专业知识教育和技能训练活动。通过职业技能培训，被培训者基本掌握某个领域或行业内完成特定工作的技能和工作方法。职业技能培训的种类包括：从业前培训、转业培训、学徒培训、在岗培训、转岗培训及其他类型职业性技能培训。职业技能培训是对接受培训的人员进行职业知识与实际技能的培养与训练活动，是劳动就业工作的重要手段，《劳动法》和《职业教育法》都明确了职业技能培训的内涵和法律地位。

企业新型学徒制是按照政府引导、企业为主、院校参与的原则，采取"企校双制、工学一体"的模式，即由企业与技工院校、职业院校、职业培训机构、企业培训中心等教育培训机构采取企校双师带徒、工学交替培养等模式共同培养学徒。2015年8月，人社部、财政部共同印发了《关于开展企业新型学徒制试点工作的通知》，制定了《企业新型学徒制试点工作方案》，2019年在试点基础上全面推开。

二 构成要素

职业教育培训的要素是指构成职业教育培训活动的成分和决定教育发展的内在条件。就职业教育培训实践活动而言，其构成要素有：(1)培训师资，即以其自身的活动来引起、促进培训对象的身心发生合乎目的的发展和变化；(2)培训对象，即以其接受教育培训影响后发生合乎目的的变化来体现教育培训过程的完成；(3)教育培训影响，是教育培训实践活动的手段，是置于培训师资和培训对象之间并把它们联系起来的一切中介的总和，如教材、教法、技术手段以及教育培训组织形式等。

（一）教育培训对象

职业教育培训对象与接受学历教育的学生存在很大差别，基本是已经工作或需要就业的人员，范围广泛、层次水平差异很大，凡是社会上有教育培训需求的人员，不分学历层次，不分地域，不分年龄，都可纳入职业教育培训实施对象范围内，如专业技术人员、技能人员、企业员工、大学毕业生、农村转移劳动力、城镇不能继续升学劳动力、下岗失业人员等。教育培训的成果最终要体现在培训对象的技能素质提升上，要根据不同层次、不同类别教育培训对象的特征开展教育培训活动，才能实现劳动者技能素质的实质性提升。面对专业技术人员，开展以知识更新和能力提升为目标的继续教育；面对技校学生，更注重通过校企合作、产教融合的培训模式实现劳动技能的提高，培养的一般为实用型劳动者；面对企业职工、就业重点群体和建档立卡贫困劳动力，都需要有针对性地开展技能培训，促进技能提升、促进就业脱贫。

（二）教育培训师资

教师是组织职业教育培训的主体，教师的能力素质是职业教育培训取得成效的重要前提。职业教育培训教师与普通教育教师不同，对实践操作的要求更高。国际劳工组织提出的高质量教师培训体系，包括12项职业教育培训教师的评价指标：接受过本科及研究生教育、岗前培训、职业能力训练；培训与产业的联系紧密；政策层面有意义的参与；具有企业家精神；具备性别包容性；灵活地以学生为中心的培训方法；运用新技术的能力；教学创新；核心技能；社会对话；维护劳动者权益；知识共享。职业教育培训教师队伍建设应该强调专兼结合，培养既能胜任理论教学，又能指导实践操作的"双师型"教师。

（三）教育培训影响

近年来，职业教育培训提出要实施"校企合作、工学结合、产教融合"的培养模式，如企业新型学徒制。这种培养模式真正发挥作用，需要有完善的法律法规、健全的校企合作运行机制，同时需要实现"专业设置与产业需求、课程内容与职业标准、教学过程与生产过程"三方面对接。在全民学习、终身学习的大背景下，强调个人能力的持续发展，各阶段学历的可衔接性，建立职业教育培训前、中、后的学历或相关工作经历的认证转换体系，可以提升职业教育培训的吸引力，开创多元的校企合作形态。联合国教科文组织指出："各个国家都需要有一个连贯的教育政策和协调一致的教育体系，技术与职业教育应是其中一个基本的部分。技术与职业教育应与其他教育建立紧密的联系，特别是与普通学校和大学，为学习者提供无障碍的通道。着重点应放在衔接、资格认定和承认以往的学习上，以增加他们的机遇。"

三　作用发挥

（一）可以有效促进经济发展的人力资本投资

职业教育培训是最直接有效的人力资本投资。20世纪30年代，美国经济学家沃尔什提出了人力资本的概念，后来经过美国经济学家舒尔茨等的完善，逐渐形成了一个对教育和经济发展产生重大影响的理论流派。"人力资本"学说认为，与其在生产中增加机械设备等方面物的投资，不如通过教育培训的投资来提高人的科学技术水平和能力，这是一种在发展生产中能取得最佳效果的最合理的投资。在一般情况下，通过教育形成的凝聚在劳动者身上的知识、技能和能力，体现在生产过程中，可以带来社会劳动生产率的提高，进而促进生产的发展和经济的增长。其中，由于职业培训与职业联系得最直接、最紧密、最深入，职业培训的市场化、产业化运作往往能使受训者以最小的成本获得最大的产出，因此，职业教育培训有可能成为现代社会最直接有效的人力资本投资。

（二）可以有效强化社会流动的文化资本赋予

"文化资本"是法国社会学家布迪厄社会学理论中的一个重要概念。布迪厄将资本分为经济资本、文化资本和社会资本三种基本形态。经济资本就是经济学所理解的那种资本类型，它可以立即并且直接转换成货币形式，通常以财产权的形式被制度化。文化资本具有很大的普遍性，因而在一定程度上可以称之为信息资本，它通常以教育证书的形式被制度化，在某些条件下能够转换成经济资本。社会资本则是个人或者群体凭借一种相对稳定、彼此熟悉并且在一定程度上制度化的关系网络而积累起来的资源总和。制度化形式的文化资本以"文凭"或者"资格证书"的形式存在，它将个体的、具体化的文化资本通过一种社会公认的学术资格转化为社会的、客观化形式的文化资本。在一个开放型的社会中，教育更多地执行着文化资本赋予的积极功能,是促进社会流动的动力机制。正是教育以及通过不断接受教育积累起来的文化资本强化了不同阶层人们的社会流动。

(三) 可以有效救治失业问题的社会福利政策

20世纪60年代,特别是自80年代以来,为了缓解日益增长的财政危机,克服传统福利国家政策的种种弊端,不少西方欧美国家纷纷对传统的社会福利政策进行改革,变消极的社会福利制度为积极的社会福利制度,将"福利"转变为"工作",即通过在经济、教育、培训等领域的政府投资和个人投资,提高福利受益人进入劳动力市场的能力。工作福利的干预方式分为两种:一是对劳动力供给的干预,帮助领取社会福利者克服就业障碍,鼓励他们寻找工作;二是对劳动力需求的干预,鼓励雇主更多地雇佣领取社会福利者,并通过人力资本投资提升领取社会福利者的雇佣价值。在工作福利的具体政策上,主要采取以下一些措施:一是通过发放就业补贴、提供教育培训、增加工作岗位等手段,为领取社会福利者提供更多的工作机会;二是通过教育培训、就业咨询服务等,改变那些长期领取社会福利者的态度和动机;三是通过税收改革和福利待遇调整,从政策上更加明确地激励社会福利的申请者积极地利用各种工作机会。

(四) 可以有效维护公平正义的社会公共服务产品

英国社会学家马歇尔认为,公民权分为公民权利、政治权利和社会权利三个组成部分,公民权利"由个人自由所必需的权利组成,包括人身自由,言论、思想和信仰自由,拥有财产和订立有效契约的权利以及司法权利";政治权利是指"公民作为政治权力实体的成员或这个实体的选举者,参与行使政治权力的权利";而社会权利则包括"经济福利和保障的权利以及充分享有社会财富的权利,并根据社会通行的标准而过上一种文明的生活",与其密切联系的是教育体制和社会公共服务体系。社会的公平正义是建立在人的全面发展基础之上的,而人的全面发展要通过人的能力不断提升来实现。职业教育培训是一种公共产品,在维护社会的公平正义方面发挥着举足轻重的作用。通过职业教育培训提高处于弱势地位群体的自我发展能力,是实现每个人发展进而实现整个社会健康发展的前提和关键。

第二节 职业教育培训制度的国际经验

经过多年的发展,世界主要国家已经建立了较为完备的职业教育培训制度,其中以德国"双元制"职业教育,德国、英国、澳大利亚和美国新型学徒制,英国公共部门专业化人才培训机制,以及英国、日本和澳大利亚等国家的工程师继续教育制度最为典型,对于推进我国职业教育培训制度改革具有重要的参考价值。

一 德国"双元制"职业教育

(一)形成与发展

20世纪初,德国颁布《手工业者保护法》,确立手工业协会社团组织和非学校类型职业培训(源于中世纪的传统手工业学徒制)的法律地位,并进一步规定只有获得资格证书的师傅才能被授予培训徒弟的权利。非正式学校的职业培训模式,成为德国职业教育"双元制"的"一元"。从1895年到1914年,德国对各类进修学校进行了集中改革,包括显著地扩大职业定向范围、强制实行统一的进修培训新模式以及促进学校与企业紧密结合等。改革后的进修学校成为德国职业教育"双元制"的又"一元"。到20世纪30年代,进修学校已成为被大众普遍认可的学习场所。

20世纪中叶,受"科学管理"思想影响,企业培训不断改革完善。一些专门机构如德国技术学校委员会、德国技术工人培训学院和职业培训工作委员会逐步建立。"职业学校"这一标准名字被广泛使用。德国联邦政府对企业培训指导和规制进一步强化,标准的课程体系、培训体系以及对培训基金的管理办法等逐步健全。特别是随着"专业工人"概念的引入,产生了以职业资格为导向的新的培训类型。各方面认为,这是德国职业教育"双元制"体系框架的核心。

1969年8月,德国颁布和实施《职业教育法》,标志着德国职业培训传统时代的结束和"双元制"职业教育新纪元的开始。1972年,德国联邦政府在联邦范围内对企业内部培训和各州职业学校培训的课程结构进行了协调,构建起从学徒工培训到中等、高等职业教育以及在职培训一个严密的职业教育网。1981 年，德国颁布《联邦职业教育促进法》，对职业教育规划、统计、职业教育研究以及联邦职业教育研究所在职业教育领域里的法律地位做出了明确规定。2005 年 4 月，为应对经济全球化背景下职业教育所面临的挑战与机遇，德国修订颁布了新的《联邦职业教育法》，进一步明确联邦政府与州政府在"双元制"职业教育的职责任务，即联邦政府负责"双元制"中企业内的职业教育；州政府负责"双元制"中学校职业教育以及其他全日制职业教育。2007 年 4 月，为改善数据采集和统计效率、提高职业教育体系的透明度，再次对《联邦职业教育法》进行了修订。

（二）内涵和主要特征

在文献研究中，对所谓"双元制"（Dual System）比较一致的表述是在国家法律约束下，由企业作为"一元"与职业学校作为另"一元"合作培养技能人才的一种职业教育制度。其主要特征是"双元合作、企业主体、教育调节、育人为本"。（见表6—1）

在"双元制"职业教育体系中，企业是实施主体，其主要职责任务是按照德国《职业教育条例》规定的全国统一的资格标准及相关教学内容，根据经济、社会和企业发展的需要招收学生，与学生签订有效期与学习年限一致的《职业教育合同》，确保学生的年限和学习时间。合同内容包括学习专业、学习年限、起止时间、学习内容、试用期、生活津贴（涵盖医疗、失业、养老、工伤保险，性质为津贴，无须纳税）等。依据职业的不同，学习年限分为 2 年、3 年或 3.5 年三种。学生学习结束通过行业协会的考试获得行业协会颁发的职业资格证书后，合同即终止。企业承担学徒在企业或跨企业培训中心的培训费和学徒生活费用，职业学校的费用由国家及州政府划拨。

需要说明的是，在德国，只有经行业协会按照《联邦职业教育法》的资质标准审查认定后的企业，才能开展"双元制"职业教育。这样的企业被称为"教育企业"。（见表6—1）

表6—1　　　　　　　　　德国"双元制"教育的特征

	企业学习	学校学习
学习地点	企业，每周3—4天	职业学校，每周1—2天
法律基础	联邦职业教育法、手工条例	州学校法、各州与联邦政府教育相关协议
教学文件	全国统一的《职业教育条例》，包括《企业职业教育框架教学计划》，即企业课程	《学报职业教育框架教学计划》，即学校课程
学习内容	基于工作过程的行动民向的职业实践的学习	三分之二为基于工作过程的专业知识的学习，三分之一为普通文化知识的学习
学生身份	受教育者（准学徒）	学生
教师类型	企业教师（企业雇员）	学校专业教师（国家雇员）
考试考核	行业协会（全国统一，行业协会主持）	职业学校
证书种类	国家认可的专业的技术工人证书（全国统一，公法范畴）	职业学校结业证书，企业学习证书
经费投入	企业（企业教师、受教育者的生活津贴、实训设备等），约占总投入的三分之二	国家—州政府（学校教师、部分教学设备等），约占总投入的三分之一
检查监督	行业协会	教育督导（州政府）

（三）基本原则

一是双元性。在体系框架设计上，既体现职业教育培训实施主体、施教机构的双元结合，也体现课程体系、培训内容和培训过程、质量保障的双元结合；在管理体制和运行机制上，既体现实践与理论的结合、工作与学习等微观层面上的结合，也体现经济部门与教育部门的结合、劳动市场需求与职业教育供给等宏观层面上的结合。

二是协调性。即兼顾与职业教育相关的各个利益群体的多样诉求，包括雇主和雇员、企业和学校、施教机构和行业组织以及联邦政府和各州（市）政府。德国的实践表明，凡是事关"双元制"职业教育改革与发展的重大决策，都需要各个利益群体共同参与、协调一致、达成共识。

三是差异性。根据职业特点和受教育者情况，不仅给予"被社会忽略的人群"（学习能力较差的弱者、残疾人以及移民和女性等）提供更多接受职业教育的机会；而且通过实施"职业英才计划"以及优秀毕业生嘉奖等激励政策，培养造就高素质技术技能型人才。

四是职业性。坚持职业能力本位的教育目标，以职业需求为专业设置依据，以工作过程为课程开发主线，以行动导向为教学实施原则，以职业资格为考试考核的基本准绳，核心是开发"个体在职业、社会和个人情境中能正确地思考并能在行动中承担个体责任和社会责任的行动能力，包括专业能力、方法能力和社会能力"。

（四）治理模式

1. 联邦政府

联邦教育与研究部是德国政府处理职业教育基本问题和跨部门问题的最高主管机构，发挥着职业教育总体协调和政策主导的作用，其主要职责是《联邦职业教育法》的执行；《企业职业教育促进法》的执行；职业教育年度报告的编制；联邦职业教育研究所的监督与经费投入；职业教育研究与改革项目的实施。

联邦经济与技术部是德国政府颁布国家承认的职业教育专业目录及《职业教育条例》的主要主管机构。2013年3月德国颁布的国家承认的344个专业中，由联邦经济与技术部颁布的专业及《职业教育条例》达330个，占总数的95%以上。其他的专业目录则由相应的专业部门颁布，如联邦营养、农业与消费保护部颁布了涉农14个专业及相应《职业教育条例》。

联邦劳动与社会部是德国政府促进劳动就业的主管机构，所涉及的职业教育的主要职责为促进职业教育和职业继续教育的发展，包括职业咨询、职业指导和职业教育中介服务等各种措施，以确保德国职业技能人才的高质量，使德国在国际竞争中处于有利地位。

2. 州政府

在各州政府设立州职业教育委员会，由州级行业协会、雇主协会及企业主协会共同聘任雇主代表、州级工会和以社会福利及职业政策为宗旨的雇员独立协会聘任的雇员代表以及州级最高部门的代表，以相等人数组成。州级最高部门的代表中一半须为学校教育问题专家。其任务是就本州职业教育问题向州政府提供咨询，并在其任务范围内致力于不断提高职业教育质量；同时，为实施全国统一的职业教育，各州委员会要致力于学校职业教育与企业职业教育的合作，并努力在学校教育事业的创新和发展中顾及职业教育。

根据德国宪法规定，文化、教育主权在各州，所以主管职业学校的是各州文化部。由其部长组成的"各州文教部长联席会议"根据与联邦政府签订的各项教育框架协定，按照联邦政府制定的《职业教育条例》，制定与之匹配的职业学校使用的《职业教育框架教学计划》。

3. 行业协会

行业协会在"双元制"职业教育体系中承担着公法范畴赋予的任务，发挥着不可替代的作用。其主要任务是提供职业教育咨询，监督企业职业教育运行，确定企业及其负责人的职业教育资格，保存并登记《职业教育合同》，组建由雇主、雇员和职业学校教师构成的职业教育考试委员会，实施职业教育考试。

（五）趋势与挑战

1. 发展趋势

一是在工程教育中导入"双元制"理念和办法。在德国高等工程教育领域，有两种院校采用了企业与学校联合培养工程人才的"双元制"模式。其一为以培养工程师为目标的"应用科学大学"（University of applied sciences，又译为"专业大学"），其部分专业采取了企业与学校联合实施教学的"双元"教程；其二为以培养工程师为目标的"职业学院"（Berufsakademie），完全采取学校学习与企业学习三个月一轮换的"双元"教学模式。

二是制定和实施国家资历框架。2012年，德国颁布了《国家资历框架》（Deutsche Qualifikations Rahmen，DQR）。"框架"共8级。其中所有2年制的职业教育（职前）证书对应于《国家资历框架》第3级，所有3年和3.5年的职业教育证书对应于第4级，而技师、专业经济师（Fachwirte）和技术员则对应于第6级，即学士层级。《国家资历框架》的建立，不仅使"双元制"职业教育进一步融入欧洲教育体系，而且将"双元制"职业教育由中等职业教育层次发展至高等职业教育层次。

三是深化"双元制"职业教育改革。目前德国联邦政府正在推进《职业教育法》工作。新修订的《职教法案》内容包括依法确立学徒报酬最低限额制度。规范职业晋升性进修（高级职业资格的职业教育）并提高透明度,明确职业晋升性进修分为三个层次并实施统一、新的职业进修文凭名称和资格层级,分别为职业专家、职业学士和职业硕士,职业学士和职业硕士与德国高等教育的学士和硕士学位等值。增强"双元制"职业教育灵活性,增加非全时制接受企业实践教育时间以及缩短职业教育学习时间并提前毕业的可能性。增强职业教育内部的融通性,明确并简化学习成果认定和折算程序,同时扩大"双元制"体系之外人员参加行会考试的机会,降低考试准入门槛并简化准入程序。完善职业教育考试质量保障,增强职业教育考试委员会考试实施和评价工作的灵活性,提高考官这一荣誉性工作的吸引力。

2. 面临的挑战

德国《2019 年职业教育报告》提出,当前德国职业教育主要面临以下挑战:一是人口结构变化导致职业教育的潜在目标群体减少,保障经济社会发展专业人才未来面临巨大挑战。2017 年德国普通中学毕业生(9 年级、10 年级及 12 年级或 13 年级)仅为 83.18 万人,10 年间减少 13.32 万人。根据预测,到 2025 年将进一步减少到 77.23 万人。二是职业教育依然面临职业教育岗位供给与需求的匹配性不足,且区域间和行业间差别较大。企业提供学徒岗位中闲置岗位继续增加(2018 年 5.77 万个)的同时,无着落的学徒岗位申请者(既未找到学徒岗位也无其他替代教育机会)增加(2018 年达到 2.45 万人)。企业特别是小微企业招收学徒难度增加,不利于保持企业参与积极性。三是职业教育中各教育职业(专业)间男女性别分布不均并呈加剧趋势。"双元制"职业教育中男性进一步增加,女性进一步减少;健康、社会工作及教育类职业的学校型职业教育中女性比例不断增加;大部分职业表现出较高"男性"或"女性"化特点。

(六) 各方面评价

1. 德国政府

德国政府认为,"双元制"职业教育基于企业工作过程的学习,有利于职业资格紧跟技术发展的最新水平;而基于国家统一标准的学习,则有利于个性需求实现就业创业的生涯发展。可以说,"双元制"职业教育培养的高素质的德国专业技术工人,是高质量"德国制造"的保障。"双元制"职业教育,不仅是德国经济发展的基石,而且也是德国教育体系的"旗舰",还是在世界范围内减少青年失业率的希望。

2. 其他国家

其他国家认为,德国"双元制"职业教育是职业教育改革与发展的样板,是青年就业的最佳准备,也是经济稳定的磐石。与德国开展职业教育合作的国家遍及全球。欧盟委员会采取了多种措施促进欧洲各国引入德国"双元制"职业教育。世界经济合作与发展组织于2013年7月在德国莱比锡"世界技能大赛"期间发布了题为《超越学校的技能》的德国职业教育评估报告,指出与其他工业国家相比,德国青年人的低失业率要归功于先进的德国"双元制"职业教育。"双元制"职业教育是职业生涯最佳准备的教育,它使青年人获得了与劳动市场相适应的职业资格及相应的工作,不仅实现了从学校到就业的"无摩擦"的平稳过渡,而且为实施职业继续教育,尤其是高中后职业教育打下了坚实的基础;建立在高中阶段的"双元制"职业教育基础上的德国专业学校,是德国高中后培养技师、专业经济师和技术员的职业教育,其毕业生失业率在世界经济与合作组织成员国中也是最低的。

3. 经合组织

从国际教育分类标准来看,鉴于德国专业学校是对中等职业教育(高中阶段职业教育)毕业生,而非普通高中教育毕业生实施的高层次或高级的职业教育(也就是高等职业教育),经合组织认为,德国除了应为高中阶段职业教育毕业生提供更多进入普通高等教育学校的机会之外,还应该进一步关注专业学校的发展。

二 典型国家新型学徒制

(一)德国"双元制"模式

这是现代学徒制的国际典范,是由企业和职业学校按照企业人才需求,"双元"联合培养、共同组织教学和岗位培训的制度,它的最大特点是企业本位。学徒一般每周1—2天依据教育主管部门制定的"框架教学计划"在校学习理论,3—4天依据行业组织制定的全国统一的"职业培训条例"在企业学习专业技能。

1. 培训领域

德国的双元制培训是按照受国家认可的"培训职业"来开展的。联邦职业教育研究所每年会定期出版国家承认的《培训职业目录》,受承认的培训职业及其培训条例都是随劳动力市场的需要而变动的，但有一套严格的新增和修改程序。目前，德国共有约 350 个受承认的培训职业。这些培训职业分布在以下 13 个职业领域：（1）商业与行政管理；（2）金属加工技术；（3）电气工程；（4）建筑工程；（5）木材工程；（6）纺织工程与制衣；（7）化学、物理与生物；（8）印刷技术；（9）色彩技术与室内装饰；（10）保健；（11）身体护理；（12）营养与家政；（13）农业。

2. 开展情况

双元制是被纳入德国正规教育体系中的，它是与普通教育并列的一种教育和职业生涯发展选择，并且占据了德国职业教育体系的半壁江山。德国有近 80% 的人接受了职业教育，其学生在小学毕业、中学毕业、普通高中毕业以后一共有三次机会可以选择就读职业学校或是传统院校。从教学实施上看，德国双元制的教学主体是企业的实践，学生每周大约 3—4 天在企业实践，1—2 天在职业学校学习。在整个双元制培训期内，学徒要经过中期考试和结业考试两次大考，由专家组成的考试委员会统一主持，包括笔试和实际操作。通过结业考试后，学徒即可获得由行业协会颁发的全国认可的职业资格证书。根据培训条例规定，不同职业的学徒受训期在 2 年至 3 年半之间，平均为 37.7 个月。不过，由于各种原因，实际的学徒期往往比计划的短，平均为 35.5 个月。学徒的津贴由各行业集体协议决定，通常为该职业熟练工的 1/3，到双元制的最后一年，学徒的津贴可以达到熟练工的一半。各行业之间的差距比较明显。德国的企业并没有提供双元制的法定义务，它们提供双元制培训岗位完全是出于"自愿原则"的。

3. 制度保障

德国以 1969 年的《职业教育法》确定了双元制的法律地位。该法案包括了 9 个部分：（1）一般条款；（2）初级入门培训的关系；（3）职业培训的组织；（4）职业培训委员会；（5）职业培训研究；（6）特定经济行业和职业的特殊条款；（7）关于要受到关押或罚款处治的犯罪行为的条款；（8）修订与废除；（9）过渡性和终结性条款。这部法律对双元制组织实施的各个方面都提出了明晰的规定，其中第二、三部分是该法案的核心部分，反映了德国职业教育体系的双元性。

职业学校的教学则要遵守各州制定的学校法规。《职业教育法》和各州颁发的《学校法》是规范德国双元制最重要的两部法律。此外还有一些其他法律法规，也在不同方面和不同程度上起到规范德国双元制的作用。

4. 组织管理

德国双元制强调"利益协调"的原则，它整合了所有相关利益者的利益，在双元制实施的各个层面，相关利益者共同承担双元制的规划、实施和改善责任。在联邦层面的重要机构是联邦教育与研究部、各经济领域的相关部委以及联邦职业教育研究所；在州层面的重要机构是各州教育与文化事务部、各州相关经济部门，以及联邦德国各州教育与文化事务部部长联席会；在行业和地区层面，行业协会发挥着重大作用；最后，提供培训的公司和职业学校则是双元制教学的最直接提供者。

5. 经费机制

学徒在双元制中不用交学费，所有教育成本是由双元制的三个培训主体承担的，企业、职业学校以及跨企业培训中心。这三个培训主体的经费来源各不相同。

企业内培训的费用包括学徒津贴、实训教师工资、设备和材料费以及教学资料等其他费用四大部分。原则上，这些费用完全由企业自己承担，在一些特殊情况下，企业可以得到政府的补助，如接收残疾青年、濒临倒闭等。

职业学校的成本可以包括职业学校的硬件建设费用以及教师工资两大部分，全部是由各州的州政府以及地方教育主管共同承担的。其中，州政府承担教职工的工资和养老等人事费用，地方教育主管承担校舍与设备的投入、日常维护及管理费用。

根据1973年的《跨企业培训中心资助条例》以及1978年的《保证跨企业培训中心经常性费条例》，从1974年以来，联邦政府、州政府以及联邦劳动局每年都向跨企业培训中心提供培训补贴。另外，行业协会也向跨企业培训中心提供一部分经费支持。

（二）英国"三明治"模式

这种模式通过学校或培训机构自制教学计划，学徒以"学习—实践—学习"的产学结合模式实施教学的制度，它是国家主导的现代学徒模式。现代学徒制体系分为中级、高级与高等学徒制三种级别，学徒采用一段时间在校学习，一段时间在企业实习和工读交替进行培训的机制。

1. 培训领域

当前英国的学徒制涵盖十大领域：（1）农业、园艺及动物养护；（2）艺术、媒体与出版；（3）商业、行政管理与法案；（4）建筑、规划与环境；（5）教育与培训；（6）工程与制造技术；（7）保健、公共服务与护理；（8）信息与通信技术；（9）休闲、旅游与观光；（10）零售与商业。每个大领域下又包含若干子领域，十大领域总计包括108个子领域，每个子领域中又包含若干职业岗位。学徒制是按子领域进行划分类型的，然后再根据子领域中所包含的职业及其对应的国家职业资格层次，划分学徒制的层次。最终，学徒制项目是以某一子领域中的某种层次的项目的形式出现的。

2. 开展情况

英国在1993年政府预算报告中正式宣布了现代学徒制培训计划，以期解决其中等水平人才严重缺乏的问题，2004年5月，宣布实施彻底的学徒制改革，取消了原来对年龄的限制。英国学徒制的参加人数逐年增加，但大部分都不是直接从学校毕业的学生，而是已经就业的人。根据学习与技能委员会统计，2006年，有77%的学徒都是已就业者。在16岁至18岁的青年中，选择学徒制的比例依旧不高，仅占6.3%左右。企业参与学徒制的情况也不容乐观，约有10%的企业提供了学徒制，在私有经济领域，最多也仅有13万个企业雇用了学徒。在英国，并没有独立的学徒制资格证书制度，但是在顺利完成学徒制的学习之后，学员可以获得三类与学徒制框架相对应的认证资格，分别是技术证书、国家职业资格和关键技能资格。在对学徒的学习效果进行考评时，除了正规的书面测试，还有在工作场所进行的能力本位测评方法（在模拟的工作情境中，对学徒的技能、能力和熟练程度进行测试；对学徒在正常工作环境中的表现进行观察；有选择地对学徒自然工作状态下的表现有重点地进行考察）。

3. 制度保障

英国现代学徒制的法规框架相对较为单薄。自1814年《工匠学徒法》废止后，便再没有出台专门针对学徒制的法案。1964年的《产业培训法》是当前英国开展包括学徒制在内的各种企业培训的主要法律依据。1973年的《就业与训练法》以及2000年的《学习与技能法》也有相关内容涉及。另外，在法律上，英国的学徒身份是企业雇员，因此，在有关学徒与雇主的劳资关系上，英国企业要遵守英国相应的劳动法规，如《就业法》(1988)、《工会和劳动关系（统一）法》(1992)、《社会保障缴款额和津贴法》(1992)等。教育机构开展职业教育，则主要依据的是 1988 年的《教育法》、1992 年的《继续教育和高等教育法》和 2008 年的《教育与技能法案》等。总之，英国学徒制的开展，并没有全面、单独的综合法案而依，而是根据散落在各种教育、经济和劳动法案中的条款开展的。1993 年"现代学徒制"以来的一系列学徒制改革，都是以"项目"形式开展的，英国政府没有赋予这一系列改革明确的"法律框架"。

4. 组织管理

英国现代学徒制的组织与管理体系可以分为四个层面：创新、大学与技能部以及儿童、学校与家庭部总体负责学徒制改革；学习与技能委员会、行业技能开发署与行业技能委员会以及资格与课程署分工负责各学徒制项目的开发与管理；由各个学习与技能地方委员会及各颁证机构在地方层面具体管理学徒制的实施；学徒制的教学最终是由培训机构与雇主共同承担的。

5. 经费机制

英国学徒制的成本主要包括两大类：培训费用和学徒工资。它的成本分担机制如下：(1) 学徒不支付任何费用，并由雇主支付其工资。英国目前的规定是，受雇的学徒工资不能低于每周 95 英镑。不过据调查，学徒平均的周薪为 170 镑，最高的是电子技术行业，为每周 210 英镑；(2) 学习与技术委员会根据学徒年龄支付比例不等的培训费用，它为 16—18 岁的学徒支付全部培训费用，为 18—24 岁的学徒支付 50% 的培训费（剩下由雇主承担），对 25 岁以上的成人原则上不提供培训经费，但可以通过特殊项目申请补助。还要注意的是，学习与技术委员会只为完成学徒制框架的必须培训提供经费，其他额外增加的培训则需要培训机构或雇主自己承担经费。

（三）澳大利亚"新学徒制"模式

这种模式通过国家统一制定的资格框架、质量框架及培训包，行业或企业增设特色内容，企业与学校共同合作来完成教学任务，它的最大特点是以政府与企业为本，学徒 80% 的时间在行业或企业的工作场所学习，只有 20% 的时间是在学校学习。

1. 培训领域

澳大利亚传统学徒制主要集中于就业比较狭窄的工艺技术或相关职业，诸如木匠工、水管工人和其他建筑行业；金属制造、汽车生产和其他产业部门；电工和其他电力行业；蛋糕师、烹调师和其他食品行业；美容美发行业等。而新学徒制则是把学徒式的培训扩展到传统行业之外的职业领域中去，以扩大培训范围，提高全澳劳动力市场的培训质量。到 2007 年 3 月，传统行业中的新学徒只占 40.9%，非传统行业中新学徒达到 59.1%。今天新学徒制的职业结构比历史中任何一个时期都更接近于劳动力市场中的整体职业结构。

2. 开展情况

1998 年，澳大利亚把之前的传统学徒制和国家培训生制融合在一起，统称为澳大利亚"新学徒制"，也被称为"学徒培训和受训生培训"。"新学徒培训制"是澳大利亚联邦政府为了帮助青年人、学校辍学者和失业者重返劳动力市场，为满足经济建设对人才的需求，提高就业市场的灵活性而推出的重大举措。"新学徒培训制"的实质是把实践工作与有组织的培训结合起来，将实际操作与层次分明的培训课程有机结合，颁发全国认可的学历资格证书。澳大利亚"新学徒制"要求雇主与学徒签订培训合同，合同需要在相关州或是领地培训局注册。培训学习的形式分全日制和非全日制，学徒除了在企业培训学习，雇主还要在有限的时间内将学徒送到技术与继续教育机构里进行学习，主要以 TAFE 学院为基础，社会各类培训机构共同参与，培训的项目及依据标准是全国统一的澳大利亚资格框架（Australian Qualification Framework）和在框架下的培训包（Training Package），各类培训机构和 TAFE 都是根据这两个标准来开展培训和设置课程，依据培训合同的相关规定使学徒达到行业、企业的职业能力标准，培训结束获得全国认可的资格证书。其实质是把实践工作和有组织培训融合在一起，把实践操作和培训课程结合起来，更适应经济社会的发展。

3. 制度保障

1951 年，澳大利亚公会联盟和劳动协会联盟共同提出对职业培训进行立法的请求。1967 年，联邦经济部起草了《职业培训法》草案，1969 年被批准，成为澳大利亚最早的《职业培训法》。1976 年，联邦经济部成立了一个由工业方面的专家和政府有关部门的官员组成的"工作组",并授予其修改《职业培训法》草案的权力。1978年,由联邦经济部制定的《职业培训法》修正案被国会通过,奠定了学徒制的法律地位。1990年澳大利亚颁布了《培训与保障法》,有效地保证了政府、企业、行业对新学徒制的关注和参与。

4. 组织管理

组织上,从国家培训局到各个行业顾问委员会、学校管理委员会,其成员主要由行业代表组成,通过培训政策的制定、行业标准认证框架的建立、拨款等措施,确保职业教育和培训的质量,并最大限度地满足行业的需要。为了使新学徒制得到良好的发展,澳大利亚各州和地区设立了300多所新学徒制培训服务中心。服务中心免费向社会提供服务,帮助培训机构(企业或公司、职业学校)和学徒双方达成培训协议,获得政府的财政资助。在新学徒制中,学徒培训主要由澳大利亚各州和地区内的TAFE学院承担,也可以在其他提供职业教育与培训的学校和场所完成。TAFE是行业主导的由政府、社会和学校相结合的、相对独立的、多层次的综合职业技术与培训机构,是澳大利亚职业教育与培训的主力军。

5. 经费机制

澳大利亚是以市场为导向,采用商业化拨款的方式运营新学徒制的。政府按照学徒人数、培训质量以一定的标准支持和激励学徒制教育,企业雇佣学徒,支付的工资较低,学徒的培训费、福利、其他保险等都由政府来支付。职业学校面向社会的资金市场,利用市场化运作机制,竞争政府商业化拨款的资金,同时吸引行业、企业的资金投入,不断提高职教资金利用率。

(四)美国"注册学徒制"模式

美国实行的是注册学徒制(Registered Apprenticeship),是指经过注册的学徒按照既定的培训计划,在讲师和熟练工人的指导和监督下学习理论知识和生产技能并参加生产劳动,达到规定要求而获得"熟练工种"资格认证、相应岗位就业机会以及进入更高层次学校继续学习的资格。美国劳工部将注册学徒制的特点总结如下:注册学徒制是一个培训系统,致力于为特定的行业或工厂培养高技能的员工;注册学徒制将在职培训和课堂教学相结合;联邦和州政府要确保为每个行业制定清晰的学徒标准、培训课程和可衡量的学业指标。这种模式是把课堂学习与生产中的工作经验、学习相结合的一种结构性教育策略，它的最大特点是以工作为本。根据学徒所要从事职业的岗位能力出发，确定能力目标，而能力目标由若干子目标构成，并由若干个企业承担培训工作，培训课程注重专业性与实用性并重。

1. 培训领域

美国自 1937 年率先在建筑业和制造业推行注册学徒制教育培训制度，迄今已经覆盖 1000 余种职业领域，培养出大量具有合格从业技能的从业人员，传统的建筑和制造行业仍然是美国当前职业教育最热门的领域。2002—2013 年 12 年间，每年约 5 万人完成了注册学徒制职业教育和培训，成为美国建筑、机械制造、交通运输等行业的生力军和骨干力量，在美国经济复苏和实体经济发展中发挥了重要作用。美国注册学徒制在国内各个州的运行情况差别极大，受各州人口总数、经济水平、工业化程度等因素，以及各州政府对职业教育的重视、管理、扶持力度的影响，职业教育发展规模、速度存在一定区域差异。

2. 开展情况

美国注册学徒制一般要求学徒申请者在 16 岁以上（危险职业必须在 18 岁以上），拥有高中毕业文凭或同等学力。但实际上，学徒工的注册年龄为 25 岁左右。他们往往是拥有操作技能或其他目标职业相关技能的中学毕业生，也有部分大学毕业生、社会失业人员、转业人员等。其中，2/3 的学徒工来自建筑和制造行业，其他的来自电子、服务、公共管理、医疗保健等行业领域。

学徒期依工种不同介于 1—6 年，通常为 3—4 年。学徒工的培训工作由企业和学校共同承担，培训的全过程由"现场操作"和"理论学习"相结合。每年，学徒工大约要完成 2000 小时受监督的在岗培训任务和至少 144 小时的理论学习任务。学徒工学习技能的同时为雇主提供劳务并获得相应的劳动报酬，学徒期第一年的报酬一般为熟练工工资的 40%—50%，之后逐年上升，最高可达熟练工工资的 90%。

培训结束后，学徒工的职业能力通过学徒制管理部门的认可后方可结业，并取得州学徒制事务局或劳工部颁发的资格证书。同时，如果完成学徒制计划的学徒工也修足了相应专业的理论课程学分，其还可以获得一个两年制或四年制的学位。这种学位和操作经验均具备的学徒在求职乃至未来职业发展过程中自然就占据了有利的竞争地位。

3. 制度保障

1937 年，《美国学徒法案》（*National Apprenticeship Act*）为美国的学徒制奠定了基础，如今，学徒制的基本环节依然没有发生变化。注册学徒的培训涉及很多利益相关者，从学徒、企业雇主到劳工组织、劳动力管理服务机构、教育部门等。如何保证参与各方具有清晰明确的责任，平衡相关各方的利益，至关重要。美国从联邦到州、从管理实施层面到技术资源层面，都围绕注册学徒培训制定了一系列规章制度，且这些规章制度的制定遵循着自下而上、不断修改的规则，充分尊重有关各方的利益。可以说，完善的规章制度是美国学徒培训长期吸引各方参与其中，并使各方受益，进而取得成功的前提条件。

4. 组织管理

注册学徒制的组织管理主要由企业雇主、社区学院、州立学徒制事务局和一站式就业指导中心四个基本要素组成，这些要素在美国学徒制法规和劳工部的监管下各司其职，共同协作完成注册学徒制的课程计划。

企业根据事先的协商与相关规定，与学徒工签署协定，并在州立学徒制事务局或劳工部学徒制办公室备案。企业参与制订学徒制课程计划，根据自身的需求提出具体的设计规划方案。在具体的培训实施过程中，企业起主导作用，不仅负责开展全部的在岗培训，还对学校开展的理论课程教学进行指导。在实施在岗培训时，企业会分配一个相应行业领域的熟练工人作为师傅，指导学徒工进行现场操作。

公立社区学院是为学徒工提供理论课程教学的主要教育机构，此外还有部分四年制普通大学、技术学院、私立学校以及社会团体等机构。按照相应注册协议的规定，并根据企业雇主与学徒工的需求，社区学院提供相应行业专业领域的理论课程，主要包括数学、图纸阅读、应用英语等基础课程以及与特定岗位相关的高级技能课程。理论课程的教学活动一般在社区学院的教室或实验室进行，与企业的在岗培训同步交替进行，安排在工作日的夜间或休息日的白天，一般每周要进行 4—6 个小时。理论课程的教学对授课教师的要求更高一些，其不仅仅要具备相应课程领域深厚的理论知识，还要了解相应行业领域的实践知识。学徒工在社区学院发生的与理论课程学习相关的学杂费和教材费等开销，也由企业雇主提供资助。此外，在学徒制管理部门给学徒工颁发结业证书的基础上，社区学院还为获得相应专业理论课程足够学分的学徒工提供申请副学士的机会。

州立学徒制事务局负责协调劳工部与本州注册学徒制培训的开展，具体负责本州学徒制协议的注册、结业证书的发放等工作，同时组织与指导企业与学校等机构共同开发不同行业领域的学徒制课程方案，并指导实施工作。未设立该机构的州，其相应工作则由劳工部学徒制办公室负责组织实施。根据相关法律规定，学徒制协议必须要在相应的州立学徒制事务局注册备案。协议需对学徒工所需要学习的技能、课程的选择、熟练工与学徒工的比例以及在不同阶段的薪资等做出详细规定。协议各方在州立学徒制事务局的监管下按规定执行各自应尽的职责与义务。

一站式就业指导中心是附属于学校或社区的就业服务中心。作为职业咨询服务部门，它是提供个体就业指导和单位招聘服务的信息集散地和枢纽。美国大部分州都有若干个一站式就业指导中心，有的设在大学或社区学院，有的位于当地社区。在美国注册学徒制的运行中，一站式就业指导中心对学徒工培训就业信息的咨询、企业雇主募集学徒工信息的提供、州立学徒制事务局相关业务的开展等有着重要的辅助作用。在一站式就业指导中心的协调下，企业雇主和学徒工个体可以建立更加透明的联系纽带。

5. 经费机制

美国劳工部继 2015 财年为"美国学徒行动"（American Apprenticeship Initiative）投入 1.75 亿美元经费后，2016 财年又投资了 0.9 亿美元用于扩展该计划。许多州也都增加了经费，为员工提供技术援助和税收抵免等。但在学徒计划上投资最大的还是企业本身。在学徒制框架中，各企业根据自身的需求灵活地采用学徒模式，因此，学徒计划在时长和成本上有很大的差别。一项调查显示，在企业中时间最长的项目持续了 4 年多，最短的则是 1 年；如果不计启动成本在内，学徒的人均成本最高为 25 万美元，最低则不到 2.5 万美元。对于所有企业来说，学徒在培训期间的薪酬成本是主要的成本花费，其他重要的成本还包括培训启动、学费、教材、导师的时间和管理费用。企业雇主资助学徒制的动力主要是因为其可以从中直接获得满足自身需求的熟练技术工人，节约成本成为学徒工培训的最终受益者。

上述这四种比较成熟的现代学徒制模式中，德国和美国的学徒制模式是企业或工作本位之外，英国和澳大利亚的学徒制模式则是突出了政府在现代学徒制中的主导地位。在现代学徒制的运作机制上，具有"校企合作、产教结合、工学交替"的显著特征。

三 典型国家工程师继续教育

（一）英国经验

英国专业工程师认证十分注重从业人员的继续教育。在英国，这种继续教育被更多地称为专业发展。根据专业发展在个人职业发展中所处阶段和发展目标，被分为初级专业发展（IPD）和持续专业发展（CPD）。IPD是指联结学生和专业工程师资格的一个过程，目标是为毕业生积累成为工程师而必备的能力素质，重要形式为公司的高级学徒计划与毕业生培养计划。而CPD是指个人取得了专业工程师资格后，为了持续提升职业能力和知识的先进性而开展的相关活动，这对于专业工程师来说是一种义务。CPD在职业发展中的重要作用表现在以下两个方面。

一是与工程教育存在延续与互补的关系，是工程师职业发展中能力素质提升的必经之路。工程教育提供了系统的基础教育与学习方法的训练，而CPD培训贯穿工程师职业生涯的始终，它是一种个人驱动的行为，专业工程师根据对自身能力不足的判断，对CPD活动做出选择。CPD对工程师能力素质的提升、尤其是对通用能力的提升比工程教育更具补充性与个体性。

二是与工程资格认证存在相互依存的关系，是工程师资格认证准入的硬性要求。ECUK将对持续专业发展的承诺与资格认证绑定在一起，作为职业道德与社会责任水平的重要考量，是资格认证的准入门槛。

（二）日本经验

日本继续教育作用日益显著，主要体现在日本技术士与国际专业工程师资格的互认上。除《华盛顿协议》中的工程教育认证内容外，继续教育是国际专业工程师资格获得与维持的重要评估标准。自2000年以来，日本专业工程师制度致力于发展完备、系统的继续教育体系，获得了长足的发展。该继续教育认定、登记、审核、监督体系与APEC工程师等国际专业工程师继续教育框架相统一，从而促进了日本资格在国际上的流动。

日本继续教育模式主要参考了美国模式，如对 CPD 学时量化的评估与记录；但与美国体系相比较，日本继续教育与工程师资格动态关系有以下特征。

一是继续教育与专业工程师执照更新尚未挂钩。近年来，《日本技术士法》虽对继续教育有进一步的完善，但未实现与专业工程师资格更新的挂钩，而是秉持专业工程师的自觉原则，规制力度较弱。而在美国大部分地区，继续教育是专业工程师执照更新的硬性要求之一，并写入执照法。

二是继教体系以 IPEJ 会员制为基础。日本继续教育的主要监督对象是技术士，但继教体系是以 IPEJ 会员制为基础，而不是技术士制度。日本继续教育的实施对象模糊，而实施行为只是机构内部而非国家行政行为，实施效果受到一定影响，同时一定程度上滞缓了日本技术士制度向国际专业工程师体系看齐的脚步。

三是日本继续教育与工程教育认证没有形成良好的互补与延续关系。总体上看，日本继续教育对专业工程师个人发展路径节点的衔接性较差。美国将经 ABET 认证的工程课程有效纳入继续教育活动内容中，承认 ABET 认证在工程人员专业实践能力提升中不可替代的地位；但日本继续教育无论从实施主体还是对象，与 JABEE 相对独立，无法形成有效、互动的专业人才发展机制。

（三）澳大利亚经验

与英国专业工程师培养系统一脉相承，澳大利亚同样非常重视工程师的继续教育。澳大利亚继续教育的目的与宗旨是通过不断学习，促使扩大与提升各领域工程技术人才的知识储备、技术与判断力。继续教育在澳大利亚专业工程师制度中起着至关重要的作用，具体表现为：（1）与工程学历教育存在延展与补充的关系，是专业工程师职业发展的必经之路；（2）与工程师资格认证存在相互依存的关系，是工程师资格认证准入的硬性要求。

澳大利亚继续教育继承了英国的体系与框架，澳大利亚工程师学会（EA）将对持续专业发展的承诺与资格认证绑定在一起，作为职业道德与社会责任水平的重要考量，可以被看作是资格认证的准入门槛之一。澳大利亚的资格认证不是终身认证，对相关活动的不定期考核将资格认证与持续专业发展紧密结合起来，从而使持续专业发展在工程师职业发展中有着不可替代的作用。EA 对继续教育的评估有着明确的量化标准，但 EA 对继续教育的内容和质量控制没有清晰的标准，也没有对有关课程和活动进行认证。

（四）启示借鉴

从典型国家的经验看，工程师继续教育在工程师制度中都占据着重要的地位。除《华盛顿协议》中的工程教育认证内容外，继续教育也是国际专业工程师资格获得与维持的重要评估标准。与英国专业工程师培养系统一脉相承，澳大利亚同样非常重视工程师的继续教育。在这两个国家中，继续教育与工程师学历教育存在延展与补充的关系，是专业工程师职业发展的必经之路；同时，由于资格认证不是终身认证，所以继续教育与工程师资格认证存在相互依存的关系；是工程师资格认证准入的硬性要求。日本专业工程师制度致力于发展完备、系统的继续教育体系，形成了继续教育认定、登记、审核、监督体系，与 APEC 工程师等国际专业工程师继续教育框架相统一，从而有效促进了日本工程师资格在国际上的流动。

第三节 我国的职业教育培训制度状况

我国的职业教育培训制度由来已久，在一定程度上满足了各个历史时期对劳动者职业技能素质的客观要求。经过 70 多年的发展，形成了主要包含技校教育、职业技能培训、企业新型学徒制、继续教育等在内的综合性教育培训制度。

一 技校教育状况

据统计，我国现有技工院校近 2392 所，其中技师学院 467 余所，2019 年在校生 360.3 万人，毕业生 98.4 万人。自 2011 年开始参加世界技能大赛以来，以技工院校师生为主的中国技能选手，向世界充分展示了中国青年技能人才的风采。在 2015 年的第 43 届世界技能大赛上实现了金牌零的突破；在 2017 年的第 44 届和 2019 年的第 45 届世界技能大赛上我国选手金牌、奖牌和团体总分均获第一名。其中，第 45 届大赛 16 个获得金牌项目的 19 名选手中，11 名来自技工院校。技工院校毕业生不仅在世界技能大赛的舞台上展示了实力，同时以约 98% 以上的就业率得到了社会的高度认可。从历史发展来看，技工院校作为培养生产和服务一线技术工人的专门学校，是技能人才培养和培育的重要阵地，始终坚持以服务经济社会发展和促进就业为宗旨，以提升职业能力为核心，以校企合作为基本办学制度，坚持高端引领、提高质量、多元办学、内涵发展的办学方针，形成了鲜明的办学特色，为培养大批适应经济社会发展需要的技能人才和促进就业创业作出了重要贡献。

（一）技校教育的初建

技工学校发轫于近代洋务运动时期，国内研究者普遍认为，1868 年 2 月，为了培养造船修船的技术工人，船政学堂内创立"艺圃"，后改名为"艺徒学堂"和"匠首学堂"，是中国第一所技工学校。用现在的话语体系来说，"艺徒学堂"培养中级技工，其优秀毕业生则升入"匠首学堂"，被培养成高级技工和技师，"匠首学堂"就是我们今天技师学院的雏形。战争时期，有伟大的国际主义战士新西兰友人路易·艾黎在陕甘宁边区创办的以机械维修制造专业为主、采用半工半读的教学模式的培黎技工学校，东北解放区民主政府的"中长铁路大连机车青年工人技术学校""铁道部哈尔滨技工学校"等一批技工学校，为新中国技工学校发展提供了基础。

中华人民共和国成立之初，全国工商业处于百废待兴的时期，该时期的首要任务是恢复国民经济，建立比较完善的国民经济体系。因此，有一定操作技能的熟练工人成为当时教育事业的重要组成部分，技工学校开始出现并逐步发展。1949 年，首先基于解放前东北解放区的基础，在长春、大连、哈尔滨三市各创建了一所技工学校。为了加强对技工教育的统一管理，加速技工学校的发展，1953 年，政务院决定由劳动部门对全国技工学校进行综合管理，原中央财经委员会确定将技工教育工作划归原劳动部。"一五"期间，国家相继出台《技工学校暂行办法》《技工学校标准章程》《关于提高技工学校教学质量的决议》，明确技工学校培养目标是"能掌握一定专业的现代技术操作技能和基础技术理论知识的、身体健康的、全心全意为社会主义服务的中级技术工人"。规范了技工学校的办学模式，技工教育办学质量不断提升。1958 年 5 月 30 日，刘少奇在中共中央政治局扩大会议上的讲话《我国应有两种教育制度、两种劳动制度》中提出了半工半读的职业教育形式，此后，半工半读的职业教育形式以天津为试点，逐步向全国推广。到 1959 年，全国有技工学校 740 多所，在校生 28 万人，培养了一批技术工人骨干，有力地支持了社会主义建设，也奠定了技工学校的发展基础。

（二）改革开放后技工学校体系不断完善

1978 年 12 月 12—25 日，国家劳动总局召开全国技工培训工作会议。研究在全国工作重点转到社会主义现代化建设上来以后，如何加强技工培训与提高培训质量，重点研究如何办好技工学校。会议提出：要大力整顿、充实、提高现有技工学校，使之在 1985 年以前，具备培养四级技术工人的办学条件；全面规划、有计划地建立一批短线工种（专业）的技工学校；学校发展速度要同国民经济的发展相适应，招生计划要同劳动力计划相衔接。1979 年，国家经济委员会、国家劳动总局联合发出《关于进一步做好技工培训的通知》，宏观上提出了当时技工学校存在的主要问题，强调要"有计划地举办新的技工学校""认真调整、整顿现有技工学校""尽快提高培训质量"。

进入 20 世纪 80 年代，技工学校保持稳定的发展状态。1985 年 5 月 27 日，《中共中央关于教育体制改革的决定》提出要调整中等教育结构，大力发展职业技术教育；要充分发掘现有中等专业学校和技工学校的潜力，扩大招生。1986 年，劳动人事部和国家教育委员会印发《技工学校工作条例》，明确"技工学校是培养技术工人的中等职业技术学校"，规定"技工学校的办学规模不宜过小"，"工种（专业）设置应以操作技术复杂、技术业务知识要求高的为主"。同时，规定已经批准开办的技工学校不准改为中等专业学校或其他性质的学校，保证了技工学校的整体规模。

1990 年 9 月，劳动部颁布《技工学校招生规定》，将技工学校的招生工作与国家劳动工资挂钩。1991 年国务院《关于大力发展职业技术教育的决定》强调要加强技工学校的建设，改善办学条件，提高教学质量。技工学校的发展逐渐整体由学校数量扩张向扩大现有学校规模转变。1992 年我国提出建立社会主义市场经济体制，1993 年劳动部制定了《关于深化技工学校教育改革的决定》，强调"技工学校招生计划由指令性改为指导性，尽量扩大委托培训和定向招生的比例，努力与劳动力市场紧密结合。实行学校自主招生、毕业生自主择业的制度"。随着劳动力市场对高级技术人才要求的增加，技工学校的办学层次有所提高，高级技工学校开始出现，1995年劳动部、国家计委印发《关于申办高级技工学校若干问题的通知》，从性质、任务、办学条件及规模等方面对高级技工学校做出了界定，高级技工学校规模逐步扩大。2000年劳动和社会保障部下发《关于加快技工学校改革工作的通知》，提出对技工学校进行调整和重组的意见，并提出了技工学校发展的几种新思路、新模式，如联合改组升级为高级技工学校等。

（三）新世纪技校教育进入高速发展阶段

进入21世纪，我国经济发达地区出现技工荒、民工荒，尤其是高技能人才严重短缺的现象。2003年全国人才工作会议之后，适应高技能人才队伍建设和就业工作的新形势，技工院校不断扩大培养规模，提高培养层次。2005年，劳动保障部印发《关于做好东部对西部、城市对农村技工学校联合招生合作办学工作有关事项的通知》，规定："东部地区要根据本地区技工学校教育资源和就业需求状况，认真研究制订与西部地区联合招生合作办学的具体工作方案，细化联合招生计划和合作办学内容。"通过跨地区的合作，既满足了东部发达地区对技术工人的需求，也使西部地区的劳动力优势得到发挥，同时保证了技工学校的生源及总体规模，技工学校发展明显加快。2006年，劳动和社会保障部印发《关于推动高级技工学校和技师学院加快培养高技能人才有关问题的意见》和《关于规范技师学院管理有关工作的通知》，明确技师学院的功能定位，即"技师学院是高等职业教育的组成部分，是以培养技师和高级技工为主要目标的高技能人才培养基地，同时，承担各类职业教育培训机构师资培训和进修任务"。2007年，劳动和社会保障部制定了《高级技工学校设置标准》，提出"高级技工学校培养适应现代化生产、服务需要的中、高级技工，同时面向社会开展各类职业技能培训和师资培训，并承担职业技能鉴定和就业服务"等任务。

2010年，人力资源和社会保障部印发《关于大力推进技工院校改革发展的意见》，进一步明确技工院校的办学定位和组织结构关系，提出"技工院校是培养技能人才的重要渠道，是落实健全面向全体劳动者的职业技能培训制度的重要载体"，要"形成以技师学院为龙头、高级技工学校为骨干、普通技工学校为基础的覆盖城乡劳动者的技工教育培训网络，其中"技师学院是高技能人才队伍建设综合基地，承担通过学制教育培养预备技师、高级技工的任务，也是本区域面向企业职工开展技师和高级技师提升培训与研修、考核与评价的重要平台。高级技工学校承担中、高级技能人才培养和开展各类职业培训的重要任务，是培养技能人才的中坚力量。普通技工学校在主要承担中级技工培养任务的同时，应积极面向社会开展各类职业技能培训，成为劳动预备制培训、企业职工培训、农村转移就业劳动者培训和农村实用人才培训的重要基地。"2012年人社部颁发的《技工学校设置标准》再次明确，技工学校培养适应现代化生产、服务的技术工人。

（四）党的十八大以来技校教育进入高质量发展阶段

党的十八大之后，围绕实施人才强国战略、就业优先战略和创新驱动发展战略，人力资源和社会保障部陆续出台了《关于推进技工院校改革创新的若干意见》《技工教育"十三五规划"》《关于深化技工院校教师职称制度改革的指导意见》《关于做好技工院校招生工作的指导意见》等一系列促进技校教育高质量发展的纲领性文件。

上述文件进一步明确：技工院校改革发展的目标任务，是围绕实施人才强国战略、就业优先战略和创新驱动发展战略，以提高质量、促进就业、服务发展为导向，以立德树人和培育工匠精神为根本，以培养综合职业技能为核心，以适应市场需求为目标，坚持"高端引领、校企合作、多元办学、内涵发展"的办学理念，围绕技能人才培养培训、评价使用、竞赛选拔、表彰激励、法律政策和宣传引导六大工作体系，构建与经济社会发展相适应的现代技工教育体系，着力培养德智体美劳全面发展的后备产业工人和高技能人才，为全面建成小康社会、实现技能强国目标提供有力支撑。

技工院校的办学定位："是国民教育体系和人力资源开发的重要组成部分。技师学院主要承担通过学制教育培养高级工以上技能人才任务，属职业教育高层次技能人才培养范畴。高级技工学校主要承担中级工、高级工培养任务，普通技工学校主要承担中级工培养任务，属中等职业教育。技工院校是构建劳动者终身职业培训体系的重要载体，是培养技能人才的重要平台，是承担技工教育、职业培训、技能鉴定、竞赛集训、公共实训、就业服务等工作的综合性技工教育培训基地。"

为了畅通技工院校教师职业发展通道，更加科学、客观、公正地评价人才，更好地发挥其在技能人才培养中的作用，按照中央深化职称制度改革的总体要求，遵循技工教育发展规律，深化技工院校教师职称制度改革，通过健全制度体系、完善评价标准、创新评价机制、实现职称制度与用人制度的有效衔接等措施，形成以品德、能力和业绩为导向，以社会和业内认可为核心，覆盖各级各类技工院校教师的职称制度。

为缓解就业的结构性矛盾，加大技能人才培养力度，国家大力发展职业教育，党的十九大明确提出要完善职业教育和培训体系，技工院校要通过统筹招生工作、扩大招生对象、拓宽招生渠道、做好职业培训招生等方式，保持招生规模总体稳定，扩大高级工以上培养任务，稳步扩大职业技能培训规模。

通过这些政策措施，技工院校办学实力进一步增强，培养水平、服务能力进一步提升，走上世界技能舞台，积极参与脱贫攻坚，为中国经济转型升级和全面建成小康社会作出了积极贡献。2019年9月，习近平总书记在对我国技能选手在第45届世界技能大赛上取得佳绩做出的重要指示中，提出要健全技能人才培养、使用、评价、激励制度，大力发展技工教育，大规模开展职业技能培训，加快培养大批高素质劳动者和技术技能人才。要在全社会弘扬精益求精的工匠精神，激励广大青年走技能成才、技能报国之路。李克强总理批示指出，技能人才是国家的宝贵资源，是促进产业升级、推动高质量发展的重要支撑。要坚持以习近平新时代中国特色社会主义思想为指导，贯彻党中央、国务院决策部署，更加重视技能人才培养，实施好职业技能提升行动，紧扣需求发展现代职业教育、办好技工院校，完善技术工人职业发展机制和政策，使更多社会需要的技能人才、大国工匠不断涌现，依托大众创业、万众创新，促进新动能成长壮大和就业增加。技工教育事业跨越了历史的新高度，站在了未来的新起点。

二　继续教育状况

当今世界科学技术迅猛发展，科技进步日新月异，作为科学技术主要载体的专业技术人员，只有在工作中不断增新、补充知识，在实践中不断提高技能，才能跟上时代的步伐，适应现代社会的需求，成为真正有用之才。德国《职业教育报告（2001）》指出，在信息社会、知识社会和经济全球化的情况下，职业继续教育是把握未来社会和经济的钥匙。我国的继续教育制度主要是对专业技术人员的知识和技能进行更新、补充、拓展和提高，进一步完善其知识结构，提高其创造力和专业技术水平。

（一）我国继续教育发展历史

1. 缺乏现代意义上的继续教育阶段（1949—1978年）

中华人民共和国成立以前，《中国人民政治协商会议共同纲领》中规定教育的方针是"教育为工农服务，为生产服务"，详细规定了应"注重技术教育，加强劳动者的业务教育和在职干部教育，给青年知识分子以革命的政治教育，以适应革命工作和国家建设工作的广泛需要"。中华人民共和国成立后，成人教育（当时称为工农教育、社会教育）取得了很大的发展，但由于当时人们文化素质普遍偏低，故成人教育更多地体现为补偿教育。

1953年到1956年共出现了三次大的扫盲高潮，当时我国比较注重发展补偿教育和教育的普及提高。1956年，我国生产资料私有制的社会主义改造基本完成，成人高等教育、成人教育系统初步形成并获得一定发展。由于当时我国劳动力素质低，成人教育发挥的作用也只是对劳动力素质的普遍提高。"文化大革命"时期，教育系统陷入混乱和停顿，我国教育事业遭到严重摧残。当时已经在西方发达国家方兴未艾的继续教育，在我国未被提及和重视。

2. 继续教育起步快速发展阶段（1979—1994年）

实行改革开放后，我国在经济、政治、科技与教育方面开始加强与西方的交流。继续教育的概念首先得到科技界的关注和讨论。1979年上海师范大学组织翻译出版了联合国教科文组织1970年编写的《学会生存：教育世界的今天和明天》一书。同年5月，我国政府派代表参加了在墨西哥召开的第一届世界继续工程教育大会，了解到国际继续教育发展的形势，我国的继续教育工作开始起步。1980年8月，中国科协通过了《关于积极开展在职科技人员专业培训工作的意见》，对于我国科技人员在教育方针、对象、内容、经费来源、组织、领导等各个方面做了原则性规定。1985年，国家教委批准成立清华大学继续教育学院，诞生了我国首个继续教育专门的施教机构。1986年，我国国民经济和社会发展"七五"规划的报告中明确指出"要逐步建立和完善对科技人员继续教育的制度"，明确把继续教育列入政府的工作范围。

1987年，原国家教委《关于改革和发展成人教育的决定》正式提出"积极开展大学后继续教育"；同年10月，国家经委、国家科委、中国科协联合颁发了《企业科技人员继续教育暂行规定》；12月，国家教委、国家科委、国家经委、劳动人事部、财政部和中国科协等六个部门联合颁发了《关于开展大学后继续教育的暂行规定》提出："大学后继续教育的对象是已具有大学专科以上学历或中级以上专业职务的在职专业技术人员和管理人员，重点是中青年骨干。"继续教育的内涵已突破了纯粹的工程科技范围，扩展到包括所有的科技人员和管理人员。

1988年，国务院进行了机构改革，专业技术人员继续教育工作划转原人事部统一管理。原人事部随后制定了专业技术人员继续教育的法规和规划，加强了指导与规范。1989年，原人事部着手起草《全国专业技术人员继续教育暂行规定》，成为指导全国继续教育工作的一个重要文件。此后，天津、广东、北京、福建、陕西、河南等省市也陆续通过了地方立法。此外绝大多数专业部委、行业主管部门和地方省市都已制定了继续教育行政规章。这些法规或行政规章，使我国的继续教育工作走上了有法可依、有章可循的轨道。

1991年12月，原人事部印发了《全国专业技术人员继续教育"八五"规划纲要》。1993年，中共中央、国务院发布的《中国教育改革和发展纲要》成为我国教育政策文件中第一个使用终身教育概念的文件，规定继续教育是我国教育结构四大组成部分之一。随着国家一系列政策和规定的出台，继续工程教育的组织架构基本建成。

3. 继续教育的发展达成共识阶段（1995—1999年）

1995年，全国人大通过的《中华人民共和国教育法》第一次从法律上确立了终身教育的法律地位，明确规定："国家适应社会主义市场经济发展和社会进步的需要，推进教育改革，促进各级各类教育协调发展，建立和完善终身教育体系。"各级政府和教育部门也进一步认识到，要使经济和社会持续、高速、健康地发展，要适应人民群众日益增长的文化需求，就必须大力发展继续教育。

原人事部于 1995 年年底颁布了我国第一部继续教育行政法规《全国专业技术人员继续教育暂行规定》，对专业技术人员在继续工程教育方面的权利、义务、考核、奖惩办法等做出明确要求。同时，在全国范围内实行继续教育登记制度，每个专业技术人员均持有《继续教育证书》，记载每年接受继续教育的学时、内容和考核情况等，并与人事管理工作挂钩。

1998 年，国务院批转了教育部发布的《面向 21 世纪教育振兴行动计划》，在"基本建立起终身教育体系，为国家知识创新体系以及现代化建设提供充足的人才支持和知识贡献"的总目标下，提出了继续教育在世纪之交和 21 世纪初叶的改革和发展目标："积极发展职业教育和成人教育，继续以岗位培训和继续教育为重点，建立和完善继续教育制度。"随着科教兴国战略和人才强国战略的全面实施，继续教育进入蓬勃发展的新阶段，并朝着终身化、网络化、多样化的方向发展。

4. 继续教育从国家战略上得到高度重视阶段（2000 年至今）

进入 21 世纪，党和政府从战略高度规划人才培养和继续教育的发展。2000 年，中共十五届五中全会通过的《关于制定国民经济和社会发展第十个五年计划的建议》明确要求："完善继续教育制度，逐步建立终身教育体系。"2002 年 11 月，党的十六大报告中强调要"加强职业教育和培训，发展继续教育，构建终身教育体系"。

2003 年 12 月 19 日，党中央、国务院召开了第一次全国人才工作会议，对实施人才强国战略做出了全面部署，标志着我国人才工作进入了一个全面展开、整体推进的新阶段。同年，《中共中央、国务院关于进一步加强人才工作的决定》颁布，明确指出"构建中国特色的终身教育体系，加强各类人才的培训和继续教育工作"，成为新世纪我国人才工作和继续工程教育的行动纲领。

2007 年 6 月，原国家人事部、教育部、科技部、财政部联合印发了《关于加强专业技术人员继续教育工作的意见》，提出以能力建设为核心，以培养高层次创新型专业技术人才为重点，有计划、分领域、分类别、分层次开展大规模的继续教育活动，对我国继续教育不同时期的工作任务进行了安排，确保了继续教育发展的重心和方向。

2010 年，《国家中长期教育改革和发展规划纲要（2010—2020 年)》

和《国家中长期人才发展规划纲要（2010—2020 年）》的颁布，为继续工程教育服务于国民经济建设与社会发展主战场指明了具体方向，明确了未来十年继续工程教育的发展目标和任务，继续工程教育迎来了快速发展的战略机遇期。

（二）我国继续教育的重要形式

目前，我国专业技术人员继续教育的途径主要包括国家继续教育项目、企业内训、行业协会组织的学习、高校进修研修班、社会专业培训机构培训班、政府部门培训机构的学术讲座、现代远程教育等。从继续教育的具体形式看，主要包括专题培训、专家学术讲座、导师制、研讨交流、集中授课、网络在线学习、脱产攻读学位、国外考察、现场教学等。从目前我国开展继续教学的实践看，国家继续教育项目、项目校企合作、远程教育、企业内训、E–Learning 在线学习等形式在继续教育中发挥着越来越大的作用。

国家继续教育项目包括高级研修班、急需紧缺人才培养培训和岗位培训项目。高级研修班由地方或部门组织举办，各期高级研修项目研修时间为 5 天左右，每期为 50 人左右。每期研修时间一般不少于 36 学时，主要采取培训、研讨、交流、考察等形式，其中研讨、交流活动不少于 6 学时，考察活动要结合教学内容，注重实效。急需紧缺人才培养培训主要依托国家级专业技术人员继续教育基地和有关培训机构，开展集中培训、高级研修、岗位轮训、实地考察、案例研讨、在线学习等活动，也将根据实际情况和行业特色采取灵活多样的培养培训方式。岗位培训主要采用专项培训、综合培训、集中授课、在线学习、专题研修等多种方式，培训所需经费按照原经费渠道予以保障，鼓励地方、部门、用人单位和个人等多渠道资金支持。

（三）我国继续教育的主要成效

1. "653 工程"使专业技术人才继续教育广受重视

2005 年 9 月 27 日，人事部印发了《专业技术人才知识更新工程（"653 工程"）实施方案》，指出从 2005 年开始到 2010 年 6 年间，国家将在现代农业、现代制造、信息技术、能源技术、现代管理等 5 个领域，重点培训 300 万名紧跟科技发展前沿、创新能力强的中高级专业技术人才。"653 工程"是列入国家"十一五"规划的重大人才培养工程，是继续教育工作的龙头。随着"653 工程"的深入开展，全国各城市、各地区的相关单位纷纷制订了不同专业领域的"653 工程"实施方案。

2. 行业和企业日益加大对高层技术骨干的培训投入

据权威教育机构统计，企业每投入 1 元用于培训，便可有 3 元的产出。国际知名企业的成功经验也证明，企业对高层次专业技术人才所投入的经费能取得数倍的投资回报。虽然我国企业对培训的重视程度与国外企业相比还有较大差距，但越来越多的企业正逐年加大培训投入，将培训预算纳入企业年度费用预算中，并严格执行。海尔、东软等大型企业集团还建立了自己的培训机构。对于各行业来说，由于有行业主管部门的积极组织，针对行业内部企业高层技术人才的各类培训、研讨会、参观考察等活动丰富多彩。

3. 高层次继续教育和培训力量不断加强

（1）国内知名高校和科研院所成为高层次技术人才的培训重地。目前，选择到高校接受先进思想的熏陶或研读研究生课程，已成为许多领域成功人士继续教育的一种潮流。过去我国的继续教育主要偏重于学历学位的成人教育，已远远不能满足各行业对高层次、创新型技术人才的实际要求，我国各高等学府早已意识到传统的成人教育与真正意义的继续教育之间的差别，纷纷调整思路，确定继续教育的指导思想、战略定位和发展目标，特别是如北京大学、清华大学、复旦大学等知名高校，结合自身雄厚的师资力量，把继续教育的主攻方向定位在了高端人才继续教育上，占领了国内继续教育领域中高端培训的大部分市场。

（2）各类培训机构实力不断加强，在各专业技术领域形成优势。最近几年培训市场迅速扩容，据不完全统计，全国各类培训机构数量已达数十万家。培训机构已进入品牌化经营阶段，拥有各自的精品课程。在管理领域，有来自国际的知名品牌麦肯锡，国内的慧聪企管、博锐等，还有专业从事财务管理咨询和培训的安越公司；在英语专业，有新东方、昂立、韦博等；在信息技术领域，有北大青鸟、东软、银河等。在各个细分领域，也涌现出一些独具优势的培训机构，如擅长信息安全中高端培训的国信安（四川）基地培训中心、面对制造业高端培训的华制制造业学习管理机构（MICC）等。

专业技术人员继续教育是一项长期性的工作，需要长期不懈的努力，因此，必须站在促进国家和地方经济建设发展的战略高度，坚持科学发展观，坚持以人为本，坚持全面、协调、可持续发展，从而推动继续教育的健康、长期发展，为提高广大专业技术人员的素质、满足他们的学习要求而做出更大的贡献。

三 职业技能培训状况

职业技能培训是我国人力资源开发的重要组成部分，是职业教育培训的重要组成部分，是提高劳动者技能水平和就业创业能力的主要途径，是实施就业优先战略、解决就业供给总量矛盾和劳动力结构性矛盾的根本措施，对促进和稳定就业形势发挥着极其重要的支撑保障作用。中华人民共和国成立后，我国历经了战后恢复社会经济建设、建立新的社会制度、计划经济体制到市场经济体制改革等一系列的历史嬗变。在这一进程中，职业技能培训政策也同样经历着历史性的变迁，不同时期的社会需求决定了不同的职业技能培训政策，不同时期的职业技能培训政策彰显着不同的历史特征。总体来看，职业技能培训政策一直是促进就业政策的重要组成部分，经过多年的完善，已经形成了具有中国特色的政策体系。

（一）中华人民共和国初期的职业技能培训

中华人民共和国成立初期，中国共产党将解决失业问题作为巩固新生人民政权的重要工作之一，给予失业人员临时救济和就业安置的多种措施，但这些办法都是在一定程度上缓解失业问题，属于治标层次。大部分失业人员的文化程度较低、缺乏技术特长的现实，赤裸裸地暴露了实现再就业存在一定难度。中国共产党认为要从根本上解决失业问题必须得依靠失业者自身素质的提高，才能掌握工作的主动权。因此，决定采取多种形式的教育培训，来帮助失业人员提高自身的各项素质和技能，增强就业能力，掌握工作的主动权。1950年11月，中共中央关于失业救济问题的总结和指示中提出："应注意对失业工人的转业训练。根据各地区生产建设部门不同的需要，分别予以不同的技术训练，以便把每个失业工人分别陆续输送到各地需要工人的工厂企业中去。"根据失业人员的实际状况，各市政府采取劳动部门自办、劳动部门与企业合办、委托企业代办等形式，举办了涉及多门领域不同类型的专业训练班或者补习班，面向不同需求的失业工人，学习的期限也不长，一般以3—6个月为一期。

（二）改革开放初期的职业技能培训

改革开放初期，上山下乡青年蜂拥回城，劳动力人口无节制生育下自然增长，致使经济转型之际的中国再次面临庞大的失业人口。据统计，1979年城镇积累的待业人员总数达到了1500万人，在3年间，每年的城镇登记失业率都在5.5%左右。国家对城镇待业人员开展具有普遍性的就业前培训，规定了先培训后就业的原则。在此时期成立的大量技工学校主要着眼于解决不能继续升学（大中专）的城镇青年人口技能训练问题。技工学校对城镇青年进行为期两年的初始职业训练，由国家安排就业（即包分配）。1981年已在20多个城市建立了就业培训中心，到1987年全国就业培训中心达到了1600多个，加上其他各种形式的培训班，年培训能力达到200多万人以上。

（三）进入新世纪的职业技能培训

随着社会主义市场经济体制的建立，市场发挥了对劳动力资源的基础配置作用，以市场为导向的就业机制基本形成。与之相适应，"市场引导培训、培训促进就业"的职业培训机制和政府主导、社会参与、市场运作的培训体制初步形成。2002年，全国职业教育工作会议召开，国务院出台了《关于大力推进职业教育改革与发展的决定》，明确"职业学校教育和职业培训，是我国教育体系的重要组成部分，是国民经济和社会发展的重要基础"，要求广泛开展各级各类职业培训，积极实施国家再就业培训计划。同期，为了贯彻落实全国职业教育工作会议和国务院《决定》精神，劳动和社会保障部印发了《加强职业培训提高就业能力计划》的通知，提出了"广泛动员社会力量，以市场需求为导向，大力开展职业培训工作，提高下岗失业人员、青年劳动者、企业在职职工和农村富余劳动力的就业能力、工作能力和职业转换能力"三年工作任务，明确了继续实施"三年千万"再就业工程、开展技能振兴行动，加速培养技术技能劳动者。2005年，国务院出台《大力发展职业教育的决定》，确定了职业教育新的发展目标，提出发展各种形式的职业培训，每年培训城乡劳动者上亿人次，使我国劳动者的素质得到明显提高。2007年8月，《就业促进法》出台，以法律的形式对政府、企业和培训机构在开展职业培训过程中权责和行为进行了规范。2010年10月，国务院出台《关于加强职业培训促进就业的意见》，将职业培训作为促进就业和经济发展的重大举措，明确了当前和今后一个时期职业培训工作的主要任务，形成了包括就业技能培训、岗位技能提升培训、转业培训和创业培训等四大政策体系的职业技能培训制度。

（四）党的十八大以来的职业技能培训

党的十八大把进入人才强国和人力资源强国行列作为全面建成小康社会的目标。党的十八大提出：加强职业技能培训，提升劳动者就业创业能力，增强就业稳定性。加快发展现代职业教育。自2013年以来，人社部启动实施了百城技能振兴专项活动，在全国范围选拔了百家工作基础好、推动力度大的城市，指导其开展技能振兴专项活动，确定了实现"三个率先"的工作目标，即率先健全面向全体劳动者的职业培训制度；率先建立培养体系完善、考核评价科学、激励保障健全的工作机制；率先建设高水平的职业培训和技能人才队伍建设综合示范区。2014年3月人社部制定出台了《农民工职业技能提升计划——"春潮行动"实施方案》，旨在提升农村转移就业劳动者职业素质和就业创业能力，促进其实现就业和稳定就业，促进国家新型城镇化和农业转移人口市民化。此外，还开展了离校未就业高校毕业生技能就业专项行动，即依托技工院校及优质培训机构，面向离校未就业高校毕业生开展有针对性的职业培训，促进技能就业、素质就业。

党的十八届三中全会对全面深化改革做出了历史性部署，明确要求构建劳动者终身职业培训体系。党的十八届五中全会通过的《中共中央关于制定国民经济和社会发展第十三个五年规划的建议》提出推行终身职业技能培训制度。2018年印发《国务院关于推行终身职业技能培训制度的意见》指出，构建终身职业技能培训体系，完善终身职业技能培训政策和组织实施体系。面向城乡全体劳动者，完善从劳动预备开始，到劳动者实现就业创业并贯穿学习和职业生涯全过程的终身职业技能培训政策。构建资源充足、布局合理、结构优化、载体多元、方式科学的培训组织实施体系。

党的十九大指出，"完善职业教育和培训体系""大规模开展职业技能培训，注重解决结构性就业矛盾，鼓励创业带动就业""建设知识型、技能型、创新型劳动者大军，弘扬劳模精神和工匠精神，营造劳动光荣的社会风尚和精益求精的敬业风气"，为职业技能培训指明了方向，规划了前景。2019 年 1 月，人社部印发《新生代农民工职业技能提升计划（2019—2022 年）》，对新生代农民工大规模开展多种形式的职业技能培训。4 月，国务院常务会议讨论通过高职院校扩招 100 万人实施方案，加快培养各类技术技能人才促进扩大就业。5 月，国务院办公厅印发《职业技能提升行动方案（2019—2021 年）》，强调把职业技能培训作为保持就业稳定、缓解结构性就业矛盾、推动技能脱贫的关键举措，作为经济转型升级和高质量发展的重要支撑，从失业保险基金结余中拿出 1000 亿元，面向职工、就业重点群体、贫困劳动力等城乡各类劳动者，大规模开展职业技能培训，加快建设知识型、技能型、创新型劳动者大军。明确 2019 年至 2021 年，3 年共开展各类补贴性职业技能培训 5000 万人次以上，全面提升劳动者职业技能水平和就业创业能力。10 月，教育部、人社部等 14 个部门联合印发《职业院校全面开展职业培训促进就业创业行动计划》，提出到 2022 年，使职业院校成为就业创业培训的重要阵地，开展各类职业培训年均达到 5000 万人次以上。12 月，国务院召开常务会议，部署深入推进职业技能提升行动，加强职业培训基础能力建设。

四　企业新型学徒制状况

学徒制作为一种人才培养模式，技术技能借助"师傅—徒弟"这一纽带传承和发扬，在人类历史的各个时期发挥着举足轻重的作用。尽管学徒制也因产生的地域、时间、背景文化的差异呈现出多种形态和特征，但究其本质都是作为人类知识技能的累积与传递形式而存在的。

（一）企业新型学徒制特征

2018 年 10 月，人力资源和社会保障部与财政部印发《关于全面推行企业新型学徒制的意见》，这一意见是在 2015 年开始的试点工作基础上，贯彻落实党的十九大精神，加快建设知识型、技能型、创新型劳动者大军，按照中共中央、国务院《新时期产业工人队伍建设改革方案》《关于推行终身职业技能培训制度的意见》有关要求和全国教育大会有关精神提出的。企业新型学徒制具有以下几个特征。

1. 新型的办学主体

学校一直是学生培养的主阵地，虽然近年来很多职业教育学院开始大力推行校企合作，将学生们学习的内容与学生未来的工作直接接轨，让学生们学习内容更加具有指向性，但是很多实践活动还是主要由学校一方展开，学生们所学的东西往往与真实的工作还是相脱节，职业能力比较欠缺。企业新型学徒制不同于以往的工学结合校企合作实践，它是将教学工作以企业为主体继续展开。在这种新型教育模式下，企业能够获得更多的自主权利，企业可以根据自己的生产方式以及自己的发展规划，有针对性地对学生们进行培养，学徒培养职责从学校转交给了企业，学徒培养的目标以及培养方式也根据企业岗位需求灵活调整。

2. 新型的管理制度

企业新型学徒制度推行弹性学制以及学分制来实现对学生们的管理。承担学徒培训任务的培训机构，结合企业生产和学徒工作生活实际，采取弹性学制，实行学分制管理，鼓励和支持学徒利用业余时间分阶段完成学业。建立和完善适合弹性学制和学分制的教学质量评价体系和考核制度。

3. 新型的投入和补贴制度

在企业新型学徒制度当中，学徒在培训过程中能得到相应的报酬，而且学徒的工资也和学徒所付出的工作量成正比，这样一来不但提高了学徒们的工作积极性，同时也能更好地保证学徒们的正常生活和权益，而且企业在发放工资时也不能低于当地最低工资标准。同时，不需要学生们缴纳高额的学费，他们的培训费用都由企业向有关培训机构缴纳。除此之外，企业开展新型学徒制度也能得到社会上的补贴，企业能够得到由财政部门以及人力资源部门共同给予的职业培训补贴。

4. 同时兼具劳动制度和职业培训制度功能

企业新型学徒制度赋予学徒两种身份，他们既是企业的员工同时也是学校的学员，所以他们既属于劳动制度范围，也属于职业培训范围。学徒制主要是通过企业发挥主观能动性来培养现代职业技术工人。学徒们在企业进行工作与利用业余时间进行勤工俭学是两码事，学徒在企业工作需要与企业签订劳动合同，这样一来学生们的权益就能得到法律的保障。现代学徒制度在参加顶岗学习实践过程中，与实习企业之间是没有劳动合同作为保障的，这样一来学生们的权益可能就会遭到侵害。所以企业新型学徒制度是一项更加具有保障的人才培训制度，能够更好地保护企业以及学生们的权益。

（二）我国新型学徒制和现代学徒制的比较

我国有历史文献记录最早形成规模与症候特征的学徒制出现在奴隶制时期。中华人民共和国成立以来的学徒制探索一直持续不断，劳动部门和教育部分别从自身职能角度出发探索学徒制的建立，1998年3月原劳动部下发《关于建立和实施名师带徒制度的通知》；2011年，教育部发文指出"鼓励职业学校和企业联合开展先招工、后入学的现代学徒制试点"；2014年2月，李克强总理主持召开国务院常务会议，确定了加快发展现代职业教育的任务措施，提出"开展校企联合招生、联合培养的现代学徒制试点"；教育部于当年8月出台《现代学徒制试点工作的意见》；2015年7月，人社部和财政部办公厅联合下发了《企业新型学徒制试点工作的通知》。2018年10月，人社部和财政部下发《关于全面推行企业新型学徒制的意见》；2019年5月，教育部办公厅下发《关于全面推进现代学徒制工作的通知》。

1. 两者的共同之处

新型学徒制和现代学徒制在几个关键因素上存在着共同之处，两者都以"招生即招工、入校即入厂、校企联合培养"为主要内容，并强调以此为基础开展学徒制，提出学校与企业合作共同研制招生方案，学生拥有双重身份，既是学校学生也是企业工人；两者人才培养模式都强调通过校企合作或者企校合作，采用校企一体化或者工学一体化的方式进行人才培养；双师教学是开展学徒制试点工作的重点，两者都提出通过紧密校企合作，实行双师教学，由学校老师和企业共同承担，企业承担学徒的岗位技能训练，学校承担系统的专业知识学习和技能训练；注重加强对学徒制的教学管理，实行弹性学制或学分制，完善质量考核和评价制度，确保学生的基本权益。

2. 两者的区别

由于新型学徒制和现代学徒制分别由人社部、财政部和教育部制定，所以涉及的具体方案存在一些差异，主要体现在以下方面。

（1）制定政策出发点、视角不同。从新型学徒制和现代学徒制的指导思想、目标、实施意义可以发现，两者的出发点和视角存在不同。新型学徒制是由人社部和财政部联合下发给各省市社会保障厅（局）、财政厅（局），从人力资源的视角来开展工作，重在企业人才培养，旨在完善政策措施和培训服务体系，为企业培养后备技能人才。现代学徒制是由教育部下发给各省、市教育厅、教委、教育局，从教育的视角来开展试点工作，重在育人，期望通过试点工作完善职业教育育人机制，创新技术技能人才培养模式。

（2）涉及的利益相关主体不同。因新型学徒制和现代学徒制工作中培养的对象、责任主体、参与主体不同，两者所涉及的利益相关主体不同。首先是培养对象不同，新型学徒制主要针对企业新招用人员和新转岗人员，现代学徒制主要针对职校具有企业员工身份的学生。其次是培养责任主体不同，新型学徒制学徒培养的主要职责由企业承担，现代学徒制主张学校和企业双主体育人。最后是参与主体不同，新型学徒制主张在政府层面由人社部、财政部制定政策进行学徒制试点引导，充分发挥企业主体作用，鼓励院校积极参与，而现代学徒制强调在政府层面发挥教育行政部门统筹协调作用，坚持企业和学校共同合作。

（3）政策关注点不同。为保障学徒制工作顺利开展，现代学徒制和新型学徒制都推出了相应的政策措施，但具体关注点不同。新型学徒制政策的关注点在于健全企业新型学徒制培训投入机制和建立完善的补贴政策，充分调动企业和学徒的积极性。相比较而言，新型学徒制试点制定了比较清晰的投入政策和补贴政策，在实践中具有更强的针对性和操作性，能够很好地调动企业的积极性。现代学徒制的政策关注点主要是通过对现代学徒制试点企业和职业院校进行财政资助或者政府购买建立奖励机制，调动企业和职业院校积极性，注重保障学生基本权益，积极推进"双证融通"。

第七章

职业保障制度

职业保障是职业管理制度的重要组成部分，其内容非常广泛，既有组织人事方面的，也有履行职责方面的；既有物质方面的，也有精神方面的。针对特定职业进行立法给予特殊保障，让从业者安身、安心、安业，这对维护从业者的合法权益、保障依法履职、提升职业声望、提高职业吸引力等具有重要作用。本章在对职业保障、劳动保障和社会保障相关概念进行辨析的基础上，提出职业保障制度的构建体系，并重点对就业促进制度、劳动权益保障制度和职业安全制度进行深入阐述。

第一节 职业保障制度概述

目前，学术界对于职业保障的研究大多见于公务员、教师、警察、法官、检察官、医生和军人等特殊职业领域。本节重点对易于混同的社会保障、劳动保障和职业保障等概念进行辨析，并提出职业保障制度的体系框架。

一 概念辨析

（一）社会保障与社会保障制度

社会保障是指国家为了保持经济发展和社会稳定，通过立法，积极动员社会各方面资源，保证无收入、低收入以及遭受各种意外灾害的公民能够维持生存，保障公民在年老、失业、患病、工伤、生育时的基本生活不受影响，同时根据经济和社会发展状况，逐步增进公共福利水平，提高国民生活质量。

社会保障制度是国家的基本制度之一，是在公民年老、疾病、伤残、失业、遭遇灾害面临生活困难的情况下，由政府和社会依法给予物质帮助，以保障公民基本生活需要的制度，具有普遍性、法制性和互济性的特点。社会保障制度体系包括社会保险法律制度、社会救济法律制度、社会福利法律制度和互助优抚法律制度。

（二）劳动保障与劳动保障制度

劳动保障是指以保护劳动者权益所采取的一切措施和行为的总和。主要功能是保证劳动者的职业安全，从而保证劳动者及其家庭生活稳定、社会安定，保证整个社会经济发展和社会进步。

劳动保障制度是劳动制度的一个重要组成部分，它是国家根据有关法律规定，通过国民收入分配和再分配的形式，对劳动者因年老、疾病、伤残和失业等而出现困难时向其提供物质帮助以保障其基本生活的一系列制度。劳动保障制度涉及的内容非常广泛，包括职工的生育保障、疾病保障、失业保障、伤残保障、退休保障等制度。其中，失业保障制度和退休保障制度是劳动保障制度中的最重要的两项制度。

（三）职业保障与职业保障制度

职业保障是指在特定职业中保护从业人员的职业利益，保障从业人员正常地从事其职业活动，促进该职业社会职能的发挥而形成的与职业相关或因职业引起的各种保护措施。[①]

职业保障制度是指为了保障从业者能够依法、独立、公正地履行职权而围绕从业者职业身份、职业权力、职业收入和职业安全等方面建立的一系列制度的总称。[②] 它包括多方面的内容，有职业身份保障、职业权力保障、职业收入保障以及职业安全保障等。

（四）概念的区别

社会保障制度侧重于公民的基本生活保障，是公民最基础的保障；劳动保障制度侧重于劳动与社会生产领域，围绕劳动者在劳动过程、劳动工

[①] 张兆瑞、郑友军：《公安管理学》，中国人民公安大学出版社2017年版，第120—121页。

[②] 何文奎：《我国从业者职业保障制度研究》，硕士学位论文，长春理工大学，2018年，第3页。

具、劳动环境等要素形成的保障体系，保护劳动者的基本权益，是整体的、普遍的保障；职业保障制度围绕着社会分工领域的技术、经济以及劳动场所、环境等形成的保障体系，是针对某个职业领域的，是具体的、有针对性的保障，是建立在社会保障体系和劳动保障体系基础之上。

二 体系内容

（一）职业保障制度体系构成

一般而言，职业保障制度体系由三大部分构成：一是《中华人民共和国宪法》，是职业保障制度立法的基础；二是相关的劳动保障法律，有《劳动法》《劳动合同法》《就业促进法》《职业病防治法》《劳动保障监察条例》等；三是专门的职业立法，如《现役军官法》《公务员法》《教师法》《法官法》《检察官法》《人民警察法》《船员条例》等。

（二）职业保障制度体系的内容

通常而言，职业保障体系涉及身份保障体系、职权保障体系、经济保障体系、教育保障体系和安全保障体系等。具体内容包括：

1. 身份保障体系，是指建立以职业专业等级为基础的专业职务序列，专业等级也是确定职位待遇的主要依据。专业职务层次依法按等级设置，按照专业等级升降，强化职业的科学化管理，有利于增强从业者队伍的整体素质。

2. 职权保障体系，是指对从业者依法履职行为的一种特殊保护，尤其一些特殊岗位，在履职过程中经常面临人身风险。诸如建立从业者职务行为豁免制度，保障不因其执业行为而为的言论及行为受到相关法律追诉与制裁的权利等；建立从业者人身保护制度，对其人身和财产权利进行法律意义上的特殊保护；建立合法权益因履行职务受到侵害的保障救济机制，同时对报复、袭击、诽谤、陷害从业者的人员给予相应的惩罚。

3. 经济保障体系，是指建立稳定的收入保障、职业保证金、医疗保障、津贴补贴福利保障等。稳定的收入保障和社会福利水平是确保从业者维持职业操守的重要物质基础。可考虑建立符合从业者职业特点的工资制度，设立从业者廉政等职业保证金制度，制定和完善从业者保险、救助、抚恤等社会福利制度，建立从业者困难救助制度，以及建立从业者功勋荣誉制度等，确保从业者过上有尊严的生活，增强从业者职业荣誉感。

4. 教育保障体系，是指加强任职前、任职中和任职后的职业道德、专业知识技能和专业能力等培训，持续的教育关乎着事业的长远发展。具体包括按照不同岗位从业者的职责要求，开展具有针对性的实务技能培训，以提高从业者的专业素质和业务水平；通过健全从业者职业培训机制和运行体系，制定科学的教育规划，以逐步实现从业者在教育保障上的规范化、正规化；建立健全从业者岗位培训制度，完善从业者定期培训、晋级培训、专项法律培训制度等。

5. 安全保障体系，是指通过建立完善的从业者职业安全保障体系，对从业者尤其是依法执行工作人员的人身安全、财产安全、人格尊严予以确认和保护，使其免受职业危险因素的侵害。职业安全权作为一项重要的劳动权利，是指"劳动者依法享有的在劳动过程中不受职场危险因素侵害的权利"，旨在保障劳动者的生命和健康安全，在职业保障权利体系中处于举足轻重的地位。可考虑：一是在国家基本法律层面增加对从业者安全保障的专门规定；二是可以加重对侵害从业者行为的处罚力度，将"侵害从业者及其近亲属"作为刑事量刑的加重处罚情节；三是注重对执行从业者的保护，加大暴力抗拒执行的处罚力度；四是加强安全教育培训，提升从业者自身防范能力，从业者在完成本职工作的同时，增强保护自己的防备意识。[①]

第二节　就业促进制度

就业被视为民生之本和安国之策。2007年8月30日第十届全国人民代表大会常务委员会第二十九次会议通过《中华人民共和国就业促进法》，自2008年1月1日起施行。根据2015年4月24日第十二届全国人民代表大会常务委员会第十四次会议《关于修改〈中华人民共和国电力法〉等六部法律的决定》修正。《中华人民共和国就业促进法》是为促进就业，促进经济发展与扩大就业相协调，促进社会和谐稳定而制定的法律。本节重点梳理我国就业促进法律制度发展的阶段特点、现阶段我国就

[①] 于正超：《司法改革背景下从业者职业安全保障机制的完善》，《法治与社会》2020年第3期（中），第91—93页。

业促进法律制度体系，并总结分析我国就业促进制度实施的基本情况、取得的主要成效、存在的问题以及发展建议。

一 就业促进的内涵

就业促进，是指为了保障公民劳动权利顺利实现，由国家、社会及用人单位通过提供就业机会、创造就业条件、训练职业技能等措施来推动劳动者就业的过程。就业促进措施一般包括就业指导、就业服务、职业规划、就业培训、就业援助等。

二 我国就业促进法律制度的发展阶段

从总体上看，我国就业促进法律制度的发展大致分为以下五个阶段。

（一）就业立法的建立和形成阶段（1949—1956年）

国家开始有计划、有组织地统一安排就业工作。

（二）就业立法的低谷阶段（1957—1977年）

就业立法工作停滞不前，有关就业的立法几乎没有。

（三）就业立法的恢复期（1978—1998年）

1978年以后，随着经济建设和改革开放的进展，以及国有企业改制工作的深入，下岗职工问题日益突出，为了能够更好地保障下岗职工的基本生活并促进其再就业，出台了《国营企业职工待业保险暂行规定》（1986）、《国有企业职工待业保险规定》（1993），以及有关国企下岗职工管理、保障基本生活及再就业的相关系列通知等。1994年颁布的《劳动法》第二章促进就业则为我国的就业保障确定了基本原则和设计，1998年《失业保险条例》的颁布实施，就业促进问题首次被纳入失业保险制度调整范畴。

此阶段颁布实施的就业促进法律制度的首要目标是保障下岗职工基本生活，主要方式是通过政府财政补助、企业自身责任承担、社会筹集等资金来源方式对下岗职工的基本生活进行保障。其次，鼓励下岗职工再就业，通过相关政策支持下岗职工自主创业。企业方面，要求成立再就业服务中心，为下岗职工提供职业咨询、就业指导等帮助来促进再就业，就业服务中心的经费来源一般由财政补助、企业出资、社会筹集等构成。政府方面，要求劳动保障、经贸、财政、教育、统计、总工会等部门单位①，共同对就业促进事业提供政策支持，从而推动下岗职工的再就业。

（四）就业立法的发展期（1999—2007年）

1999年，《失业保险条例》开始实施，对失业职工的基本生活保障有了明确的规定，并且随着经济的发展、国企改制制度的建立健全，失业职工基本生活能够有效得到保障。而伴随着全国城镇登记失业率从1999年的3.1%增长到2007年的4.0%，全国城镇登记失业人数从1999年的575万人增长至2007年的830万人，②如何预防失业、促进就业等问题急需解决。

此阶段政府颁布、出台了大量有关就业促进的政策文件，主要是《失业保险条例》；有关就业促进的"十一五"规划纲要；③国务院有关再就业、发展服务业等的一系列通知意见等。《失业保险条例》扩大了失业保险覆盖范围，逐步完善了保障基本生活及促进就业的失业保险功能；通过中央及地方政府的各项政策规定建立健全就业促进制度。例如，强化再就业服务中心职能，加大就业指导、职业咨询、职业训练、就业服务、就业援助等就业帮助；加大职业培训力度，通过颁发再就业优惠证等鼓励失业者积极就业。初步形成由政府主导，多个部门相互配合共同推进的就业促进体系。

（五）就业促进法开始走向定型和成熟期（2008年至今）

《就业促进法》作为国内就业领域的第一部基本法，于2008年1月1日正式实施。同时为了该法更好地实施，政府陆续出台了就业服务与就业管理规定等一系列配套的法律制度，初步形成以《就业促进法》为核心的就业促进法律制度体系。

此阶段颁布实施的就业促进法律制度主要包括《就业促进法》《就业服务与就业管理规定》《劳动合同法》《社会保险法》，以及国务院有关发展服务业及中小企业、加强职业培训、加强人力资源市场服务建设等若干

---

① 人力资源与社会保障部：《人力资源市场建设研究报告》，2008年。
② 数据来源：人力资源与社会保障部网站 http://www.mohrss.gov.cn/。
③ 《劳动和社会保障事业发展"十一五"规划纲要（2006—2010年）》有关就业促进规定，发展目标：1. 就业持续增长；2. 劳动者素质不断提高；3. 社会保障体系比较完善；4. 劳动关系基本保持和谐稳定；5. 劳动保障法制比较健全。

通知意见。通过就业服务与就业管理规定，对《就业促进法》的主要内容加以细化，通过《劳动法》《失业保险条例》《劳动合同法》《社会保险法》等相关法律的共同规定，从社会经济的各个领域层面对就业促进事项进行明确规定。[①]

三 我国就业促进法律制度体系构成

我国就业促进法律制度体系构成主要包括《中华人民共和国宪法》《失业保险条例》《劳动法》《劳动合同法》《就业促进法》《就业服务与就业管理规定》《社会保险法》等。从总体看，我国就业促进法律制度体系，是以《就业促进法》为核心，《就业服务与就业管理规定》为基础，《失业保险条例》《劳动法》《劳动合同法》《社会保险法》及相关就业促进制度政策为内容，而形成一个关于就业促进的法律制度的结构体系。

（一）《中华人民共和国宪法》

我国《宪法》明确规定：中华人民共和国公民有劳动的权利和义务；劳动是一切有劳动能力的公民的光荣职责；国家有义务通过各种途径，创造劳动就业条件，加强劳动保护，改善劳动条件，并在发展生产的基础上，提高劳动报酬和福利待遇；国家对就业前的公民进行必要的劳动就业训练。

（二）《劳动法》

1995年施行的《中华人民共和国劳动法》在第二章专门列出促进就业部分，共6条，主要是明确促进就业的原则：一是鼓励发展经济促进就业；二是发展多种类型的职业介绍机构，提供就业服务；三是劳动者就业，不因民族、种族、性别、宗教信仰不同而受歧视；四是平等的就业权利；五是禁止用人单位招用未满16周岁的未成年人；六是特殊群体保护。主要针对残疾人、少数民族人员、退出现役军人的就业。《劳动法》不仅在总则中明确国家有义务通过采取各种有利于就业的措施，创造更多就业条件、增加就业机会，大力发展职业教育，而且在关于促进就业方面，强调了政府的主导作用，规范了男女的平等就业权，确保少数群体合法的劳

[①] 王俊飞：《大陆和台湾就业促进法律制度比较研究》，硕士学位论文，深圳大学，2017年，第4—7页。

动权。

（三）《失业保险条例》

1999年1月1日施行的《失业保险条例》，对职业训练经费支出做出了规定，失业者在领取失业保险金期间，因接受职业培训、职业介绍产生的费用，由政府按相关规定加以补贴。

（四）《劳动合同法》

2007年6月颁布实施的《劳动合同法》，主要通过规范劳动关系的权利义务来维护劳动者的劳动权，通过减少不合法的失业、促进更好更多的就业来推动就业促进和社会经济的共同发展。

（五）《就业促进法》

2008年1月1日施行的《就业促进法》明确规定了就业工作的优先地位，确立了"劳动者自主择业、市场调节就业、政府促进就业"的就业工作方针，明确了政府促进就业的职责和各级政府促进就业的工作体制，全方位地规定了有利于促进就业的产业政策、经贸政策、投资政策、金融政策、税收政策以及统筹就业政策、社会保险政策、失业保险政策、就业援助政策等政策支持体系，树立了公平就业、反对就业歧视的原则，规范了人力资源市场管理制度和职业中介机构及其行为，健全了公共就业服务体系，强化了职业教育培训制度，并确立了就业援助制度，以高位阶的立法确立了促进就业的长效机制。

（六）《就业服务与就业管理规定》

2008年1月1日施行的《就业服务与就业管理规定》的主要目的是对就业促进措施进行细化，规范人力资源市场服务，通过人力资源市场把需要就业的劳动者和招用人员的用人单位紧密对接起来，从而低成本、高效率地促进就业和推动经济发展。

（七）《社会保险法》

2011年7月1日施行的《社会保险法》通过完善失业保险等各项保险制度，确保劳动者在失业的情况下从国家和社会获得物质帮助的权利。然而，获得物质帮助的资格需要劳动者参加失业保险并缴纳一定期限的失业保险金，所以从侧面激励劳动者积极寻求工作机会。

四　现阶段我国就业促进法律制度实施情况[①]

经过多年发展，我国的就业促进法律制度体系不断健全，对扩大就业规模、优化就业结构、提升就业质量等发挥了重要作用，但仍然存在着诸如结构性矛盾突出等多种问题，未来亟须通过优化就业政策和制度体系等加以解决。

（一）基本情况

1. 法律体系更加完善

党的十八大以来，国务院及相关部门坚持以习近平新时代中国特色社会主义思想为指导，贯彻实施《就业促进法》，先后制定出台《"十三五"促进就业规划》《关于做好当前和今后一个时期促进就业工作的若干意见》等70多份规范性文件，深入推进"放管服"相关改革，就业工作成效明显。目前就业促进方面有行政法规3部、部门规章12部、地方性法规70余部。

2. 就业工作领导体制不断健全

国务院落实"建立全国促进就业工作协调机制"的规定，将就业工作部际联席会议升级为就业工作领导小组，成员涵盖20多个部委；充分发挥就业工作领导小组的作用，已召开9次国务院常务会议研究稳定就业工作；研究确定关于促进就业工作的重要问题，包括确定"使用1000亿元失业保险基金结余"实施职业技能提升行动，通过高职院校扩招100万人实施方案，研究"把农业产业链的增值收益、就业岗位留给农民""扩大开放稳增长稳就业""做好就业服务，以及健全适应灵活就业的相关社会保障"等。

3. 各司其职的格局基本形成

人力资源和社会保障部积极发挥促进就业、促进人力资源配置的职能作用，加强对就业的统计、研判、预警，推动人力资源市场和服务业发展，完善统筹城乡的公共就业创业服务体系，健全面向城乡劳动者的职业技能培训、就业援助等制度。2015年再次修订《就业服务与就业管理规

[①] 张春贤：《全国人民代表大会常务委员会执法检查组关于检查〈中华人民共和国就业促进法〉实施情况的报告》，《中国人大》2019年10月15日，第30—35页。

定》，并联合教育部、公安部、财政部、中国人民银行印发了《关于做好当前形势下高校毕业生就业创业工作的通知》；国家发展改革委联合农业农村部、退役军人事务部、国家统计局等部门召开了稳定就业工作部门座谈会；国家扶贫办推进贫困家庭毕业生就业帮扶；工业和信息化部组织开展制造业"双创"平台试点示范项目申报工作；科技部联合税务总局推动创业孵化机构税收减免政策落实；全国总工会、共青团中央、全国妇联、中国残联、全国工商联等有关方面也结合职责定位，突出重点群体和行业，主动落实法律规定，开展促进就业工作。

(二) 取得成效

从总体上讲，通过有效实施《就业促进法》等相关法律制度，我国的就业促进工作取得了明显的成效。主要表现为以下几个方面。

1. 就业规模持续扩大

城镇新增就业连续6年保持在1300万人以上，2019年年末全国就业人员77471万人，其中城镇就业人员44247万人。在全国就业人员中，第一产业就业人员占25.1%；第二产业就业人员占27.5%；第三产业就业人员占47.4%。2019年全国农民工总量29077万人，其中本地农民工11652万人，比上年增加82万人，增长率为0.7%；外出农民工17425万人，比上年增加159万人，增长率为0.9%。[①]

2. 就业结构更加优化

2018年三次产业就业人数占比为26.1%、27.6%和46.3%，第三产业吸纳就业能力充分显现。城镇就业人员比重上升了56%，城乡就业格局发生重大转变。中西部地区城镇就业人员增速超过东部。重点群体就业基本稳定。自2013年以来，共帮扶约3347万失业人员实现再就业，1036万建档立卡贫困劳动力实现就业，121万去产能职工得到妥善安置，31万余户零就业家庭实现动态清零，高校毕业生离校初次就业率连续6年超过77%，年底总体就业率超过90%。农民工、残疾人、退役军人就业逐步改善。

3. 就业质量稳步提升

劳动者就业渠道更加多元，新就业形态蓬勃发展，创业创新成为时代

---

① 2019年度人力资源和社会保障事业发展统计公报。

热潮。企业用工日益规范，劳动合同签订率达到90%以上。社会保险覆盖面不断扩大，保障水平逐步提高。

(三) 存在问题

尽管取得了一定的成效，但现实中仍然存在一些问题亟待解决。

1. 结构性就业矛盾依然凸显

新旧动能转换，结构优化调整，"人岗不匹配"的结构性矛盾仍旧是就业领域的主要矛盾。职业教育和培训尚未满足市场需求和产业发展需要。一是职业教育社会认同度低，"重普轻职"、注重升学率的观念根深蒂固，还存在技能人才地位待遇不高、职业发展不畅的现象，尊重劳动、崇尚技能的社会氛围还有待进一步形成。二是职业教育和培训的针对性不够。在导向上，有的地方职业教育和培训与市场需求对接不紧密，不能根据当地经济社会发展、重点产业布局和劳动者就业需要等，合理设置、适当调整专业结构和培训内容。在能力上，有的地方职业院校师资力量薄弱、设施落后，特别是实训设备简陋，没有条件培养适应岗位需求的技能人才。三是职业培训资金不足。"就业专项资金"用于职业培训的部分不充分、到位慢；一些中小企业对培训政策不够了解，不能按规定"提取职工教育培训经费"。

2. 公共就业服务和人力资源服务市场化服务能力不足

主要表现为：一是人力资源市场发育不平衡、不充分。专业性、行业性人才市场发展不足，人力资源企业小、散、弱，聚集效应、品牌效应不明显，优质服务不足，对就业的调节和促进作用发挥不够充分。二是公共就业服务基础薄弱。部分基层公共就业服务队伍力量不足，设施设备不完善，经费保障不到位，服务的标准化、信息化有待提升，服务机构尚未实现全覆盖。三是公共就业服务功能不健全。当前，有些公共服务机构只重点提供信息登记、职业介绍等基本服务，内容单一，创业服务项目还需要进一步拓宽和丰富。

3. 新业态催生就业新渠道、新形态、新问题

随着以互联网为基础的各类新产业、新业态、新模式不断涌现，灵活就业、兼职等新就业模式日渐增多，新就业形态从业人员日益壮大。据统计，淘宝平台有近1000万卖家。新业态在扩大就业的同时，也带来了新问题。一是就业稳定性不足。就业形态变化促使劳动者转岗频率加快、就

业周期缩短、就业地点分散，就业稳定性不强。二是灵活用工政策滞后。通过直播、短视频、社交软件等进行商业活动人员、网约车司机等是否属于现行法律调整范围尚无明确界定，劳动者的权益保障问题日益突出，相应的就业管理服务、用工制度和社保政策等还有很大完善空间。对以"粉丝经济"为代表的灵活就业统计监测存在盲区，相关数据还不掌握。

4. 科技发展的替代效应和补偿作用并存

随着大数据、云计算、人工智能、5G等技术的成熟，世界已经进入新一轮科技革命，必将影响包括就业在内的方方面面。一是替代效应。机器人、无人机、人工智能等技术的应用，已经开始替代部分劳动特别是简单重复劳动，使得短期内就业岗位减少。当前，制造业工人、银行柜员等受冲击较为明显。二是补偿作用。科技进步可以创造新的消费需求、投资需求，从而带动新的生产和新的就业岗位。特别是5G，具有高速率、大容量、低延时的特点，将促进物联网、智慧城市、远程医疗、VR等走进人民群众的生产生活，推动产业升级，为未来扩大就业提供重要技术支撑，但同时也可能产生新的结构性就业矛盾。

（四）发展建议

1. 形成完整的就业政策和制度体系

建议研究就业政策工具设计、体系构建、实施路径等方面的具体内容，形成与就业的经济地位和重大作用相匹配，与"三大宏观政策"相匹配的政策系统。一是推动各项政策有机衔接。坚持以法律为依据，建立健全财政、货币、金融、产业、贸易、教育、文化等政策与就业政策联动机制，依法制定、依法实施，增强政策的整体效果。二是加强对政策效果的审计评估。坚持就业优先战略，在政策制定时，将更高质量和更充分就业作为主要目标，综合评估其对就业环境、就业岗位、失业风险的影响。在政策执行时，密切监测政策的就业效应，及时优化调整，确保有利于就业目标实现。在绩效考核时，将就业作为主要指标，适度增加权重，加强事前事中事后评估。三是开发选用有效的政策工具。实现同一政策目标可以选择多种不同的政策工具组合。要精准开发和选择政策工具，确保政策实效。

2. 坚持以经济高质量发展推动实现更高质量就业

一是稳定经济增长，增强就业弹性。经济增长是扩大就业的基本保障。建议深入研究发展模式、增长动力、产业结构等与就业弹性的具体关系，围绕满足人民日益增长的美好生活需要，加快发展有利于创造就业机会、提升就业质量的新业态，更好地发挥促进就业的作用。二是充分发挥民营企业、中小微企业吸纳就业的主渠道作用。扶持引导民营企业、中小微企业走"专精特新"发展道路，提高民营企业和中小微企业生存能力和创新发展能力。三是打造"双创"升级版，发挥创业带动就业倍增效应。鼓励大众创业、万众创新，加大创业孵化载体建设，加大对科技型创业创新、高校毕业生和农民工创业的扶持，整合构建创业生态系统。四是促进第一、二、三产业深度融合，扩大乡村就业。发展乡村产业，培育新型职业农民和乡村实用人才。

3. 进一步增强劳动者就业能力和创业能力

一是弘扬劳动光荣的时代风尚。通过健全技术技能人才评价体系，完善职业技能等级制度，探索建立合理的薪酬待遇制度，体现技能型人才的劳动价值，使"幸福都是奋斗出来的"成为价值追求。二是优先发展教育事业，推动人口红利向人才红利转变。坚持普通教育和职业教育并进，深化产教融合、校企合作。加快职业教育改革，创新职教办学机制，优化专业设置，建立专业动态调整机制。三是精准对接市场和就业需求，创新职业培训。完善终身职业技能培训制度，加大项目制、定向式、订单式培训，加强对灵活用工、农民工、新型职业农民等群体的专门培训，提高职业培训的针对性、有效性，促进产业链与人才链的衔接融合。四是用好1000亿元失业保险基金和其他培训资金。近期，国务院办公厅印发《职业技能提升行动方案（2019—2021年）》，财政部、人社部已经制定了资金的管理和使用办法。各地区和有关部门要进一步完善政策，加强资金的管理和使用，开展职工技能提升和转岗转业培训，推动职业技能提升行动尽快落实到位，为稳定和扩大就业发挥作用。

4. 完善统一开放、竞争有序的人力资源市场和覆盖城乡的就业服务体系

一是推进公共就业服务信息化。优化服务流程，形成线上线下融合、信息互联互通、跨部门审核经办、精准推送服务的就业服务信息平台。二是统筹城乡公共就业服务体系。推进公共就业服务平台标准化建设，实现省、市、县、乡、村五级公共就业网络服务平台上下贯通，打通城乡公共

就业服务"最后一公里"。三是统筹推进人力资源市场发展。完善供求信息的收集和发布，改进就业创业指导，推进人力资源测评、开发、管理等产业链建设，推动东中西部专业性、行业性人力资源市场协同发展，提高供需调配能力。加大执法力度，加强对人力资源市场的事中事后监管。四是加强劳动力资源和就业、失业状况调查统计。连接人社、发改、商务、统计等部门，监测经济运行、就业形势、就业质量、失业动态预警、人力资源市场供求信息、劳动力流动等，通过共享信息来分析判断就业形势、特点和趋势，精准提升就业服务和管理。通过数据监测规范高校毕业生就业签约，严防采取虚假合同的方式提升就业率等就业数据失真问题。

5. 择时修订完善就业促进相关法律法规

一是修订《就业促进法》。切实体现就业优先战略，体现各级政府和有关方面的改革创新实践，体现当前就业的新趋势、新问题，增强可行性、可操作性，主要是补充新就业形态、乡村就业、公平就业、创业带动就业等内容。加强与劳动、教育、妇女、残疾人、中小企业等相关法律的协同，加快制定人力资源开发等相关法律。二是完善配套法规。围绕实现更高质量和更充分就业的需要，结合已经出台的《失业保险条例》《残疾人就业条例》《人力资源市场暂行条例》，完善配套的行政法规和地方性法规。

第三节 劳动权益保障制度

每一个有劳动能力的成年人都应该参加劳动，并通过劳动获取报酬和福利待遇，改善家庭的生活经济状况。同时，国家通过颁布法律法规来保护公民的劳动权益。本节着重阐述劳动权益保障的概念、保障体系构成，梳理我国劳动权益保障制度发展的历程、现阶段我国权益保障制度体系，并分析我国劳动权益保障制度实施的基本情况、取得的成效、存在的问题以及发展建议。

一　劳动权益保障的内涵

（一）劳动权益保障的概念

劳动权益是指劳动者作为特定的权利主体所享有的、与劳动相关联，特定的资格、自由、能力以及由此产生的利益。劳动权益是一个复合概念，不仅包括劳动权本身，更侧重于其利益指向。劳动权益保障是指保障劳动者的劳动权益（如权利、生命、财产等）不受到侵害的一系列行为和措施。劳动权的实现是劳动权益保障的基础和核心。

(二) 劳动权益保障的主要内容

1. 平等就业权的保障

《中华人民共和国劳动法》第十二条规定，劳动者在就业机会的获得方面，不因年龄、种族、性别、宗教信仰不同而受到歧视。《劳动力市场管理规定》第七条用人单位在招用职工时，除国家规定不适合从事的工种或者岗位外，不得以性别、种族、宗教信仰为由拒绝录用或者提高录用标准。赋予劳动者平等的就业权，有利于促进劳动者之间的平等竞争和社会公正的实现。

2. 自主择业权的保障

劳动者享有自主择业权是劳动者人格独立和意志自由的法律体现，劳动者自主择业有利于充分发挥劳动者的聪明才智和劳动热情，有利于提高劳动效率，有利于建立新型、稳定、和谐的劳动关系。《劳动法》第三条明确规定了劳动者享有自主择业的权利。

3. 劳动报酬权的保障

我国《宪法》明确规定保护劳动者享有劳动报酬的权利，并提出在发展生产的基础上，逐步提高劳动报酬和福利待遇，劳动者的劳动报酬是劳动者付出劳动后而由用人单位支付的合法收入，应当得到法律的确认和保护。

4. 休息权的保障

休息权是我国《宪法》以及劳动法律法规赋予劳动者的一项基本的权利，是劳动立法的目标之一。保障劳动者的休息权，是保障劳动者的身体健康和劳动安全，只有尊重休息的权利并创造休息条件让劳动者有足够的休息调整，才能更好地投入工作中去，更好地调动劳动者的积极性。

5. 劳动安全卫生权的保障

劳动安全卫生保护权是劳动者在劳动过程中依法要求用人单位提供安全卫生的劳动条件，保护其生命和身体健康的一项基本劳动权利。我国《宪法》规定：加强劳动保护，改善劳动条件。根据宪法，我国制定了一系列劳动保护的法律、法规，建立了各项劳动安全卫生管理制度。

6. 社会保险权和福利权的保障

《中华人民共和国劳动法》第七十二条，用人单位和劳动者必须依法参加社会保险，缴纳社会保险费。社会保险是劳动力再生产的一种客观需要。我国《劳动法》规定劳动保险包括养老保险、医疗保险、工伤保险、失业保险、生育保险等。

7. 有接受职业技能培训的权利

我国《宪法》规定，公民有受教育的权利和义务。所谓受教育既包括受普通教育，也包括受职业教育。公民要实现自己的劳动权，必须拥有一定的职业技能，而要获得这些职业技能，越来越依赖于专门的职业培训。因此，劳动者若没有职业培训权利，那么劳动就业权利也就成为一句空话。

8. 有提请劳动争议处理的权利

劳动争议是指劳动关系当事人，因执行《劳动法》或履行集体合同和劳动合同的规定引起的争议。劳动关系当事人，作为劳动关系的主体，各自存在着不同的利益，双方不可避免地会产生分歧。用人单位与劳动者发生劳动争议，劳动者可以依法申请调解、仲裁、提起诉讼。

二　我国劳动权益保障制度的发展历程

（一）劳动立法形成期（1949年10月到20世纪50年代）

1949年10月1日中华人民共和国成立，国家就开始着手制定新的维护劳动人民权益的劳动立法，为劳动权益保障制度的形成奠定基础。国家先后颁布了一系列的劳动法规。

1950年2月，中央财经委员会公布了《关于国营公营工厂建立工厂管理委员会的指示》，规定在国营、公营企业中建立有工人代表参加的工厂管理委员会，保证了广大职工实现参加企业管理的权利，这大大地提高了职工的生产积极性。

劳动部先后于1950年5月公布了《工厂卫生暂行条例草案》，1952年12月公布了《关于防止沥青中毒的办法》。这些法规的实施有力地推动了劳动安全卫生工作的开展。

1951年2月，政务院公布了《中华人民共和国劳动保险条例》。这一条例减轻了工人生活中的特殊困难，使暂时或长期丧失劳动能力的职工在生活上有了基本的保障，对于生、老、病、死、伤、残等情况的保险都有了具体规定。

1950年11月，劳动部公布了《关于劳动争议解决程序的规定》，对合理解决劳动纠纷提出了适当的办法。1954年9月，我国颁布了新中国的第一部《宪法》。这部《宪法》对我国的劳动和社会劳动关系的调整与公民的基本权利和义务作了规定，如第91条规定了公民的劳动权与国家对待职工工资待遇与改善劳动条件的原则；第92条规定了公民的休息权；第93条规定了公民的物质帮助权。

在工资立法方面，比较重要的是1956年6月国务院公布的《关于工资改革的决定》，1956年10月颁布的《关于新公私合营企业工资改革中若干问题的规定》。这些决定改进了工资制度，同时使工资水平得到了适当提高。在劳动保护立法方面，1956年5月，国务院公布了《工厂安全卫生规程》《工人职员伤亡事故报告规程》《关于防止厂、矿企业中矽尘危害的决定》。这些规定的颁布使得厂、矿企业在改进劳动保护工作方面有了统一的根据和标准。

1958年，国务院公布了《关于工人、职员退休处理的暂行规定》《关于企业、事业单位和国家机关中普通工和勤杂工的工资待遇的暂行规定》《关于国营、公私合营、合作社营、个体经营的企业和事业单位的学徒的学习期限和生活补贴的暂行规定》《关于工人、职员回家探亲的假期和工资待遇的暂行规定》四项重要规定。这些规定反映了统筹兼顾、合理安排劳动工资的精神，注意了工人阶级内部关系以及工农关系，在安排生产与生活方面，既照顾了职工的眼前利益，又照顾了长远利益，既照顾了个人利益，也照顾了国家利益。[①]

（二）劳动立法基本处于停滞阶段（20世纪60—70年代）

进入20世纪60年代之后，我国出现了极"左"思潮和冒进倾向，特别是1966年5月至1976年10月间，我国的生产建设陷于停顿和混乱状态，没有颁布有效的法令，劳动者的劳动权益也受到了侵害。

---

① 关怀：《回顾与瞻望——六十年来我国的劳动立法》，《朝阳法律评论》2009年，第12—13页。

(三) 劳动立法全面发展阶段（1978年到20世纪80年代）

1978年以后，随着经济建设和改革开放的进展，国家颁布了许多重要的劳动法规。主要有以下几项。

在劳动报酬方面：国务院于1978年5月发布了《关于实行奖励和计件工资制度的通知》；1980年1月发布了《关于职工升级的几项具体规定》；1981年2月又发布了《关于正确实行奖励制度，坚决制止滥发奖金的几项规定》。这几项法规对于恢复和改善职工的工资制度和形式，克服当时严重的平均主义和滥发奖金的现象，发挥了积极作用。1985年1月国务院发布的《关于国营企业工资改革问题的通知》，同年6月发布的《关于国家机关和事业单位工作人员工资制度改革问题的通知》和同年7月发布的《国营企业工资调节税暂行规定》等法规，大大推动了工资制度的改革，调整了各种工资关系，对于进一步克服平均主义，实现按劳分配起到了积极作用，也为以后全面改革工资制度做好初步准备。

在劳动保护方面：1979年10月中共中央发出了《关于认真做好劳动保护工作的通知》；1982年国务院先后发布了《锅炉压力容器安全监控条例》《矿山安全条例》《矿山安全监察条例》；1984年7月国务院发布了《关于加强防尘防毒工作的决定》；1988年7月国务院发布了《关于女职工劳动保护的规定》，同年12月劳动部等5部门联合发出了《关于严禁使用童工的通知》。这样，我国劳动保护方面的立法基本上趋于完备，从而为职工的安全和健康提供了比较全面的法律保障。

在社会保障方面：1978年5月国务院发布了《关于安置老弱病残干部的暂行办法》和《关于工人退休、退职的暂行办法》；1980年10月又发布了《关于老干部离职休养的暂行规定》，使我国职工和干部的退休制度进一步趋于完善。此外，1981年国务院修正公布了《关于探亲待遇的规定》，扩大了适用范围，提高了待遇标准，对有关职工提供了更多的照顾。

在民主管理方面：1981年7月国务院转发了由中华全国总工会、国家经委和中央组织部制定的《国营工业企业职工代表大会暂行条例》；1986年9月中共中央和国务院联合发布了新的《全民所有制工业企业职工代表大会条例》，进一步明确了职工代表大会的职权，加强了职工参加企业管理的权利。这对充分调动职工的劳动积极性，改善企业的民主管理，具有重要的意义。

在劳动争议处理方面：1987年7月国务院发布了《国营企业劳动争议处理暂行规定》，恢复了从1956年起中断的劳动争议处理制度，规定了劳动争议的调解、仲裁和法院审理程序，使实行劳动制度改革中产生的劳动争议得到合理的解决。

除了以上各方面的劳动法规以外，国家为了适应对外开放、吸引外资的需要，还对外商投资企业的劳动关系发布了一些特别法规。其中有1980年国务院颁布的《中外合资经营企业劳动管理规定》；1988年国务院办公厅转发的《劳动部和人事部关于进一步落实外商投资企业用人自主权意见的通知》等。这些法规既保障了外商的合法经营，又维护了职工的应享权益，对正确贯彻对外开放政策具有重要的促进作用。[①]

此阶段的劳动法规毕竟还不是法典式的《劳动法》，只是从某一个方面提出了解决矛盾、协调劳动关系的行政规范，立法层次低，还未能建立较完备的劳动权益保障制度体系。

（四）劳动权益保障制度体系初步建立阶段（1994年《劳动法》颁布至今）

1994年7月颁布的《劳动法》将保护劳动者的合法权益贯穿于全部法律中，也使我国有了调整劳动关系的基本法，较全面地规范了劳动关系的方方面面，将劳动工作纳入了法制轨道，奠定了我国劳动法制的基础。在《劳动法》颁布后，于1995年3月，发布了《关于修改〈国务院关于职工工作时间的规定〉的规定》；1999年1月发布了《失业保险条例》和《社会保险费征缴暂行条例》；2003年4月发布了《工伤保险条例》。前劳动部及劳动和社会保障部于1994年12月发布了《企业职工患病或非因工负伤医疗期规定》《违反和解除劳动合同的经济补偿办法》《工资支付暂行规定》《就业训练规定》《企业职工生育保险试行办法》；1995年3月颁发了《〈劳动法〉有关劳动合同规定的赔偿办法》；1995年12月颁发了《劳动监察程序规定》；1996年10月发布了《矿山安全法实施条例》；1996年11月发布了《劳动和社会保障行政复议办法》；2000年12

[①] 任扶善：《新中国劳动立法的发展》，《首都经济贸易大学学报》2000年第1期，第8—9页。

月发布了《工资集体协商试行办法》；2001年5月发布了《社会保险基金行政监督办法》及《社会保险行政争议处理办法》；2004年1月颁发了《集体合同规定》《最低工资规定》。这一系列劳动法规的颁布大大地充实和完善了劳动立法。

要构建完善的劳动法律体系，仅有这些劳动法规是不够的，必须由全国人大常委会制定与《劳动法》配套的单项劳动法律。2002年6月由全国人大常委会颁布了《安全生产法》；2004年10月26日，国务院第68次常务会议通过《劳动保障监察条例》；2004年12月31日正式颁布《关于实施〈劳动保障监察条例〉若干规定》。为了进一步健全劳动立法，在2007年2月全国人大常委会发布的2007年立法规划中有关劳动立法的项目有四项之多，分别是《就业促进法》《劳动合同法》《劳动争议调解仲裁法》《社会保险法》，形成了较完善的劳动法律体系。随后近10年间，我国根据经济社会发展和实际需求，不断地修订和完善相关的法律制度。[①]

三　我国劳动权益保障制度体系的构成

我国的劳动权益保障制度体系是以《劳动法》为核心，多层次法律规范并存的立法格局，由劳动权益内容、劳动争议处理和劳动保障监察三方面立法构成。

（一）劳动权益内容立法

我国的《宪法》《失业保险条例》《劳动法》《就业服务与就业管理规定》《劳动合同法》《就业促进法》《社会保险法》等相关法律，分别对劳动者的劳动权益内容作出规定。根据上述法律制度，细化我国劳动权益保障的具体内容如下。

1. 就业年龄

我国最低就业年龄为16周岁。严禁使用童工，对违反规定招用了童工的单位或个人，由劳动部门责令其将童工送回原居住地，所用费用全部由用人单位负担，并视情节给予行政处分或罚款。

[①] 关怀：《回顾与瞻望——六十年来我国的劳动立法》，《朝阳法律评论》2009年，第18页。

2. 劳动者应享有的权利

（1）享有平等就业和选择职业的权利。

（2）有取得劳动报酬的权利，用人单位应当按月以货币形式支付给劳动者本人工资，不得无故拖欠或克扣工资。劳动者在法定节假日、婚丧假期间及社会活动期间也应当有权利取得工资。

（3）有休息、休假的权利。用人单位应保证劳动者每周至少休息一天，每日工作不应超过 8 小时，平均每周工作不应超过 44 小时。如果用人单位由于生产需要而延长工作时间，应与劳动者协商，每天最长不超过 3 小时。

（4）有获得劳动安全卫生保护的权利。

（5）有接受职业技能培训的权利。

（6）有提请劳动争议处理的权利。

（7）有享受社会保险和福利的权利。

（8）有权拒绝用人单位强令冒险作业的权利。

3. 未成年工和女职工的特殊保护（未成年工指已满 16 周岁而未满 18 周岁的劳动者）

（1）禁止安排女职工从事矿山井下和重体力劳动强度的劳动及其他禁忌从事的劳动；不得安排女职工在经期从事高处、低温、冷水作业及重体力强度的劳动。

（2）不得安排女职工在怀孕期间从事孕期禁忌从事的劳动和重体力强度的劳动。对怀孕 7 个月以上女职工，不得安排其延长工作时间和夜班劳动。女职工生育享受产假不得少于 90 天。对哺乳未满周岁婴儿的女职工，不得安排从事重体力强度劳动和哺乳期禁忌从事的其他劳动，不得安排其延长工作时间和夜班劳动。

（3）不得安排未成年工从事矿山井下、有毒有害和重体力强度劳动，以及其他禁忌从事的劳动。用人单位须对未成年工定期进行健康检查。

4. 确定劳动者最低工资标准的参考因素

（1）劳动生产率和就业状况。

（2）地区之间经济发展水平的差异。

（3）劳动者本人及平均赡养人口的最低生活费用。

（4）社会平均工资水平。

5. 对延长工作时间而支付工资报酬标准的规定

(1) 在延长工作时间内的工资报酬应不低于平时工资的150%。

(2) 在休息日工作了而又未获得补休的,应获得不低于平时工资的200%。

(3) 法定休假日工作的工资应不低于平时工资的300%。

6. 有关职工伤亡和职业病的确定及处理规定和处理原则

用人单位不管自己主观上是否有过错,都应承担相应的法律责任:一是有伤亡和职业病发生时,须由单位提供足以证明并非本身原因而造成的事故,否则即认定为单位责任,受害者不必一定要负举证责任;二是伤亡补偿等责任是法定责任,不能由劳动关系双方约定方式予以免除。患有工伤或职业病的劳动者应享受的待遇:经治疗伤愈后病情处于相对稳定状态时,医疗机构应作出医疗终结结论,医疗期最长为18个月;到指定医院治疗,包括旧伤复发或评残后继续治疗所需挂号费、医疗费、路费全额报销,经医院和上级主管部门批准转外地治疗,其所需交通费、食宿费等按因公出差标准报销;工资、奖金照发;住院期间,按有关规定发给伙食补贴,经医院确定需护理的,按医院护工标准发给护理费;企业不能解除劳动合同。

职工工伤或医疗期满后确定为致残的,享受以下保险待遇。

(1) 致残一级至十级的,发给一次性伤残补助金。补助金标准,根据不同的伤残等级,分别为20、18、16、14、12、10、9、8、7、6个月本人负伤前本地区上年度月平均工资。

(2) 致残一级至四级的,退出生产工作岗位,发给定期伤残抚恤金。以本人负伤前本地区上年度月平均工资(不含各类补贴)为计发基数,根据不同致残等级标准,分别为90%、85%、80%、75%。各类补贴全额发给,此外,根据职工月平均工资增长,抚恤金作不定期的适当调整。

(3) 致残一级至三级的,按月发给护理费。其标准根据不同致残等级,分别为本地区上年度月平均工资的50%、40%、20%。

(4) 致残五级至十级的,原则上由单位安置适当工作,如安排有困难,经劳动行政部门批准,可以办理终止劳动合同手续,发给一次性就业安置费,其标准为五级30个月、六级25个月、七级20个月、八级15个月、九级 10 个月、十级 5 个月本人负伤前本地区上年度月平均工资。

（5）致残需安装假肢、镶牙和配置三轮车等补偿功能器具的，经医疗机构提出意见，劳动鉴定委员会审核，行政主管部门同意，其购置、安装、维修费按普及型标准发放。

7. 劳动者享受社会保险的条件

（1）非因工负伤、患疾病。

（2）因工伤残或患职业病。

（3）劳动者死亡后，其遗属可享受津贴。

（4）失业保险。

（5）女职工生育保险。

（6）离退休养老保险。

8. 以下情况下，劳动者加班加点不受劳动法规定的限制

（1）发生自然灾害、事故或其他原因的，威胁劳动者生命健康和财产安全需要紧急处理的。

（2）生产设备、交通运输线路、公共设施发生故障，影响生产和公共安全、公共利益，需及时抢修的。

（3）法律、行政法规规定的其他情形。

9. 劳动试用期不可以随意决定

我国法律规定，劳动者和用人单位可以约定试用期，但试用期最长不得超过 6 个月。

10. 在以下情况下，可以辞退劳动者

（1）劳动者在试用期间被证明不符合录用条件的。

（2）严重违反劳动纪律或用人单位规章制度的。

（3）严重失职，营私舞弊，对用人单位利益造成重大损害的。

（4）被依法追究刑事责任的。

11. 在以下情况下，用人单位辞退劳动者须提前 1 个月书面通知劳动者，且还要依法给予劳动者以经济补偿的

（1）用人单位面临破产或生产经营状况发生严重困难的。

（2）劳动者患病或因公负伤，医疗期满后，不能从事原工作也不能从事由用人单位另行安排的工作的。

（3）不能胜任工作，经培训或调整工作岗位后，仍不能胜任工作的。

(4) 客观情况发生变化而使原来的劳动合同无法履行，且又不能达成新的劳动合同协议的。

12. 以下情况下，辞退劳动者是非法的

(1) 女职工在孕期、产假期、哺乳期内的。

(2) 劳动者在规定的医疗期限内带病或负伤的。

(3) 劳动者患职业病或因工负伤并被确认丧失或部分丧失劳动能力的。

(4) 法律、行政法规规定的其他情形。

13. 办理停薪留职手续注意事项

(1) 职工应提出书面申请，经企业批准，并签订停薪留职协议书。如果作了停薪留职申请，却未经企业批准就擅自离职的，企业要按违反劳动纪律来作处理。

(2) 停薪留职协议书的内容有：在停薪留职期间，企业停发工资、奖金、各种津贴和补贴，停止享受劳保福利等待遇；职工应按月向原单位缴纳待业保险基金、养老保险基金及其他费用；停薪留职期间按期缴纳费用的职工可计算连续工龄；职工在停薪留职期满前既未办理复工手续，又未办理辞职、调动手续的，企业待职工停薪留职期满后可按自行离职处理，并发给离职证明书；停薪留职期限，由企业根据生产或工作需要与职工具体商定。

14. 签订劳动合同时应注意的问题

(1) 应遵循两个基本原则：平等自愿、协商一致的原则；遵守法律的原则。

(2) 应采用书面形式签订劳动合同。

(3) 了解劳动合同所必须具备的条款：合同期限，工作内容、性质，工作地点；工资报酬奖金、津贴等标准；劳动保护和劳动条件；劳动纪律和奖惩规程，劳动合同终止条件；违约责任等。

15. 在以下情况下，劳动者可以随时通知用人单位解除劳动合同

(1) 劳动者在试用期内。

(2) 用人单位以暴力、威胁或者非法限制人身自由的手段强迫劳动的。

(3) 用人单位未按劳动合同约定支付劳动报酬或者提供劳动条件的。

（二）劳动争议处理立法

劳动争议的处理对构建和谐劳动关系具有重要的意义。我国于1987年恢复了劳动争议仲裁制度，随着1993年《企业劳动争议处理条例》和1994年《劳动法》的相继颁布实施，形成了"一调一裁两审"的劳动争议处理程序，即发生劳动争议先调解、再仲裁、再经两次审判的程序。随着经济社会的发展，经济结构和就业方式的变化，全国劳动争议案件数量持续大幅上升，争议案件日趋复杂，争议内容日益多样化，调处难度加大等。为了公正及时解决劳动争议，保护当事人合法权益，促进劳动关系和谐稳定，中华人民共和国第十届全国人民代表大会常务委员会第三十一次会议于2007年12月29日通过制定《中华人民共和国劳动争议调解仲裁法》，自2008年5月1日起施行。《劳动争议调解仲裁法》对原有的劳动争议调解仲裁制度作了修改与补充，加强了劳动争议的调解工作，进一步规范了劳动争议的调解机构和调解程序，改进了劳动争议的仲裁程序，对仲裁的申请时效及仲裁时效的中止和中断作出了新的规定，进一步健全了劳动争议处理制度。

（三）劳动保障监察制度立法

劳动保障监察，是指"由人力资源社会保障行政主管部门对发生劳动关系的用人单位、劳动者以及其他社会组织遵守劳动法律、法规、规章情况进行检查并对违法行为予以处罚的执法活动的总称"。[1] 国际劳工组织认为："劳动监察是一项公共职能、一项政府责任，要作为一种制度加以组建，并纳入国家行政体系中，目的是管理社会和劳动政策并监督其实施，使之符合立法和标准。"[2] 因此，"劳动监察被看作是一种事实上必需的国家干预责任，一种保护劳动者身心健康所必需的政府法定义务"。[3] 劳动保障监察人员的定位应是"社会警察"。在市场经济条件下，有劳动就应当有劳动监察。"没有监察，劳动立法只是一种道德运用，而不是有约束力的社会纪律。"

---

[1] 常凯：《劳动法》，高等教育出版社2011年版，第590页。
[2] 杨莹译：《全球行动：劳动监察（一）》，《现代职业安全》2007年第2期，第62页。
[3] ［德］李希霍芬：《劳动监察》，国际劳工与信息研究所译，中国劳动和社会保障出版社2004年版，第7页。

我国劳动保障监察制度产生于中华人民共和国成立之初，其标志是1950年政务院发布的《关于各省人民政府劳动局与当地国营企业工作关系的决定》。随着我国市场经济体制的建立，1993年8月4日，原劳动部发布《劳动监察规定》，对企业执行劳动法律法规情况进行监察做出了具体规定，在全国开展除了劳动安全监察以外的其他方面的劳动监察。1994年7月4日，全国人大常委会颁布《劳动法》，专设"监督检查"一章，使劳动监察有了实体法上的依据。紧随其后，原劳动部相继制定、颁布了与《劳动法》相配套的《劳动监察员管理办法》《劳动监察员准则》《劳动监察程序规定》《处理举报劳动违法行为规定》等一系列规定，为劳动监察执法提供了基本的依据。

2004年10月26日，国务院第68次常务会议通过《劳动保障监察条例》，2004年11月1日以中华人民共和国国务院令（第423号）公布，于2004年12月1日正式实施。2004年12月31号，《关于实施〈劳动保障监察条例〉若干规定》（中华人民共和国劳动和社会保障部令第25号）正式颁布，自2005年2月1日起施行。《劳动保障监察条例》在总结实践经验的基础上，对劳动保障监察的主体、对象、范围和程序，监察机构和监察员的职责、法律责任等方面都做出明确规定。《劳动保障监察条例》的出台标志着我国劳动监察立法上升到一个更高的层次，使劳动保障监察建立在统一的法规依据之上。之后颁布、实施的《劳动合同法》（中华人民共和国第十届全国人民代表大会常务委员会第二十八次会议于2007年6月29日通过，自2008年1月1日起施行）、《就业促进法》（2007年8月30日第十届全国人民代表大会常务委员会第二十九次会议通过，自2008年1月1日起施行）、《社会保险法》（中华人民共和国第十一届全国人民代表大会常务委员会第十七次会议于2010年10月28日通过，自2011年7月1日起施行）等均专设"监督检查"一章，对劳动监督检查作了相应的明确规定，初步构建了我国的劳动保障监察法律体系，为建立和发展我国劳动保障监察制度提供了法律依据和处理规则，劳动保障监察机构也依据这些规定查处了大量违反劳动法律法规、侵犯劳动者合法权益的案件。[①]

四 现阶段我国劳动权益保障制度实施情况

(一) 基本情况

1. 劳动权益保障制度体系基本完善

目前，以《劳动法》为基础，以《劳动合同法》《就业促进法》《劳动争议调解仲裁法》等法律为骨干，以《职工带薪年休假条例》《劳动保障监察条例》《禁止使用童工规定》等法规相配套，我国规范和调整劳动关系的法律体系基本形成，劳动权益保障工作开始进入法制化轨道。

2. 劳动关系双方自主协商、社会三方协调、政府依法调整的劳动关系格局基本形成

在企业层面，建立了集体协商机制，形成了劳动关系双方自主协商机制；在社会层面，中央、省和市三级都建立了由政府部门、工会和企业联合会组成的协调劳动关系三方机制；在政府层面，各级政府普遍建立了劳动争议仲裁和劳动保障监察执法机构及队伍，为劳动者合法权益提供了全方位的保障。

(二) 主要成效

1. 劳动合同和集体合同制度覆盖范围广

截至2019年年末，全国企业劳动合同签订率达90%以上。年末全国报送人力资源社会保障部门审查并在有效期内的集体合同累计175万份，覆盖职工1.49亿人。经各级人力资源社会保障部门审批且在有效期内实行特殊工时制度的企业8.4万户，涉及职工1480万人。

2. 劳动争议调整仲裁工作不断提高

截至2019年年末，全年全国各级劳动人事争议基层调解组织和仲裁机构共处理劳动人事争议案件211.9万件，涉及劳动者238.1万人，涉案金额489.7亿元。全年办结争议案件202.3万件，调解成功率为68.0%，仲裁结案率为95.5%，终局裁决17.7万件，占裁决案件数的41.2%。

---

① 肖进成：《我国劳动保障监察制度存在的问题及其对策研究》，《华东理工大学学报》2016年第6期，第93—94页。

3. 劳动保障监察执法工作不断加强

截至 2019 年年末，全年全国各级劳动保障监察机构共主动检查用人单位 135.1 万户次，涉及劳动者 5140.8 万人次。书面审查用人单位 160.6 万户次，涉及劳动者 6621.9 万人次。全年共查处各类劳动保障违法案件 11.2 万件。通过加大劳动保障监察执法力度，为 83.1 万名劳动者追发工资等待遇 79.5 亿元。共督促用人单位与 78.6 万名劳动者补签劳动合同，督促 0.5 万户用人单位办理社保登记，督促 1.6 万户用人单位为 17.9 万名劳动者补缴社会保险费 6.7 亿元。加强人力资源市场监管，依法取缔非法职业中介机构 2601 户。

（三）存在问题

1. 劳动立法不能满足现实发展的需要

我国的劳动立法自《劳动法》《劳动合同法》《就业促进法》《劳动争议调解仲裁法》《社会保险法》颁布以来，取得了非常显著的成效，并且已经初步形成了相对比较完整的劳动法律体系，但是仍存在明显不足，特别是工资、工作时间、休息休假方面的劳动基准立法、已经成为我国劳动法律体系中的短板，存在着立法不够健全，立法层次较低，主要依赖于部颁规章和地方法规，地方口径不统一；面对新形势新发展新的经济业态就业岗位的出现，存在法律规定更新不及时、规定内容不够具体、操作性不强等问题。距离建立完备的劳动法律体系还有一定的距离。

2. 劳动关系双方法律意识有待进一步加强

当前，劳动关系双方的法律意识淡薄还是较为普遍存在的现象。一方面有些企业不够重视劳动法等相关法律法规，为了降低用工成本，在一些规章制度的制定实行、劳动合同的签订方面存在不符合法律规定、有失公平的现象，这就导致日后劳动关系纠纷的产生；另一方面，劳动者自身缺乏应有的法律常识，有的劳动者不知道或者不愿意签订劳动合同，有的屡屡违约跳槽，不履行作为劳动者的相关义务，损害用人单位的利益，这些都会影响劳动关系的正常管理，产生劳动纠纷隐患。

3. 用人单位侵犯劳动者合法权益的现象屡有发生

当前市场经济多元化发展，就业形势严峻，劳动关系也日益复杂化、多样化，相比较企业处于优势和主导地位来说，劳动者是处于弱势一方。首先，某些企业为了自身利益，没有严格执行劳动管理规定，具体表现有不签订或延期签订劳动合同，签订带有明显不公平不合法的劳动合同，劳动合同签订覆盖率低，且缺乏日常管理的有效手段和措施；用人过程中变相克扣劳动者的薪资福利、不支付加班费；职业病防护和劳动保护等措施制度落实不到位，损害劳动者身心健康；不按规定为劳动者缴纳或少缴纳社会保险、医疗保险、工伤保险等，都对劳动者的合法权益造成了损害。其次，劳动者缺乏维权意识，在合法权益得到侵害时不懂维护或者不知道如何去维护自身的合法权益。

4. 工会协调劳动关系的作用不能很好的发挥

当前，仍有不少企业的工会组织职能没有得到落实，有的甚至形同虚设，不能参与到企业的经营决策中去，因此，工会在协调劳动关系、维护企业职工合法权益方面的作用非常有限。

5. 劳动纠纷频发，一些企业劳资矛盾依然比较突出

近年来，劳动纠纷、劳动争议逐年增多，劳资矛盾显现，有些表现得比较激烈。一些企业因终止劳动合同、解除劳动合同和报酬问题，引发了职工集体上访、闹事事件，有的甚至影响了交通、影响了党政机关的正常办公秩序。有的外来务工人员为向企业讨回拖欠的工资，甚至发生了跳楼、爬塔等严重事件。劳动纠纷、劳动争议的增多，给社会造成了许多不稳定因素。

（四）发展建议

1. 进一步完善法制保障机制

一是继续推进劳动基准立法，尤其要加大工资、工作时间、休息休假等方面的劳动基准立法。适应不同创新的用工形式的需要，解决更新内容不及时、规定内容不够具体、操作性不强等问题，切实保障劳动者合法权益，构建和谐劳动关系。

二是进一步完善集体协商和集体合同制度。完善相关内容，特别是立法确立规范化的利益争议处理程序和处理机制，探索建立具有中国特色的利益争议调解机制。

三是完善劳动保障监察立法。《劳动保障监察条例》在 2004 年颁布之初就存在着因立法层次的限制，缺乏必要的行政强制手段、对检查处理决定的执行缺乏有效的保障措施、对法律责任的规定总体过轻等问题，尤其近 10 年的执法环境发生了重要的变化，特别是《劳动合同法》《就业

促进法》《社会保险法》等法律的相继出台,《劳动保障监察条例》的有些规定已经不能适应执行上述法律的需要,可以考虑在提高立法层次、重构劳动保障监察领导体制、加强劳动保障监察队伍建设以及适度赋予劳动保障监察机构查封、扣押、冻结、划拨等强制手段和措施等角度,对《劳动保障监察条例》及时进行修改完善。①

2. 不断提高劳动关系双方的法律意识

一是加大劳动法等相关法律法规的宣传。借助政府、社会舆论力量广泛开展法制教育,让用人单位和劳动者掌握劳动法律法规的具体内容,在具体的用工过程中做到遵法、守法、依法办事,清楚相关法律法规明确规定的双方的权利和义务,并严格执行、认真落实。

二是推动企业为劳动者提供必要的培训。企业作为用人单位,有义务应把劳动法律法规加入到员工岗前培训中去,对劳动者和用人单位都是一种明确约束与有效的监督。

三是加大对违法用人违规用工的企业惩处力度。对于存在违法用人违规用工的企业,必须按照法律规定进行严格处罚,提高企业违规用工的成本,而不履行劳动义务故意损害用人单位利益的劳动者也要得到惩罚。

3. 规范企业用工制度,提高劳动关系管理水平

作为用人单位,企业要依法依规雇佣员工,签订合法有效的劳动合同,并采取有效措施来确保用工的依法性和合法性。依法用工后,还需要健全企业内部规章制度,提高人力资源管理水平,从考勤管理、薪酬管理、职工休息休假制度以及严格绩效考核制度等方面,保证企业用工规范有序稳定。否则产生负面的劳动纠纷,增加企业人力资源成本的同时,损害企业的形象,得不偿失。而从劳动者角度看,要积极参加职业技能培训,不断提高职业素养和从业禀赋,熟练运用法律制度资源维护自己的权益,实现自身转型和劳动关系改善。

4. 加强企业工会组织建设,发挥工会协调保障职能

企业要不断加强内部工会组织建设,进一步强化工会对员工的组织规范能力,及时调节职工工作中的各种矛盾问题,增强企业职工的维权力

---

① 黄昆:《〈劳动法〉颁布二十年来中国劳动立法的成就与展望》,《中国法律发展评论》2014年第5期,第26页。

度。另外通过工会建设，积极改善内部协商机制，既要站在职工的角度为职工说话办事，维护好职工的利益，也要从企业社会稳定的角度，加强对职工的引导，推动员工和企业的有效沟通和公平协商，促使和谐劳动关系的形成和保持，维护员工和企业的合法权益。

5. 推动相关劳动部门做好检查、监督和保障工作

相关劳动部门一方面要加大检查监督执法力度，对不规范合法用工的企业，及时进行督促整改，对有违法行为的要进行严惩；另一方面相关劳动管理部门应紧密配合，在劳动合同、劳动者社会保险缴纳、劳动者薪资发放等方面进一步要求规范企业采取有效措施保证劳动者的合法权益不受侵害。同时，要畅通劳动争议的举报、投诉、申诉的渠道，及时快捷地处理劳动争议纠纷，作为劳动者维权的劳动仲裁部门，要将工作业务范围公开化、条例化，保证劳动者权益受到侵害时能得到合理的解决，促进劳动关系的和谐。

第四节　职业安全制度

职业安全这一概念来源于发达资本主义国家，是随着工业化进程中所带来的职业伤害问题而产生的，它确立于1970年美国颁布的《职业安全卫生法》，20世纪80年代后期才引入我国。2019年4月，国际劳工组织（ILO）发布了世界职业安全健康日的主题报告。每年，约有278万劳动者死于生产安全事故和与工作有关的疾病。[1] 本节主要阐述职业安全的内涵，介绍我国职业安全制度发展历程，总结我国职业安全制度体系，分析我国职业安全存在的问题并对未来发展做出展望。

一　职业安全的内涵

职业安全是指劳动者生命和健康的安全，是某个阶段、某种社会经济条件下从业人员现实安全卫生状况的反映，是职业人群安全健康保障要素的总和。这一概念的出现表明人们在从事职业活动中，相关机构必须保护

---

[1] 《劳动保护》编辑部：《2019年全球职业安全健康要事回顾》，《劳动保护》2020年第2期，第20页。

劳动者在劳动过程中的安全与健康，防止劳动者在职业岗位上发生职业性伤害。职业安全问题不仅关系经济效率，更重要的是关系人的身心安全与健康，只有在确保劳动者获得职业安全保障的前提下，劳动者其他劳动权益才具有实际的意义。[①]

职业安全制度是政府以保障人民的生命财产安全、防止劳动者在职业活动过程中发生各种伤亡事故为目的，进行的强制性制度安排。

二 我国职业安全制度的发展阶段

从中华人民共和国成立至今，我国有关职业安全立法经历了一个由无到有、逐步完善的过程，大致可以分为三个阶段。

（一）职业安全立法的萌芽期（20世纪50—80年代）

中国的职业安全立法几乎与共和国同步诞生。中华人民共和国建立之初，当时的政务院和国务院颁布了一系列职业安全与健康法规，主要有"三大规程、五项规定"。即《工厂安全卫生规程》《建筑安装工程安全技术规程》《工人职员伤亡事故报告规程》合称"三大规程"和《关于加强企业生产中安全工作的几项规定》，主要有"安全生产责任制""安全技术措施计划""安全生产教育""安全生产的定期检查""伤亡事故的调查和处理"等五项规定，俗称"五项规定"。"文化大革命"时期，职工劳动保护制度受到了冲击，职工劳动保护制度在无政府思潮的影响下，几乎不复存在，事故频繁发生。"文化大革命"结束后，我国职业安全立法才逐渐驶入了快车道。1982年《宪法》规定"国家通过各种途径，加强劳动保护，改善劳动条件"。作为这一宪法思想的体现，随后在有关法律中包含了大量的职业安全与健康保护的法律条文。如1982年国务院发布的三大条例《矿山安全条例》《矿山安全监察条例》《锅炉压力器安全监察暂行条例》；1988年国务院发布了《女职工劳动保护规定》等。同时，对立法内容也进行了细分，开始有了针对不同行业的行业、企业立法。例如，1983年的《海上交通安全法》、1984年的《森林法》、1986年的《矿产资源法》、1988年的《全民所有制工业企业法》、1988年的

[①] 何琴：《我国职业安全规制问题研究——一种法经济学的视角》，硕士学位论文，吉林大学，2007年，第9页。

《标准化法》、1989年的《环境保护法》、1990年的《铁路法》等。此阶段政府对职业安全的立法主要是国务院及各个部委颁布的办法、规程、条例、规定等行政法规及其文件。

(二)职业安全立法的高峰期(1990—2000年)

随着我国市场经济的快速深入发展,生产技术、卫生状况、职业种类、用工制度等发生了巨大的变化,迫切要求有与之相配套的法律制度作为保障,于是就出现了市场经济建立以来的第一个职业安全的立法高峰。首先立法层次不断提高,不仅有部门的行政法规,而且有全国人大常委会制定的国家法律。如,1992年11月7日第七届全国人民代表大会常务委员会第二十八次会议通过《中华人民共和国矿山安全法》,自1993年5月1日起施行,这是我国第一部有关生产安全卫生的专项法律,1994年7月5日第八届全国人大常委会第八次会议上通过的《中华人民共和国劳动法》,以劳动基本法的形式对劳动安全卫生作了原则性规定;其次立法的规范性也不断加强,不仅有国家基本法的原则性法律,如《劳动法》《中华人民共和国安全生产法》《中华人民共和国道路交通安全法》,也有政府依据基本法的精神制定的相关行政法规,如,1996年政府为配合《劳动法》的贯彻实施,由劳动部制定的《企业职工工伤保险试行办法》,将该办法做为具体操作的依据,并且这一办法在实践应用中又不断得到修正和补充,最终上升为《工伤保险条例》,并于2003年4月16日国务院第5次常务会议讨论通过,自2004年2月1日起施行。这次的《工伤保险条例》共8章64条,内容和范围都是有史以来最全最广的一次;最后立法内容也不断完善,不仅制定了针对不同的劳动设备和条件不同行业的生产特点劳动安全技术规程,也制定了劳动卫生规程。主要有《工厂安全卫生规程》《建筑安装工程安全技术规程》《矿山安全条例》《矿山生产法》《乡镇煤矿安全生产若干暂行规定》《起重机械安全规程》《工厂安全卫生规定》《关于防止沥青中毒工作的决定》《中华人民共和国肺病防治条例》《工业企业设计卫生标准》《工业企业噪声卫生标准》等。

(三)职业安全立法的完善期(2001年至今)

为了更好地保护广大劳动者的人身健康安全,2001年10月27日第九届全国人民代表大会常务委员会第二十四次会议通过的《中华人民共和国职业病防治法》、2002年6月29日第九届全国人民代表大会常务委员会第二十八次会议通过的《中华人民共和国安全生产法》的出台，标志着我国生产安全和卫生管制在总体立法框架下的法律制度建设阶段的到来。原卫生部根据《中华人民共和国职业病防治法》在同一年内出台了《职业健康监护管理办法》《职业病诊断与鉴定管理办法》《国家职业卫生标准管理办法》《职业因素分类目录》等各项卫生行政法规。随着市场经济不断发展，一些新的问题不断涌现，对《安全生产法》《职业病防治法》等相关的安全立法不断进行修订。

三　我国职业安全制度体系

（一）安全生产制度体系

截至目前，在劳动、卫生和安全生产监管等部门以及相关专业的专家、学者的不懈努力下，我国逐步建成了以宪法为纲领，以《中华人民共和国安全生产法》为主体，以《中华人民共和国矿山安全法》《中华人民共和国海上交通安全法》《中华人民共和国消防法》相关劳动保护行政法规、规章和标准为辅，并与其他各部门法密切相关的安全生产法律体系框架。

表7—1　　　　　　　　我国安全生产制度一览表

年份	法规
1951	《劳动保护条例》
1956	《工厂安全卫生规程》《建筑安装工程安全技术规程》《工人职员伤亡事故报告规程》
1957	《关于加强企业生产中安全工作的几项规定》
1982	《矿山安全条例》《矿山安全监察条例》《锅炉压力器安全监察暂行条例》
1983	《海上交通安全法》
1984	《森林法》
1986	《矿产资源法》
1988	《全民所有制工业企业法》《标准化法》
1989	《环境保护法》
1993	《女职工保健工作规定》
1998	《消防法》
2002	《安全生产法》

续表

年份	法规
2008	《消防法》修订
2009	《安全生产法》修订
2012	《危险化学品输送管道安全管理规定》
2014	《安全生产法》修订
2015	《铁路危险货物运输安全监督管理规定》
2017	《港口危险货物安全管理规定》
2018	《危险性较大的分部分项工程安全管理规定》《船舶载运危险货物安全监督管理规定》
2019	《消防法》修订

（二）职业卫生健康制度体系

截至目前，在劳动、卫生和安全生产监管等部门以及相关专业的专家、学者的不懈努力下，我国逐步建成了以《宪法》为纲领，以《中华人民共和国职业病防治法》为主体，以相关法规、规章和标准为辅，并与其他各部门法密切相关的职业病防治法律体系框架[①]。

表7—2　　　　　　　我国职业卫生健康制度一览表

年份	法规
1950	《工厂卫生暂行条例草案》
1951	《劳动保护条例》
1956	《工厂安全卫生规程》《建筑安装工程安全技术规程》《工人职员伤亡事故报告规程》《职业中毒和职业病报告试行办法》
1957	《职业病范围和职业病患者处理办法的规定》
1958	《矿山防止矽尘危害技术措施暂行办法》《工厂防止矽尘危害技术措施暂行办法》《矽尘作业工人医疗预防措施暂行办法》《产生矽尘的厂矿企业防痨工作暂行办法》

---

① 刘卓宝、胡天锡：《我国职业卫生工作世纪顾瞻》，《劳动医学》2001年第3期，第129—131页。

续表

年份	法规
1982	《职业中毒和职业病报告办法》
1983	《职业中毒与职业病报告办法》修订为《职业病报告办法》
1984	《关于加强防尘防毒工作的决定》
1987	《尘肺病防治条例》《职业病诊断管理办法》《职业病范围和职业病患者处理办法的规定》修订
1988	《女职工劳动保护规定》
1993	《女职工保健工作规定》
2002	《职业病防治法》《使用有毒物品作业场所劳动保护条例》
2011	《职业病防治法》修订
2012	《工作场所职业卫生监督管理规定》《职业病危害项目申报办法》《用人单位职业健康监护监督管理办法》《职业卫生技术服务机构监督管理暂行办法》《建设项目职业卫生"三同时"监督管理暂行办法》《职业病诊断与鉴定管理办法》修订
2016	《职业病防治法》修订
2017	《职业病防治法》修订
2018	《职业病防治法》修订

四 现阶段我国职业安全制度的实施情况

（一）我国职业安全现状

近年来，我国国民经济一直保持高速增长，但作为社会进步重要标志之一的职业安全状况仍然滞后于经济建设的步伐，生产安全和职业危害形势依然十分严峻。

1. 生产安全形势不容乐观

2019 年，全国各类生产安全事故共死亡 29519 人。工矿商贸企业就业人员 10 万人生产安全事故死亡人数 1.474 人，比 2018 年下降 4.7%；煤矿百万吨死亡人数 0.083 人，下降 10.8%；道路交通事故万车死亡人数 1.80 人，下降 6.7%。尽管近几年各类生产安全事故有逐年下降的趋势，但工伤事故仍处于持续高发态势，煤矿等重特大事故多发。

2. 职业病危害形势依然严峻

《2019年我国卫生健康事业发展统计公报》显示，截至2019年年底，全国共有职业健康检查机构3403个，职业病诊断机构550个。2019年全国共报告各类职业病新病例19428例，职业性尘肺病及其他呼吸系统疾病15947例（其中职业性尘肺病15898例），职业性耳鼻喉口腔疾病1623例，职业性化学中毒778例，职业性传染病578例，物理因素所致职业病264例，职业性肿瘤87例，职业性皮肤病72例，职业性眼病53例，职业性放射性疾病15例，其他职业病11例。我国当前职业病人数仍然居高不下，在发生的各类职业病中，尘肺病和职业中毒是最为常见和高发的职业病类型。上述数字表明我国职业病防治形势仍然严峻，职业病防治工作仍需进一步加强。

3. 新的职业健康问题涌现

除了传统的职业病，疲劳、过劳、肌肉骨骼损伤等工效学问题，作息制度、职场竞争等职业紧张导致的心理、生理和行为异常问题日渐显现，新的职业健康损害亟待防控；随着工业化、城镇化、人口老龄化、疾病普遍化以及生态环境、生活行为方式的变化，工作相关疾病越来越成为影响劳动者健康的重要原因。

（二）未来展望

党中央、国务院高度重视人民健康，党的十九大提出了实施"健康中国"战略，其目标是为人民群众提供全生命周期的卫生与健康服务。我国拥有世界上最多的劳动人口，2019年我国就业人口7.75亿人，占总人口的55.7%。保护劳动者的生命健康是我们开展职业安全卫生工作的目的。未来的职业安全卫生领域需着力开展以下工作。

1. 形成统一的职业安全卫生法律体系

开展职业安全相关法规、标准的梳理、修订工作，建议形成一个以劳动者职业安全权力保护为基点的法律体系，增加如《安全生产法》《矿山安全法》《职业卫生防治法》等法律之间的有机联系，突出劳动者作为职业安全权利的主体地位和身份，增强劳动者安全卫生健康保护的作用。

2. 完善职业安全卫生的执法监管体系

完善职业安全卫生监管体系，加强基层执法力量，通过装备配备、技术培训提升基层执法能力，加强监督检查，督促企业落实主体责任制。

3. 加强职业安全技术支撑体系建设

推进信息化建设工作，融合物联网、人工智能、大数据、5G等先进技术建立一体化的职业安全卫生信息平台，提高监管效率。进一步建立健全、完善职业病监测评估技术支撑机构、职业病危害工程防护技术支撑机构、职业病诊断救治技术支撑机构，支持相关专业机构参与技术支撑工作，完善职业病防治技术支撑体系的布局。加大职业卫生领域的科研投入，研发并推广具有自主知识产权的职业危害监测装备、个体防护装备等。

4. 创新新时期职业健康工作新模式

2016年，全国爱卫会发布《关于开展健康城市健康村镇建设的指导意见》，将健康城市建设作为政府的优先发展战略，旨在营造健康环境、构建健康社会、优化健康服务、发展健康文化、提高健康水平，促进经济社会可持续发展、城市建设与人的健康。[1]

---

[1] 李涛：《从职业病防治转向职业健康促进》，《健康报》2020年5月4日，第5版。

第八章

职业信息公共服务制度

职业信息公共服务对于职业领域的研究和发展具有重大意义。职业信息公共服务网络系统是职业信息公共服务的重要抓手,该系统的建立要以国家标准职业分类系统为基础,同时,该系统中数据的积累与发展能够推动国家标准职业分类的修订和更新。通过职业信息网络系统的数据采集和更新,以及用户在职业信息网络系统中输入的数据,可以对国家职业分类进行低成本、高效率的修订。本章在介绍国外职业信息公共服务实践和经验的基础上,系统阐述我国职业信息监测系统的设计思路,并提出项目建设和运营模式。

第一节 国外职业信息公共服务实践

美国等发达国家基于劳动力市场信息监测的公共服务产品十分丰富,比如职业展望指南、职业展望季刊、就业计划、O*NET等,这些信息更新及时、结构完善、产品丰富,为政策制定、理论研究等提供了良好的基础。目前我国人力资源市场信息产品主要是季报和年报,数据量和更新频率都难以满足现实需要。与此同时,各类人力资源服务机构等一线服务平台与各类人才联系紧密,形成了各自分散的数据系统,迫切需要国家层面整合。这一整合不仅有助于政府决策者正确认识和分析人力资源市场的供求状况、匹配状况、薪酬状况和流动状况,对人力资源市场危机的征兆进行早期预警,从而为人力资源市场的宏观调控提供决策支持;而且还有助于广大劳动者及时掌握不同区域、不同行业、不同职业等的人力资源需求状况、流动状况、薪酬状况,从而有效引导劳动者职业再生能力的快速提升与合理就业,以及人力资源的有序流动。此外,也有助于企业及时了解人力资源市场的供求特点与分布,从而有针对性地为企业发展补给适宜的人力资源。

一 职业发展监测的类型

从性质来看,与职业发展状况相关的调查与监测可以分为两类。

一是关于整个国家的劳动力市场的状况,专业人员的发展状况作为其中的一个有机组成部分出现,如美国的人口普查和当前人口调查。

二是专门针对专业人员的职业发展状况与管理等开展的,如表8—1所示。从调查的组织和实施机构来看,主要由各国的人力资源主管部门以及第三方独立或者合作完成。从调查的时间范围看,很多调查正在逐步走向常态化。从调查渠道来看,多以邮寄问卷为主,同时结合入户调查等其他调查方式。

表8—1 部分欧美国家对专业人员职业发展状况调查的形式及内容

调查/负责机构/工具/对象	报告内容
人口普查(United States Census) 由美国商务部人口普查局(U.S. Census Bureau)执行 自美国建国以来,每10年进行一次 从1940年起,开始采取长短表相结合的形式。2010年之前的调查所有家庭都收到短表的调查问卷,六分之一的家庭会收到长表的调查问卷。2010年的人口普查问卷采用短表形式,长表由美国社区调查问卷取代;每户家庭只需填写7个问题的短表,包括姓名、年龄、性别、族裔、与户主的关系、住所是否租赁等。其他信息则通过美国社区调查收集① 受调查单位取全美50个州所有居民在内的人口5%到100%	该调查的特点是提供大量的个人劳动力状况(受雇佣、工资、收入)、人口统计学特征、行业以及职业等方面的信息 ①社会特征:婚姻状况、生育情况、照顾祖父母情况、出生地点、入学时间、家里所用语言、所受教育、一年前居住地、兵役情况; ②经济特点:收入、食品福利、劳动状况、行业职业和工作分类、工作地点、1年前工作的公司、使用车辆情况、医疗保险; ③房屋特点:建筑物楼龄、房屋内的单元、居住在该房屋的时间、客厅、卧室、卫浴、厨房设施、房屋取暖、所用电话服务、房屋价值、租住成本、按揭月供情况

---

① 美国社区调查是从2003年开始由美国人口普查局为收集社区信息而新开发的调查,提供人口超过65000以上的州、城市、郡、都市地区重要的经济、社会、人口以及家庭信息。

续表

调查/负责机构/工具/对象	报告内容
当前人口调查（Current Population Survey） 从 1943 年开始，每月进行一次，是美国人口总体劳动力特征及其数据的主要来源 由美国商务部人口普查局、美国劳工部（U. S. Labour Department）下属的劳工统计局（U. S. Bureau of Labor Statistics）联合执行 CPS 属于抽样调查，样本平均答复率为 93%—96% 抽样总体由美国所有家庭构成，样本分布在 50 个州和哥伦比亚特区。2001 年 7 月之前，全国样本量为 5 万个家庭。为减少抽样误差，自 2001 年 7 月起，样本总量增加到 7.2 万个家庭	劳动力就业情况（就业、失业、收入、工作时间）的统计数字，人口统计特征信息（年龄、性别、种族、教育程度、婚姻状况、家庭结构、职业），以及其他社会和经济数据
全国综观性调查（National Longitudinal Survey） 从 1965 年开始进行 该调查由美国劳工统计局赞助，由芝加哥大学的全国舆论研究中心（National Opinion Research Center at the University of Chicago）、俄亥俄州立大学的人力资源研究中心（Center for Human Resource Research at the Ohio State University）完成 受调查对象以家庭为单位，涉及约 9000 人的全国的代表性的样本	不同时间点的劳动力市场活动、人口统计学特征，调查年份当时及以前的活动状况
许可通过率调查 由明尼苏达大学（University of Minnesota）和美国国家经济研究局（National Bureau of Economic Research）、Morris M. Kleiner、Hwikwon Ham 等执行 调查 1980 年到 2000 年之间的多个年份	美国 50 个州的牙医、律师和美容师的州通过率

续表

调查/负责机构/工具/对象	报告内容
美国劳工局列出的许可职业普查 由美国劳工部门、州立劳工市场信息机构执行 受调查单位为对职业管制负责的州立机构 该调查是对美国许可职业的普查	
法国劳动力调查 由法国国家统计及经济研究局执行	调查能够提供人口统计学特征、劳动力状况、行业、地区、大都市地区以及职业状况等数据
德国职业资格的获取和应用 由联邦职业教育研究所（BIBB）、劳动力市场暨职业研究研究所、联邦劳动总署执行	与德国的人口统计学和经济数据相关的详细的职业特征等数据信息
英国劳动力调查 由国家统计局数据公开部的社会和重要数据统计处执行 从1997年开始一年四次、每年一次或两年一次	人口统计学特征、劳动力状况、行业、地区、大都市地区以及职业状况等数据

资料来源：笔者整理。

二　主要调查内容与指标

回顾以往文献，国外学者对职业发展状况监测主要内容与指标可以归纳为三个层次。（1）从宏观层次来看，主要聚焦于职业结构的研究；（2）从中观层次来看，主要聚焦于对某一类或系列职业的状况监测研究；（3）从微观层次来看则聚焦于对个体职业成熟度的评价。本部分针对上述三个方面，对职业发展状况监测和评价指标体系的研究进行梳理与分析。

（一）主要调查内容

1. 宏观层次：职业结构的研究

职业结构的研究以对美国的研究较多，主要集中在职业结构发展变化等方面。格拉森（2001）分析了美国20世纪90年代职业结构的变化，并指出尽管美国在这段时期发生如公司重组缩小规模、计算机运用的增加等变化，但是职业结构却保持相对稳定。Barbour（2004）运用1997年美国加利福尼亚的数据，分析了该地区产业结构和职业结构之间的关系，并提出影响职业结构的因素。Skinner（2004）描述了美国50个大都市区1986—1999年职业结构的变动，并用一个跨部门的模型衡量了产业结构和节省劳动型技术对职业结构变动的影响，还通过回归分析证明需要中等技术的职业数量与制造业中的耐用品产值、FIRE（金融、保险、房地产）产值成正比，与节约劳动型的技术成反比，并且对当地政府的中等教育政策作了评价。Wyatt（2006）分析了美国1910—2000年的职业结构变动情况，专业技术人员、管理人员和办事人员占从业人员的比例从1910年1/4增长到2000年的3/4，这种职业结构的变动是与产品的生产、生产方式密切联系的。

一些学者对职业结构与其他因素的相互关系也做了研究。如Terrell（1992）论证了职业结构在解释男女工资差别等方面具有重要的作用。Hodge（1966）分析了美国1950—1963年职业结构的变化对收入的影响，认为它比产业就业结构的影响更大，还指出就业结构总的变化趋势是从产品生产转向服务业，而服务业中专业技术人员增加的最快。

此外，一些学者通过对新加坡、瑞典等国的职业结构的时间序列数据进行分析。如Eddie（2001）描述了新加坡自1921年以来的职业结构变化，认为与信息有关的职业将猛增，并且评估了政府的产业政策对职业结构的影响和其教育体制面临的挑战。Dombos（1979）按五大职业分类分析了瑞典1960—1975年职业结构的变化，认为瑞典社会结构的稳定其实是一种暂时的动态平衡，并对未来的职业结构变动做了预测。

这些分析表明，随着时间的推移，职业越来越多地向服务业中的白领职位转移，每个职业大类中的结构和比例变化也呈现出一定的演进规律，较低层次的职业的数量和相对比例都呈下降趋势，较高层次的职业的绝对数量与相对比例都呈上升趋势。

国外对职业结构演进的研究尤其是对美国等国家的研究都是基于较为发达的第二、三产业背景下进行的，这与我国的产业结构等国情有很大不同。其研究的主要包括以下内容：根据不同的职业分类描述职业结构的变化过程，总结职业结构变化的特征，从不同的角度分析影响职业结构变化的因素，预测未来职业结构的变化，职业结构变化与其他因素（如收入）的关系等。

2. 中观层次：职业发展状况监测研究

从职业发展状况监测的中观层次来看，国外有一些政府部门与行业性组织都会定期发布某一特定或系列职业的发展状况数据。其中，美国的职业预测组织（Careercast）对美国 200 个职业进行逐年监测，具有一定的影响力。该组织针对这 200 个职业建立了一套包含五个核心效标（Core criteria）的评价指标体系：环境（Environment）、收入（Income）、就业前景（Hiring outlook）、压力（Stress）和体力要求（Physical demands）。

（1）职业环境

环境因素包含了物质和经济两个组成部分。该组织对每个职业的不良环境因素进行了评价，因此，某个职业在环境因素上得分越高，则表示其评价等级越低，反之则说明这个职业环境评价越好。表 8—2 是物质环境因素的具体指标体系。

表 8—2　　　　　　　　　　物质环境因素指标

物质环境因素	计分范围
必要的体能要求	0—5
体力要求（爬行、身材弯曲等）	0—12
工作状态（有毒有害、噪声等）	0—13
不利的物质环境	0—10
耐力要求	0—5
封闭程度	0—5
总分	50

经济环境因素指标如表 8—3 所示。

表 8—3　　　　　　　　　　经济环境因素指标

经济环境因素	计分范围
竞争程度	0—15
职业者个人所面临危险的程度*	0—10

续表

经济环境因素	计分范围
其他危险因素的程度	0—8
与公众接触的程度	0—8
总分	41

注：*指同事、客户如精神病人等，外界各种有压力的环境等。

在数据收回之后，职业预测组织的人员还将对原始得分调整为周平均工时的得分。也就是说，当一个职业的周工作时间较长时，其得分也将较高，但不超过规定上限。其中，物质环境和经济环境因素的得分上限分别为50与41。

（2）工作收入

职业预测建立的指标体系中，收入指标的计算并不是简单的平均工资的概念，而是由估计的收入中位值和收入潜在增加值计算的结果。

（3）就业前景

该指标包含三个组成部分，即就业增长、潜在收入增长和失业。就业增长数据来源于美国劳工部对2016年职业需求的最新预测，其中对从2006年至2016年11年间某职业的增长率进行了预测。潜在收入增长的数据来源于第二项收入指标的分项目。失业数据则来源于美国劳工部的失业统计数据，同时减去该职业的就业增长和潜在收入增长，其评价方式如表8—4所示。

表8—4　　　　　　　　　失业数据

失业数据	
少于1%—少于4%	非常低
4%—少于7%	低
7%—少于10%	中
10%—少于14%	高
大于14%	非常高

（4）职业压力

某一职业的压力采用了 23 个不同的工作需求作为预测指标。每个指标具有不同的得分范围，高得分表示这一工作需求占据了该职业内容的较大部分，反之则表示占据较少或并非该职业要求的工作内容。具体指标如表 8—5 所示。

表 8—5　　　　　　　　　　压力因素指标

压力因素	计分范围
业绩指标	0—5
时间压力	0—9
宣传工作	0—5
零和博弈	0—5
公众监督下工作	0—5
竞争	0—15
升迁要求	0—5
体力要求	0—14
工作环境状况	0—13
机械或工具使用	0—5
速度要求	0—5
工作危害性	0—5
工作风险性	0—8
其他风险	0—10
工作精细度要求	0—5
工作主动性要求	0—5
工作耐力要求	0—5
户外工作	0—5
工作限制	0—5
细节要求	0—5
公众接触	0—8
总分	147

收回原始分数后，压力得分还需要依据周工作时间进行调整，标准周工作时间为 40 小时。压力调整的公式为原始得分×工作时间/40。

(5) 体力要求

体力要求的指标主要采用某一职业的工作者需要承担的等效负重量来计算。具体操作指标如表 8—6 所示。

表 8—6 体力要求分类

体力要求	
偶尔需要承担等效于提起 10 磅以下物体的工作	静态工作
要求承担等效于提起至多 20 磅物体的工作	轻松工作
要求承担等效于提起 25 磅—50 磅物体的工作	中度工作
要求承担等效于提起至多 100 磅物体的工作	高强度工作
要求承担等效于提起 100 磅以上物体的工作，或者经常需要承担等效于提起 50 磅以上物体的工作	非常高强度工作

3. 微观层次：个体职业成熟度研究

个体层面的职业发展状况监测集中在职业成熟度上。职业成熟度作为一个心理概念，是一种心理的成熟水平。作为职业发展过程中的一个理论概念，它用于评价个体是否具有做出符合其年龄特征的职业决策能力和态度。

(1) 职业成熟度的内涵

最早对职业成熟度（Vocation maturity）概念做出解释的是舒伯，他认为个体职业发展是人终生发展过程的重要内容，并有阶段性特点；在不同的发展阶段，个体都有不同的职业发展任务，只有成功地完成了该阶段的目标才是职业成熟的表现。个体从探索到衰退阶段都表现出职业发展的连续性，因而个体均存在职业成熟度的问题。就是说，个体在职业规划、职业探索、职业信息、职业决策等方面的发展水平越高，其职业成熟度的发展水平就会越高。职业成熟度主要有以下几个基本维度：职业选择取向、职业信息、职业规划、职业特质、职业偏好。个体职业成熟度就是在其职业发展阶段，个体在这五个基本维度上的发展水平。职业成熟度后来逐渐为克莱茨所提出的 Career maturity 一词所替代①。

(2) 职业成熟度的评价指标

不同研究者根据对职业成熟度含义的理解，提出了不同的职业成熟度结构。以下是几种主要的职业成熟度结构划分方法。

1957 年，舒伯在其职业发展理论中首次提出了"职业成熟度"的概念。为了进一步说明职业成熟度，舒伯提出了职业成熟的六项目标领域。（见表 8—7）

表 8—7　　　　　　　　　职业成熟的六项目标领域

目标领域	指标
1. 职业选择的方向	a. 对选择的关心 b. 遇到有感性问题时的解决程度
2. 有关职业的信息与计划	a. 对职业知识了解的详细程度 b. 对职业计划了解的详细程度
3. 职业意向的一贯性	a. 职业意向领域的一贯性 b. 职业意向水平的一贯性 c. 对职业领域意向的一贯性
4. 个人特性	a. 兴趣类型化的程度 b. 兴趣的成熟 c. 职业的偏好 d. 劳动价值观的类型化程度 e. 劳动报酬的状况 f. 职业选择和计划的责任
5. 职业的独立性	劳动经验的独立性
6. 职业选择的明智性和妥当性	a. 能力与偏好的一致性 b. 兴趣与偏好的一致性 c. 兴趣与幻想偏好的一致性 d. 职业兴趣与职业偏好的一致性 e. 职业偏好可能带来社会经济的影响

---

① 周丽、俞爱宗：《教师职业成熟度的研究述评》。《现代教育科学》2014 年第 12 期，第 46–48 页 +7 页。

1978年，Crites将过去无规律的职业选择内容和过程进行了区分，提出多维度多层次的职业成熟阶段式模型。Crites认为职业选择发展水平由职业选择内容和职业选择过程组成。其中，职业选择内容包括两个特定的成熟因素，即职业选择的一致性和现实性。所谓一致性是指在不同的时间，个人所选择领域的职业稳定性；所谓现实性是指个人的特点与所喜欢的工作环境是否匹配。克莱茨还考虑职业选择过程，提出职业选择过程成熟度。过程变量包括两个主要的因素群，即职业选择能力和职业选择态度[①]。

1988年，舒伯阐述了对职业成熟度的新观点。他认为职业成熟度是一个多维度的理论，包括人们成功应对各个职业发展阶段、发展任务所需的能力和态度。职业成熟度可划分为四个维度：（1）职业规划，指个体能否积极地对自己的职业未来进行设计；（2）职业探索，指个体能否利用好各种可能的职业信息资源；（3）职业决策，指个体运用知识和智慧解决职业规划和决策问题的能力；（4）工作领域信息，指个体对职业探索和选择阶段的职业生涯发展任务的了解和对特定职业的了解。其中，职业规划和职业探索是职业成熟度的态度成分，而职业决策和工作领域信息是职业成熟度的能力成分。

（3）职业成熟度的测量工具

职业成熟度量表是用于测量个体的职业决策准备状况的工具。目前国外对职业成熟度的测量主要有以下几种方法：职业成熟度量表（the Career Maturity Inventory，CMI）；职业发展量表（the Career Development Inventory，CDI）；认知职业成熟度测验（Cognitive Vocational Maturity Test，CVMT）；成人职业关注问卷（the Adult Career Concerns Inventory，ACCI）；职业决策评估量表（the Assessment of Career Decision Making，ACDM）；职业决策量表（the Career Decision Scale，CDS）等。

1）职业成熟度量表（CMI）

由Crites等编制和修订的《职业成熟度量表》，是目前职业决策量表中使用最为广泛的量表之一。

[①] 王婧、田晓峰、孙秀颖：《职业成熟度的新进展研究综述》，《吉林省教育学院学报》2010年第26（11）期，第52—54页。

《职业成熟度量表》的内部一致性系数为 0.50—0.90；《态度量表》的重测信度为 0.72—0.90，自我能力评估分测验的重测信度为 0.64—0.66，《能力测验》中的项目因为主要是根据咨询案例编制而成，具有较好的内容效度。《态度量表》的效度曾受到了一些质疑，Crites 认为《态度量表》效度基础是职业成熟度模型中职业选择态度维度的操作性定义。大量研究也都证明了该测验具有较好的效度。

1995 年，Crites 等对 CMI 进行了修订，修订后的量表（Career Maturity Inventory – Revised，简称 CMI – R）缩减了项目，能力和态度分量表各包括 25 个题目（每个维度分别保留 5 道题）。修订后的量表缩短了测试时间，并拓展为适用于成人。Crites（1995）认为，CMI – R 的项目是从 CMI 中挑选出来的，因此它有着和前一个版本相同的信度。Louis 等的研究也进一步证实了修订版的《职业成熟度量表》（CMI – R）具有较好的信效度。

2）职业发展量表（CDI）

《职业发展量表》是 Super 以职业发展理论为基础，经过 40 多年的研究编制的。该量表 1980 年问世，并开始广泛应用。该测验的目的是评估个人的职业成熟度，并帮助其作出教育和职业规划，CDI 量表结构如图 8—1 所示。

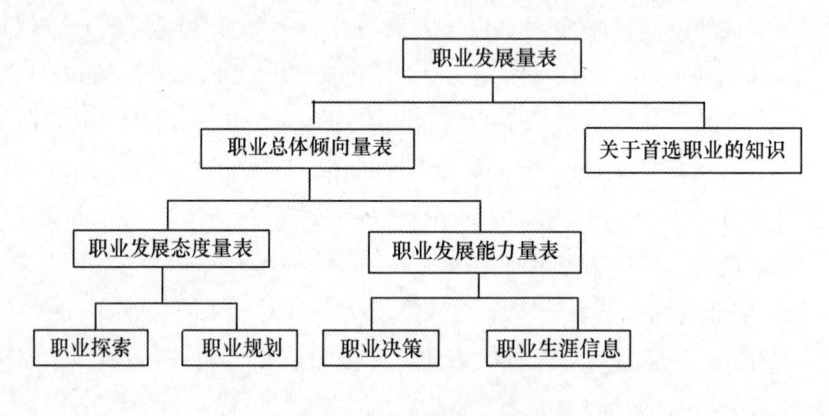

图 8—1 CDI 量表结构

《职业发展量表》共有 5 个分量表：《职业探索》（CE）、《职业规划》

（CP）、《职业决策》（DM）、《职业生涯信息》（WW）和《关于首选职业的知识》（PO）。《职业探索》和《职业规划》组成了《职业发展态度量表》（CDA）；《职业决策》和《职业生涯信息》组成了《职业发展能力量表》（CDK）；《职业发展态度量表》和《职业发展能力量表》组成了《职业总体倾向量表》（COT）。该测验分为两个版本，分别适用于中学生和大学生。每个版本均由120个题目构成。

该量表在5000名高中生和1800名大学生抽样的基础上建立了常模，其内部一致性系数为0.53—0.90，重测信度为0.36—0.90，结构效度较好。

3）认知职业成熟度测验（CVMT）

《认知职业成熟度测验》是韦斯特布鲁克和帕里-希尔于1973年编制的。该测验以Westbrook等的理论构想为基础，分为6个分测验："对工作领域的认识分测验""工作筛选能力分测验""对工作条件的认识分测验""对受教育程度的认识分测验""对工作所需的心理特性认识分测验""对工作职责的认识分测验"。总测验共120个项目，其中"工作筛选能力分测验"由15个项目组成，"对工作职责的认识分测验"由25个项目组成，其余的分测验均由20个项目组成。该量表在信度和效度上已得到普遍认可，但由于该量表只测量职业成熟度的认知因素，且分测验之间相关偏高，使其应用受到限制。

4）成人职业关注量表（ACCI）

《成人职业关注量表》是Super等以"职业模式研究"及"职业发展理论"为基础发展而成的。该量表的适用范围为成人，主要测量目标是考察在某种特定的工作环境下个体的职业适应性、对职业探索的态度以及职业计划性。

《成人职业关注量表》由61道题目组成。其中，主体部分由60道题目组成，在内容上分为职业探索、职业确立、职业保持、职业放弃和职业转换五个子维度，主要测量个体在某种工作环境下对职业的关注程度。另一道题目是考察个体对职业转换的关注程度，不计入量表总分。

《成人职业关注量表》主要有两种用途：一是适用于职业咨询和职业计划；二是适用于对求职者的分析。该量表的最大优势在于判断个体对职业任务的关注程度，即职业的计划性，它是构成职业适应性的重要方面。

《成人职业关注量表》有一定的局限性。该量表的内部一致性信度为 0.70—0.90，但缺少有关效度指标的报告。

5）职业决策量表（CDS）

Osipow 等编制的《职业决策量表》已有 20 多年的历史。《职业决策量表》是考察个体在职业决策中的非确定性，以及职业发展干预对高中生和大学生的影响效果进行评估。该量表共有 19 个项目，分为确定性和非确定性两个分测验。

《职业决策量表》以 638 名高中生和大学生为样本建立了常模。该测验的重测信度为 0.70—0.90，研究亦证实该量表具有较好的效度。从整体而言，该测验具有较好的信效度，尤其适用于对学业和职业选择的方向缺乏确定性的高中生和大学生进行评估。

（二）主要调查形式

从国内现有的调查与研究看，主要内容集中在收入水平、工作满意度、职业价值认同、职业成长状况等。从被调查对象看，很少有针对专业人员进行的。从调查实施机构看，已经开始有第三方的积极参与。从调查的时间范围看，除了人口普查和劳动力调查，还没有建立起常态调查机制，另外，人口普查和劳动力调查，由于时间间隔过久或针对性不强，也很难为职业资格制度研究和决策提供及时的更新数据。因此，建立起针对专业人员发展状况进行监测的较为系统的理论框架与指标体系，并进行监测，仍是这一领域理论和实践迫切需要解决的问题。

1. 人口普查

我国先后于 1953 年、1964 年、1982 年、1990 年和 2000 年进行过五次全国人口普查。第六次全国人口普查于 2010 年 11 月 1 日进行。主要采取普查员入户点查询问、当场填报的方式进行。调查项目主要为人口和住户的基本情况，内容包括性别、年龄、民族、受教育程度、行业、职业、迁移流动、社会保障、婚姻生育、死亡、住房情况等。

2. 劳动力调查

由国家统计局人口和就业统计司及各省、自治区、直辖市统计局人口和就业统计机构组织实施。劳动力调查的调查范围为我国大陆地区城镇和乡村 16 岁及以上人口。调查对象为被抽中调查小区内全部 16 岁及以上的常住人口。调查以户为单位进行，既调查家庭户，也调查集体户。调查每季度进行一次。调查内容为被调查者在调查时点前一周即调查周的就业与失业情况,包括个体统计学变量、是否为取得收入而工作、未工作原因、是否想工作、是否寻找工作、当前能否工作、不能工作或未找工作的原因等项目。

3. 职业发展调查

这类性质的调查主要是由研究者或者研究机构不定期进行。有的是针对某一地区某一职业,如民办中小学校教师职业发展状况调查(徐纯,2006)、湖南省三级医院聘用护士职业发展现状的调查(王卫红、蒋冬梅、王美蓉、何彩云、陈丹,2007)等。也有对职业发展状况的整体监测,如 2003 年劳动科学研究院劳动科学研究所、《人力资本》月刊和北森测评网联合进行的中国职业发展现状调查、2004 年向阳生涯和新浪联合进行的中国职业发展状况调查等。还有一部分调查是针对某一社会关注群体进行的,如 2005 年《职业》杂志、新浪招聘频道、智联招聘网进行的白领女性职业发展状况调查。也有少量专门针对某一类专业人员进行的调查,如 2002 年司法部进行的通过首次国家司法考试已取得法律职业资格人员择业意向调查、九江市取得法律职业资格人员的现状调查(张琦、袁丽蓉、周汉林,2006)、61job 分别于 2005 年和 2007 年进行的中国电子工程师薪酬和职业发展调查、中国电子工程师的满意度和职业发展状况调查(www.sooq.cn)。

三 美国职业信息监测网络(O∗NET)

美国现行的职业信息网络系统中,最重要的是职业信息网络系统(Occupational Information Network, O∗NET)。O∗NET 职业信息网络系统是由美国劳工部(U.S. Department of Labors, DOL)组织开发的职业信息系统,旨在建立最新最全面的职业信息来源。它基于美国标准职业分类系统(Standard Occupational Classification System),综合了美国自发展职位名称词典(Dictionary of Occupational Title, DOT)60 年来关于工作和职位性质的相关知识。O∗NET 的核心是 O∗NET 数据库,包含有几百个职位(Occupations)的标准化描述。数据库内容向公众无偿提供,并通过大范围实际岗位工作者调查来持续更新信息。数据库信息通过 O∗NET Online 网站展示,提供职业信息查询的交互应用,用户包括政府、企业、高校、求职者以及在校学生等组织和个人。

（一）O*NET职业信息网络系统的建立与发展

美国劳工部于1939年首次出版发布了美国职业分类和描述。20世纪80年代末，人们开始反思当时的职业分类系统效果以及它是否适合现代职业发展的需要和新世纪高科技职业的发展要求。1994年，美国管理和预算办公室（Office of Management and Budget，OMB）成立了标准职业分类修订政策委员会（Standard Occupational Classification Revision Policy Committee，SOC Committee）来推进职业分类大典的修订，该咨询委员会提出了对新的职业信息数据库的需求，这个数据库逐渐演变为O*NET数据库。

O*NET数据库最初的数据来源是1980年美国修订的标准职业分类（Standard Occupational Classification，SOC），在此基础上对任职者和职业专家进行了大范围的问卷调查，形成最初的O*NET数据库。第一版面向公众的O*NET数据库是于1998年发布的O*NET98版本，其中包括美国劳动统计局统计出的1122种职业和相应代码。目前最新的O*NET数据库为O*NET16.0版本（截至2013年2月）。该版本的数据采集和处理方法都沿用了最早的O*NET98版本，但是随着社会、经济、法律、技术、市场的发展，职业的种类和数量都有所增加，职业内容也都有所更新。

O*NET职业数据库建设包括了3个要素：一是O*NET—SOC职业分类，定义了职业体系的结构和名称（如图8—2所示）；二是职业内容模型，明确了单个职业的描述内容；三是职业数据采集计划，确定了定期采集、更新数据的机制。

（二）O*NET—SOC职业分类系统

美国现行的国家职业分类系统为美国劳工部的标准职业分类系统，简称为SOC。2000年美国标准职业分类系统根据职业工作活动以及技能要求的相似性将类似的工作进行归类，包括23个大类、96个中类和449个小类。

美国国家职业分类系统建立的目的之一就是为美国的不同联邦机构和个人、组织用户提供统一的职业分类，使许多管理事宜可以在共同的平台上完成。SOC通过职业代码与O*NET数据库相联系。因此，O*NET数

图8—2 O*NET主架构

职业快速搜索

职业关键字或职业编码搜索

O*NET新闻

下一步职业发展主页快捷入口

下步职业发展（军人）主页快捷入口

查看绿色职业主页快捷入口

帮助
- 在线帮助
- 关于O*NET
- 网站图解
- 求职者帮助
- 再就业帮助
- 相关网站
- 返回首页

主页

搜索职业
- 查看朝阳职业
- 按专业查找
- 查看绿色职业
- 按行业查找
- 按工作相似性查找
- 按工作难易度查找
- 查找科技类职业

高级搜索
- 按能力
- 按兴趣
- 按知识
- 按技能
- 按工作活动
- 按工作内容
- 按工作价值观
- 按自身具备的技能
- 按工具和技术

分享
- 至脸谱网
- 至微博
- 至美味书签网
- 至掘客网
- 至Reddit网
- 至StumbleUpon网
- 更多……

O*NET子站
- 下步职业发展
- 下步职业发展（西）
- 下步职业发展（军人）
- O*NET在线
- 资源中心
- O*NET学院
- 信息采集项目
- 美国劳工部
- 其他相关网页

其他职业分类搜索
- 按注册学徒系统（RAPIDS）
- 按美国职业大典（DOT）
- 按照行业分类项目（CIP）
- 按军事职业分类（MOC）
- 按职业展望手册（OOH）
- 按标准职业分类（SOC）

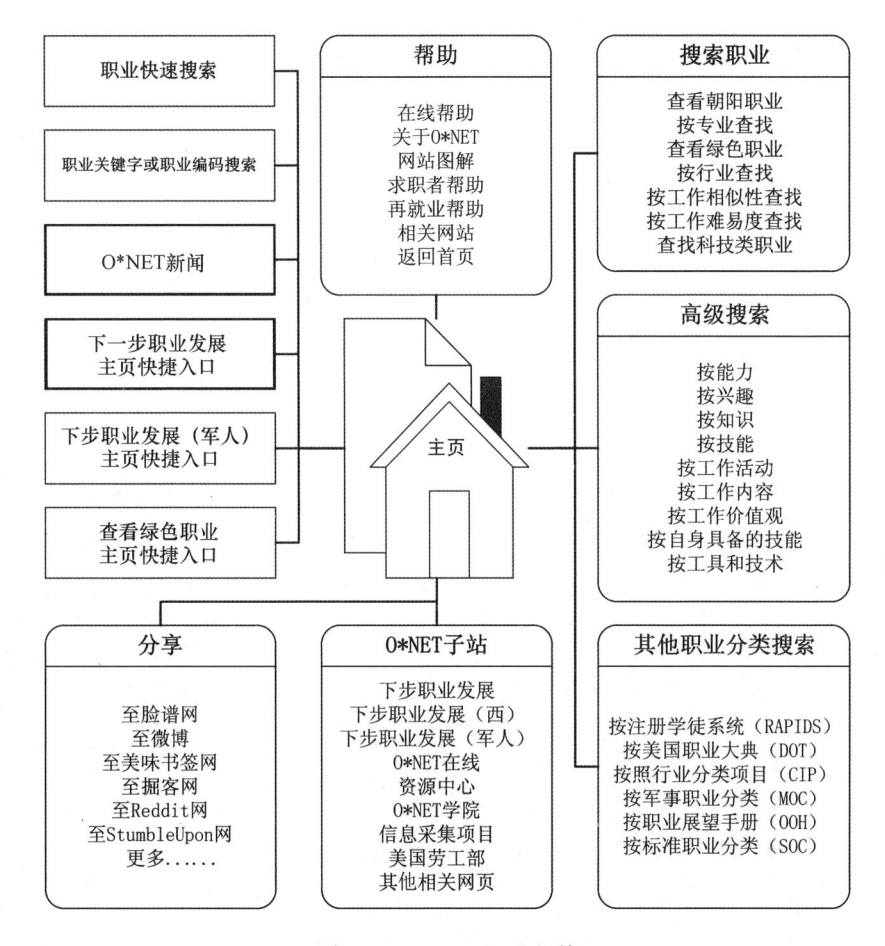

图8—2 O*NET主架构

据库中的职业分类系统与美国标准职业分类系统是兼容的，即O*NET-SOC。自1998年以来，美国陆续推出O*NET98、O*NET-SOC 2000、O*NET-SOC 2006、O*NET-SOC 2009、O*NET-SOC2010五个主要版本的职业分类。迄今为止，美国最新修行的标准职业分类系统为2010年出版的SOC，包括1110种职业信息，O*NET数据库兼容了其中的974种。目前O*NET职业分类重点关注随着社会和技术发展而出现的新兴职业。

（三）O*NET内容模型

内容模型是O*NET职业信息网络系统的基础。在O*NET内容模型中运用了统计学和分类学的方法对职业进行分类。O*NET内容模型在职业描述上分别以任职者导向和职业导向建立信息框架,包括6部分内容:任职者特征、任职者要求、经验要求、职业要求、职业特征、职业特定要求。(见图8—3)对于每一种职业,都根据内容模型6部分内容进行描述,其中既包含了详细的职业特征、要求、薪酬、发展趋势等信息,同时还包含了对任职者的能力和技能要求、经验要求、特征描述等内容。O*NET内容模型适用于单职业领域的研究,也适用于跨职业领域的研究。

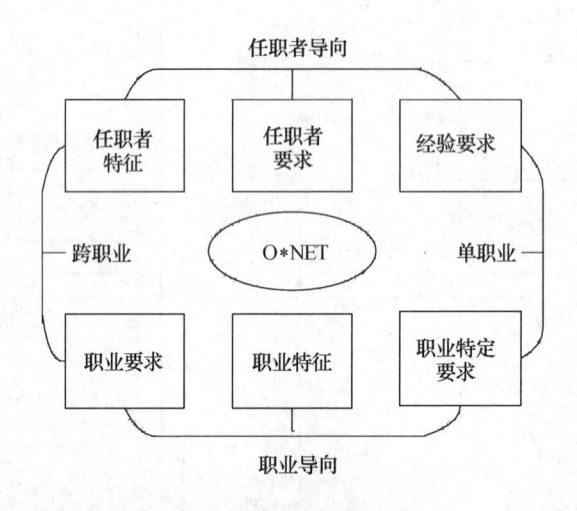

图8—3 O*NET内容模型

图8—3展示了O*NET内容模型,从任职者导向来看,任职者特征包括对任职者的能力、职业兴趣、价值观、工作风格等方面的描述,其中,职业兴趣描述采用了与霍兰德职业兴趣测试兼容的职业兴趣分类;任职者要求包括对任职者的职业技能、知识结构、教育经历等方面要求;经验要求包括对任职者接受的培训、证书和工作经验等方面要求。

从职业导向角度看,职业要求包括工作活动、组织环境、工作情境等方面描述;职业特征包括劳动力市场信息、职业前景、薪水待遇等内容;职业特定要求包括特定职业的属性、内容、任务、任职者需要使用的机器或设备等方面要求。

(四)O*NET数据库

目前存在的最新的O*NET数据库为2011年发布的O*NET16.0版本,该版本的数据库对974种中的857种职业信息都进行了不同程度的更新，并且有些职业信息被更新的数量还不止一次。在 2012 年，O*NET 数据库计划更新 108 种职业。

1. 数据采集工具与分析

O*NET 数据库中的信息主要是通过问卷收集，并定期进行数据库的更新。发放问卷的对象包括企业的任职者、企业管理人员、职业专家和职业分析师。根据问卷填写对象的不同，O*NET 职业信息采集方法分为企业调查法和专家调查法。

在企业调查法中，问卷的发放对象为企业的任职者和管理者，O*NET 以往数据采集的经验表明，最准确的职业信息（例如工作内容、工作活动、工作培训、工作风格等内容）来自于任职者。在专家调查法中，则以职业专家或职业分析师为问卷填写对象。专家调查法一般应用于新兴职业或者任职者分布范围广等不能运用企业调查法进行职业信息采集的职业，并且职业分析师需要从已有的信息中总结出较抽象的内容。在 O*NET 职业信息数据库中，大约 75% 的职业信息是通过任职者问卷调查收集得到的，另外 25% 则通过职业专家填写的问卷得到。专家调查法是对企业调查法的很好的补充。

问卷的形式分为纸质问卷和网络问卷，近年来，随着网络技术的发展，网络问卷得到了越来越广泛的应用。2007 年任职者使用网络问卷的比例为 20.3%，职业专家使用网络问卷的比例为 24.0%。

2. 数据采集方法

设计合理有效的数据采集方法是建立职业信息网络数据库的前提。数据采集方法要包括合适的数据采集对象、问卷种类设计、问卷打分机制、数据采集途径、数据采集流程、数据采集范围、采集人员的分配以及数据采集预期成本等因素。要使数据采集方法行之有效，在制定出数据采集的目标和原则等因素的基础上，还必须对数据采集过程中涉及的全部事项甚至具体的细节都进行严密的设计和考虑。

在数据采集的过程中，数据采集的响应率也是需要考虑的问题。设计预期成本范围内的有效的鼓励措施也是数据采集的重要因素之一。O*NET 数据采集在企业中的响应率达到了 75%，任职者的响应率达到了 64%，远远超过了预期水平和同行业的平均标准。如何提高数据采集的效率并节约成本是职业信息网络数据库数据采集过程需要重点考虑的问题。例如，在 O∗NET 数据采集时，当收集到的问卷达到了需要的数值时，就停止对当前职业的信息采集，这一处理方法有效减少了数据采集过程中的浪费。随着信息化的发展，如果可以通过提高网站问卷的调查比例甚至全部通过网站问卷完成数据采集，也将大规模提高数据采集的效率。

在数据采集过程中，用户信息和数据都需要严格的保密，整个数据采集过程必须在安全可靠的环境和信息系统中进行。

3. O∗NET 数据采集与处理

O∗NET 数据采集可以分为以下四步：1）数据抽样；2）数据采集；3）数据清洗和加权；4）数据分析。首先，要进行数据抽样，即对目标调查的企业、任职者或者职业专家进行选择；接着进行问卷的发放和回收，即进行数据采集过程；在回收的问卷中存在无效问卷和数据严重偏离正常值的情况，需要对这些数据进行过滤和筛选，即进行数据清洗和加权。当合格的问卷数量达到预期设定的要求时，开始进行分析，提取所需要的职业信息。O∗NET 数据采集步骤如图 8—4 所示。

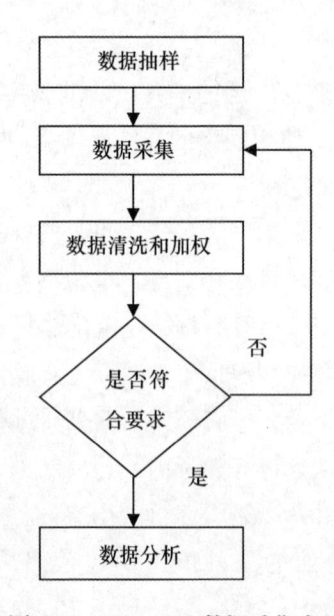

图 8—4　O∗NET 数据采集步骤

采集之后的数据通过数据的清洗和加权，做进一步的处理，以得到最后的结果和结论。在 O*NET 数据处理过程中，运用了许多统计学方面的知识，进行数据的分析和挖掘，计算置信度范围内的数据估计，确保数据的无偏性和可靠性。对数据的处理方法（例如，输入的数据量和计算公式）进行了科学的设计之后，可以利用相应的计算机处理系统进行计算，使数据处理过程变得简单而快速。

另外，在数据处理方法的设计过程中，需要成立专门的咨询小组，由该领域的专家担任小组成员，确保数据处理方法的正确。在每次的数据采集完成之后，都要进行相应的统计和总结，为下一次的数据采集提供支持。

4. 数据库产品与用户

O*NET 数据库可以通过一个基于 Web 的在线访问地址 O*NET Online（http://online.onetcenter.org）进行访问和下载。基于 O*NET 数据库和 O*NET 网站的支持，用户获得了多种产品和服务。

首先，在 O*NET 网站上，O*NET 数据库为用户提供了强大的搜索功能。在 O*NET 网站上搜索信息时，可以输入职业的关键字进行搜索，也可以输入求职者的兴趣、能力关键词对职业进行搜索；用户不但能够浏览 O*NET – SOC 中相关职业的详细信息，还可以搜索到跨职业的相关信息。

其次，O*NET 数据库为用户提供职业测评工具和定制化的职业报告。通过职业测评工具的使用，可以为用户尤其是尚没有明确求职目标的用户提供职业选择方面的参考信息，再配合定制化职业报告的使用，使用户能够综合自身的兴趣条件和外部求职环境，选择合适的职业领域。

最后，O*NET 数据库为用户提供各类资料的电子版下载，例如，用户可以在 O*NET 网站上下载职业分类信息和数据处理方法的说明文件，使其他很多类似网站及数据库的建设都使用相同的数据采集和处理方法，这进一步扩大了 O*NET 的使用领域。

O*NET 数据库还为用户提供培训方面的相关支持，为不同的用户群体提供协作的工具和交流论坛，例如，O*NET 的网络在线研讨会，自学培训课程等服务。O*NET 网站上也包括其他应用的访问通道和相关职业网站的链接应用，进一步方便用户的使用。

O*NET 网站拥有每月 77.5 万次的访问量，在美国的同类网站中名列第一，有超过 5309 个的其他网站设有到 O*NET 网站的链接。其用户范围非常广泛，包括高等教育机构图书馆和就业网站、政府部门网站、企业人力资源管理部门等机构。同时，O*NET 也能为美国科研机构的研究者提供可靠数据的来源。

四 经验借鉴

（一）完善数据收集机制，建立动态数据库

职业信息网络数据库是国家职业信息网络系统的基础，只有依托全面而权威的数据库信息来源，国家职业信息网络系统才能为用户提供准确的职业信息和相关方面的指导。O*NET 数据库从 2005 年以来，平均每半年进行一次更新，每次都对约 100 种职业信息进行修改和补充，并相应增加新的职业种类。随着社会和经济的发展，职业的信息和类别都在变化和发展。针对我国职业种类和数量的发展状况，设计合理的职业信息网络数据库的信息更新机制，是需要思考和研究的首要问题。否则，无论是职业信息网络数据库还是国家职业分类系统，都容易呈现滞后性。

在职业信息网络数据库的建设和更新过程中，建立标准化的数据采集机制非常重要。在 O*NET 数据采集过程中，开发使用了一套信息管理系统，专门用来支持整个数据采集过程，并提供相应的决策支持。例如，数据采集过程中各节点的监控和联系、问卷的发放和回收记录、宣传材料和奖品的库存管理乃至后期的数据处理，都可以通过该系统实施完成。通过每次更新过程的全面记录和经验累积，使 O*NET 数据库的数据采集更具指导意义。在我国职业信息网络数据库建设的初期，也需要建立完善的数据采集更新机制和管理流程，使我国职业信息网络系统能够得到长远发展。

（二）提供满足用户需求、界面友好的产品服务

服务内容与用户界面是提高用户访问量的关键。为了提高信息使用率，国家职业信息网站需要设计出友好的用户界面。例如，通过提供网站地图，把重要的网站栏目和网页进行分类；在网页中合理的地方放置醒目的关键词提醒；网站需要兼容不同的操作系统；为用户提供链接到国内外其他职业信息网站或职业数据库网站的搜索引擎等。

在国家职业信息网站的建设中，还需要考虑如何强化网站的搜索功能，建立相应的算法模型。使用者能够根据输入的关键字快速准确地搜索到所需要的职业或者技能信息。在搜索机制方面，网站应建立多种搜索路径，例如，通过网站搜索不但使用户可以根据职业分类搜索到某职业的特征或者需要的技能等信息，还可以根据用户自身的兴趣或技能进行职业的筛选和选择。

国家职业信息网站的设计还需要考虑网站的一系列附加功能和细节，例如，是否为用户提供网站数据的下载功能；用户的登录注册机制是否需要实名制注册，是否需要用户填写目前的职业、薪酬信息，进而为网站数据更新提供支持；是否需要提供相同的职业种类对应的不同职业名称；是否提供就业待遇和趋势的信息等方面。

（三）以人力资源社会保障部门为主导，吸引多方参与

国家职业信息网络系统数据库也需要与我国现存的其他职业测评系统、就业服务提供机构、求职网站等实现有效对接。在这一过程中，必须建立人力资源社会保障部门、行业主管部门、企业和专业组织之间互动模式，通过对话和协商，扩大共同参与和合作，建立人才政策的信息交流与共享机制。探索社会力量广泛参与人才资源开发的渠道和办法，引导政府、企业、社团、人才、个体等多方参与职业发展状况监测系统，促进相关各方进行正式和非正式互动，交换信息和资源，协调目标和策略。

第二节 我国职业信息监测系统设计

我国应该尽早开始着手建立国家职业信息网络系统，在发展的过程中逐步完善，进一步促进我国职业领域的科学化研究和应用。在我国职业信息网络系统的建设初期，既要考虑宏观规划职业信息网络系统的发展，又要对每一个细节进行仔细研究和设计。

一 背景分析

2014 年，《国务院关于加快发展现代职业教育的决定》指出，要建立行业人力资源需求预测和就业状况定期发布制度，建立专业教学标准与职业标准联动开发机制。职业分类和职业发展状况是职业教育和职业培训的

"定位仪"。适应经济发展、产业升级和技术进步的需要，建立专业教学标准和职业标准联动开发机制。要推进专业设置、课程内容与职业标准相衔接，形成对接紧密、动态调整的职业教育培训课程体系。要根据《大典》确定的职业分类，加快职业标准的开发、论证和发布工作，制定人才培养标准和课程规范，促进职业教育培训质量提升，提高劳动者职业素质和技术技能水平，提高专业技术人员的国际化水平。

职业信息提供专业技术人员管理的标准。建立分类科学、关系明晰、等级完备的职业资格体系，必须了解职业发展的基本状况，发挥职业信息监测系统的基础作用。2007年，国务院办公厅印发了《关于清理规范各类职业资格相关活动的通知》（国办发〔2007〕73号），《通知》指出，职业资格必须在职业分类的基础上统一规划、规范设置。逐步形成统一规划、规范设置、分类管理、有序实施、严格监管的职业资格管理机制，促进职业资格证书制度健康发展。我们一方面要按照国务院要求，加大职业资格清理规范力度，进一步做好减少职业资格许可和认定工作；另一方面要发挥职业分类对职业资格设置行为的规范和约束作用，从源头上遏制职业资格设置乱象，维护劳动者的合法权益，营造各类人才成长的良好环境，这就要求职业资格必须在职业分类的基础上统一规划、规范设置。但是，如何规划与设置，一直是专业技术人员的职业资格设置和管理的政策盲区。

推动创新驱动发展，推动大众创新、万众创业，需要发展职业信息生态圈，促进职业信息互联共享。大数据、云计算、移动社交蓬勃发展，促进了传统人事人才理论和实践工作与"互联网＋"的深度融合和相互促进创新。2015年7月6日，国务院印发《关于积极推进"互联网＋"行动的指导意见》，指出要进一步深化互联网与经济社会各领域的融合发展，推进"互联网＋"创业创新和"互联网＋"益民服务，创新政府网络化管理和服务，发展基于互联网的新兴服务，推动各类要素资源集聚、开放和共享，形成大众创业、万众创新的浓厚氛围。2015年8月19日，国务院通过了《关于促进大数据发展的行动纲要》，指出必须提升创业创新活力和社会治理水平、涵养就业潜力和经济发展持久耐力。职业信息大数据是我国经济社会发展的基础性战略资源，对于促进人才教育培养、管理开发，推动大众创业、万众创新，改造升级传统产业，培育经济发展新引擎和国际竞争新优势等具有重要的作用。

所有这些，为我国职业信息系统建设工作既提出了迫切的要求，也提供了难得的机遇。当前我国现有的基于《大典》的职业信息系统，仅能够提供简单的职业分类信息，功能单薄，用户无法从全局和更加深入的角度出发对职业进行跨职业、多角度、多层次的综合分析。具体来说，从信息管理来看，目前泛在的职业信息多集中于各自专业领域和主管部委，职业信息相关数据的含义在各个领域内存在不一致的解释，跨业务专题的分析应用能力尚不具备；存在相同职业信息数据多头上报并且上报数据不一致的问题；缺乏对现有职业信息数据的高级分析应用，没有合理地发挥和利用职业信息数据资产的价值。从技术来看，领域内数据质量较低，数据分析类型划分不够明确，缺少统一的报表与指标体系规范，缺乏规范的数据架构、明确的数据定义，数据分布不合理，数据模型不一致，缺乏企业级整合的数据，缺乏有力的系统实施和使用管控机制。

建立中国特色的职业信息监测系统，是一项基础性、长期性和导向性的工作。以职业信息系统为基础，完善人才科学分类、建立各类人才标准体系和职业信息支撑体系，对加强人才工作宏观管理、提高人才资源管理类别化、精细化、科学化水平以及形成政府、企业、高校和产业人才开发协同创新机制等具有重要的现实意义。该系统能够为政府、企业以及个人用户提供广泛的信息公共服务。对于政府来说，可以利用国家职业信息系统完整的标准化的信息，为人力资源开发制度与政策的监测、调整与评估提供针对性更强的动态信息。对于行业协会/专业学会与人力资源服务机构来说，有助于从业人员能力标准的制定、宣传与咨询服务，职业规范的形成与调整。对于教育主管部门和教育机构来说，有助于畅通人力资源开发的链条，加强职业素养教育，在培养目标、学位设计、课程设计等环节及时反映经济社会发展对人的要求。对于用人单位特别是小微企业来说，能够提供人力资源管理方面的公共服务，进行人事和人力资本投资决策，便于选聘、培训、考核员工及其职业发展指导。对于专业技术人员个体来说，能够推动专业人才专业成长和个人职业生涯规划；通过匹配求职者的兴趣、能力和工作经验帮助求职者找到适合的职业类型。

二 设计目标

基于此，职业信息检测系统设计将借鉴美国职业信息监测系统（O*NET）建设经验，集成《大典》修订工作成果，践行"互联网+人"的理念，建立符合国情，兼具公益性、市场化和社会化特征的人力资源管理与开发新体系——《国家职业信息系统开发与应用平台》（以下简称《国家职业信息系统》）。项目的核心目标是建立最权威的职业信息搜索引擎，用大数据技术解决数据来源问题，用云技术解决数据存储问题，用互联网联通用户（人）。

《国家职业信息系统》以《大典》第二大类"专业技术人员"为主要对象，研究、集成、开发包括职业特征和从业者特征等在内的细分职业信息，创造职业信息透明度，帮助用户获得最权威、准确的职业信息，成为国内主要的职业信息搜索引擎；细分不同用户的职业信息需求、活动，提供针对性应用与服务；催生职业信息生态圈，运用职业信息大数据创造新的商业模式、产品和服务。项目的核心是职业信息大数据以及基于这些大数据产生的应用和服务。

通过职业信息开发与应用系统平台建设，进一步发挥职业分类对人力资源统计与预测、管理与开发、职业培训教育以及职业资格管理等方面的基础性、引导性作用，打造包括职业养成、知识和技能准备、就业创业、能力建设和专业化、国际化发展等环节的人才培养成长链，为政府、企事业单位、协会和学会、院校和职业培训机构以及各类专业技术人员和学生提供多层次、结构化和迅捷、便利的职业信息服务。

三 核心职业信息

国家职业信息系统不是通用的职业信息通用数据库，而是关于职业的最深入信息的数据库。该系统以泛在的基础职业信息为起点，逐步增加有助于职业信息监测和决策的核心信息，形成职业信息指标框架（可拓展），探索构建各种职业信息模型，为系统应用和服务提供基础。核心职业信息包含两大维度：劳动者和劳动力市场，劳动者信息聚焦于职业对从业人员的能力标准、知识和技能等方面的要求，劳动力市场聚焦于劳动力市场供给、需求、匹配、薪酬和流动等方面的要求，为就业、人才队伍建设等重要领域提供决策信息和支持。

表 8—8   国家职业信息 ETC 系统核心职业信息

第一部分：职业基本信息	
（1）职业（细分职业）名称	职业原则上依照《大典》确定并进一步细化
（2）职业（细分职业）定义	指对职业活动的内容、方式、范围等的描述和解释。通常以最简练的语句表示出本职业的本质属性
（3）主要工作任务	指根据工作职责等规定的（或约定俗成的）、具有稳定性的、可以独立完成的基本工作单元集合
（4）职业等级	各职业等级划分应按照从业人员的职业活动范围、工作责任和工作难度来确定
（5）基本文化程度	从事本职业应具备的最低文化程度
（6）培训要求	指与本职业活动直接相关的职业能力与素质培训
（7）职业资格要求	
（8）绿色职业	主要指与保护环境或节约自然资源有关的职业
（9）所属国民经济行业	
（10）环境条件	从事某一职业所处的客观环境
第二部分：宏观层次指标	
反映从业人员职业的结构分布及其变化	
（1）从业人员总量	按照职业分类的标准，各职业的从业人员的数量与比例
（2）从业人员自然结构	
（3）企业类型分布	
（4）教育构成	从业人员按受教育程度划分的人数与比例
（5）空间分布	从业人员在地域的分布

第三部分：中观层次指标

该层面获得的信息主要用于了解高校、政府主管部门、社会对该专业的响应情况，以及该专业的自治程度等状况，为国家职业分类和职业标准的动态管理体系、专业学位教育体系提供基础信息。

表 8—9　　　　　　　　　　　中观层次指标

(1) 专业化水平	反映一个普通的职业群体在一定时期内，逐渐符合专业标准、成为专门职业并获得相应的专业地位的程度
(2) 能力标准（胜任力模型）	能力与技能
	职业知识
	价值观与态度
(3) 职业展望	不同职业未来的劳动力和劳动力市场特征

第四部分：微观层次指标

反映专业人员在专业工作场所与期间，经由主动、积极参加各种提升专业的学习活动和反省思考的过程。该层面获得的信息主要用于职业标准的完善、专业人员的职业生涯规划，以及用人单位的人力资源管理和战略管理。

表 8—10　　　　　　　　　　　微观层次指标

(1) 工作绩效	包括任务绩效与周边绩效两种。任务绩效是指完成某一工作任务所表现出来的工作行为和所取得的工作结果，其主要表现在工作效率、工作数量与质量等方面。周边绩效包括人际因素和意志动机因素，如保持良好的工作关系、坦然面对逆境、主动加班工作等
(2) 工作满意度	个体在组织内进行工作的过程中，对工作本身及其有关方面（包括工作环境、工作状态、工作方式、工作压力、挑战性、工作中的人际关系等）有良性感受的心理状态
(3) 职业成熟度	个体完成与其发展阶段相适应的职业任务的程度，这是与个人年龄相适应的职业行为的发展程度和水准，即个人在整个职业生活中达到社会期望的水准
(4) 职业满意度	个体对于当前职业的总体感受及看法
(5) 职业兴趣	个体对各种不同类型的工作的偏好
(6) 离职意向	个体想要离开目前所在组织的一种心理倾向和意愿
(7) 幸福感	个体对其生活质量所做的情感性和认知性的整体评价
(8) 薪酬	

四 系统架构

系统包括数据来源、技术支撑、产品与服务三个模块。

(一) 数据来源模块

主要解决数据库的信息基础、来源渠道和更新机制问题。

1. 《大典》信息导入与补充采集

以《大典》2015 修订版为基础,通过《大典》修订平台(渠道)获得专业人员的职业分类和职业描述(职业代码、职业名称、职业定义、主要工作任务、技能水平与职业资格要求等)及其他方面的信息。

未来与《大典》修订同步更新。

2. 职业发展状况调查(在线或线下调查)

构建"专业技术人员职业发展状况评估框架",选择或开发相关测量量表,对专业人员的主要类型(从业人员规模大、影响力广)进行调查,获得有关职业声望、能力标准、职业发展基本状况(职称、晋升等)、专业化程度、收入、主观感受(工作满意度、职业满意度、幸福感等)及其他方面的信息。

建立科学的职业信息采集机制,提高数据采集的效率和效果。建立采样范围、采样方法、数据采集过程、采集数据的处理机制。

根据细分职业发展状况和项目进展状况选择线上或线下调查方式。定期更新。

3. 人才市场信息采集(云计算)

与政府所属人力资源服务机构(人才市场)和市场上的人力资源服务机构(招聘机构、职业生涯规划机构)建立合作机制,采用云计算模式,获得相关细分职业的供给、需求、紧缺、匹配、薪酬等劳动力市场方面的信息。

同步更新。

4. 职业资格考试信息采集(云计算)

与职业资格的实施机构建立合作机制,采用云计算等模式,获得相关职业资格的报名者、职业资格获得者的能力状况、职业发展状况等方面的追踪信息。

同步更新。

268 / 职业管理制度研究

5. 特定人才群体数据库开发和利用

开发利用我国博士（博士后）数据库、留学归国人员数据库、"百千万"专家数据库、"国务院政府特殊津贴"专家数据库、院士数据库、国家重大项目负责人数据库、国家三大科技奖励项目负责人数据库等现有的特定人才群体数据库资源。

发挥高端人才数据库的专家联系和长期追踪作用，通过专家咨询等方式，在职业分类、能力标准制定等方面发挥高端人才的行业引领作用。

定期更新。

（二）技术支撑模块

旨在实现数据库的基本应用功能。

1. 职业信息大数据中心

目标：实现泛在的职业信息的数据整合；综合分析各阶段可获得的职业信息；从职业信息管理和决策支持交付出发，设计和发展职业信息模型；实现相关方的数据共享。

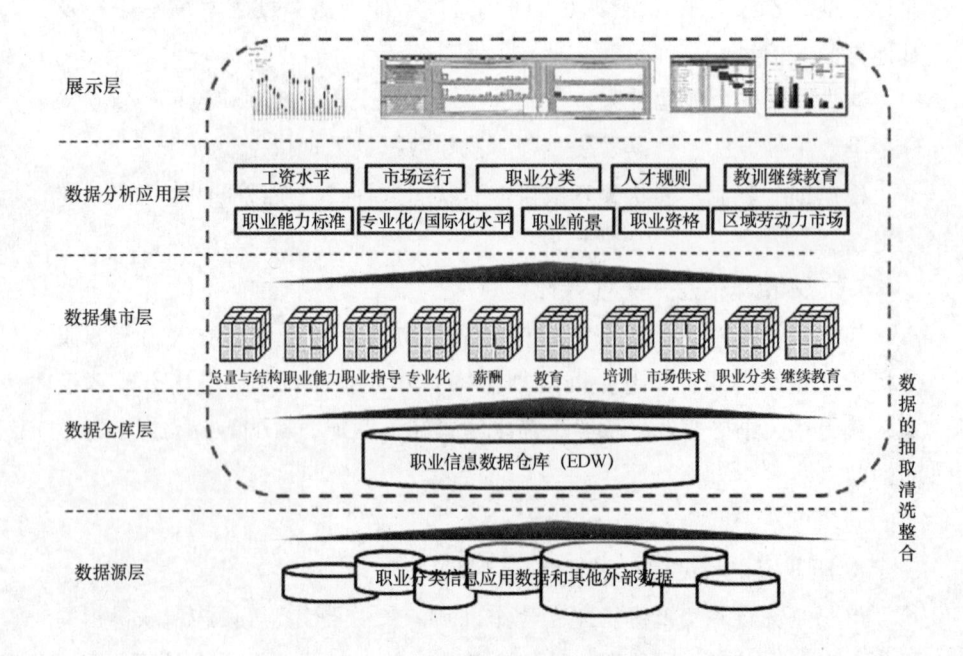

图8—5 职业信息大数据中心示意图

难点一：建设职业信息大数据中心（数据库），建立统一完善的国家职业信息模型，统一数据源、统一数据口径，建立一致的数据出入口。

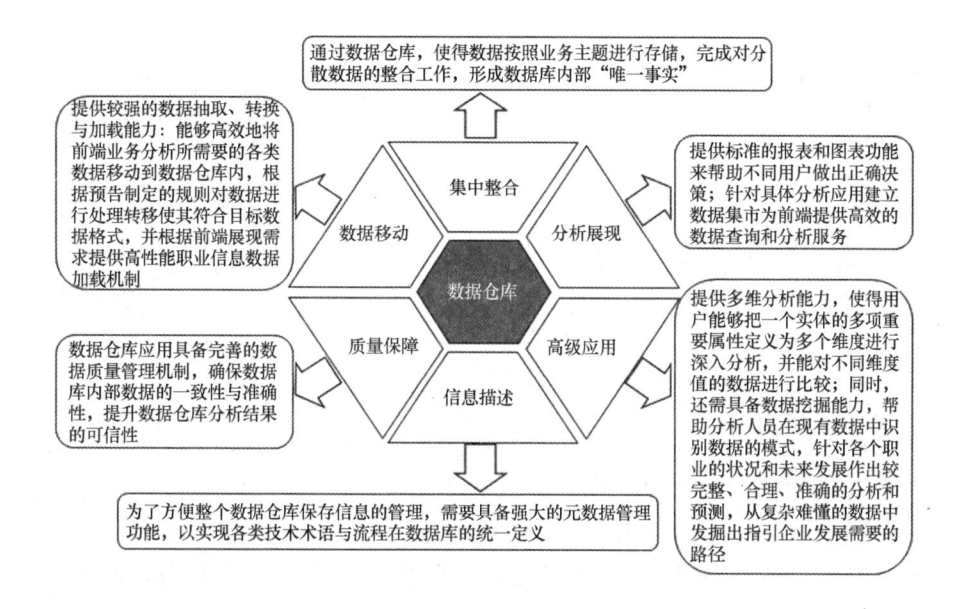

图中文字：

- 通过数据仓库，使得数据按照业务主题进行存储，完成对分散数据的整合工作，形成数据库内部"唯一事实"
- 提供较强的数据抽取、转换与加载能力：能够高效地将前端业务分析所需要的各类数据移动到数据仓库内，根据预先制定的规则对数据进行处理转移使其符合目标数据格式，并根据前端展现需求提高性能职业信息数据加载机制
- 提供标准的报表和图表功能来帮助不同用户做出正确决策；针对具体分析应用建立数据集市为前端提供高效的数据查询和分析服务
- 数据仓库应用具备完善的数据质量管理机制，确保数据库内部数据的一致性与准确性，提升数据仓库分析结果的可信性
- 提供多维分析能力，使得用户能够把一个实体的多项重要属性定义为多个维度进行深入分析，并能对不同维度值的数据进行比较；同时，还需具备数据挖掘能力，帮助分析人员在现有数据中识别数据的模式，针对各个职业的状况和未来发展作出较完整、合理、准确的分析和预测，从复杂难懂的数据中发掘出指引企业发展需要的路径
- 为了方便整个数据仓库保存信息的管理，需要具备强大的元数据管理功能，以实现各类技术术语与流程在数据库的统一定义

中心六边形：数据仓库；周围为：集中整合、分析展现、高级应用、信息描述、质量保障、数据移动

难点二：概念数据建模，识别职业信息主要数据主题并根据各个数据主题间的逻辑关系划分其所属数据主题域。

泛在职业信息与需求详细说明 → 数据梳理 → 数据主题清单 → 归纳整理 → 数据主题域

图 8—6　数据库的基本应用功能

统一数据仓库模型是数据仓库进行数据整合和集成的重要基础。数据主题梳理，分析职业信息的现状和需求，形成数据主题清单。根据分析整理得到的数据主题清单，归纳抽象出数据主题域。主题域集中反映了主题相关的所有业务内容，通常是同类或关联关系较为紧密的数据主题集合。数据主题域集中反映了职业信息的某一维度内容，通常是同类或关联关系较为紧密的数据主题的集合（如工资主题包括了工资结构、工资水平等

多个数据主题)。数据主题域是职业信息数据仓库主题建模的基础,通过细化数据主题域即可建立统一的数据仓库模型。

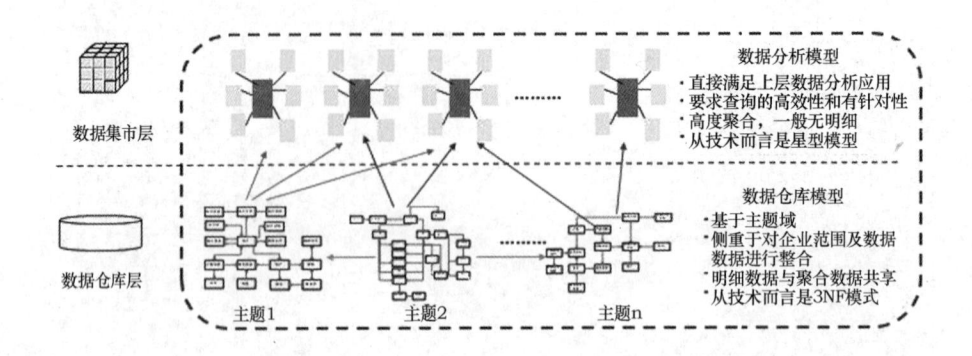

图 8—7　数据仓库模型示意图

2. 职业信息云平台建设

目标:基于职业信息大数据中心,建立与各种机构和用户的信息交换、应用服务模式。建立数据存储、交换、信息共享、自动更新和应用提供的职业信息云平台。创新职业信息服务的交付和使用模式,帮助用户(特别是机构合作方)通过网络以按需、易扩展的方式获得所需职业信息服务,对共享的可配置的计算资源(如网络、服务器、存储、应用和服务)提供无所不在的、方便的、随需的网络访问。

难点:汇聚不同来源的职业信息数据资源,并进行安全去隐私化处理和深入数据分析挖掘;提供远程存储服务、集成服务及身份管理服务。分为三个层次实现。

(1) 职业信息云设备:基础架构即服务(Infrastructure as a Service)。为用户快速提供关于职业信息的基本的计算、存储和网络能力,用基于硬件的能力再进一步搭建上层的软件能力。

(2) 职业信息云平台:平台即服务(Platform as a Service)。为用户快速提供应用创建到运行所需要的各种工具和平台运行环境。

(3) 职业信息云软件:软件即服务(Software as a Service)。通过网络的方式之间给用户提供最终的应用软件能力,并按使用来进行计量。

表 8—11　　　　　　职业信息云平台提供的服务层次

提供的服务层次	核心	基本的判断	需求诉求
SAAS 软件即服务	应用、流程、信息	是否需要统一的应用（不同的用户）？	统一服务、流程、模型、体验
IAAS 平台即服务	中间件、数据库、门户	是否需要共享运行平台（数据库、中间件等）？	动态弹性伸缩，更好的扩展 统一开发、测试、运行平台
PAAS 基础架构即服务	计算、存储、网络	是否需要共享硬件资源？	资源集中自动化管理 快速供应基础设施 提高资源利用、降低能耗 硬件资源整合

职业信息云平台特点：安全可靠，高容错、隔离、独立于硬件；动态扩展，动态添加和分配服务资源；个性定制，按照个性要求动态调整资源；数据集中，数据、软件在云端（服务器）；超强计算，强大的计算和存储能力；降低成本，提升服务器/存储的利用率。

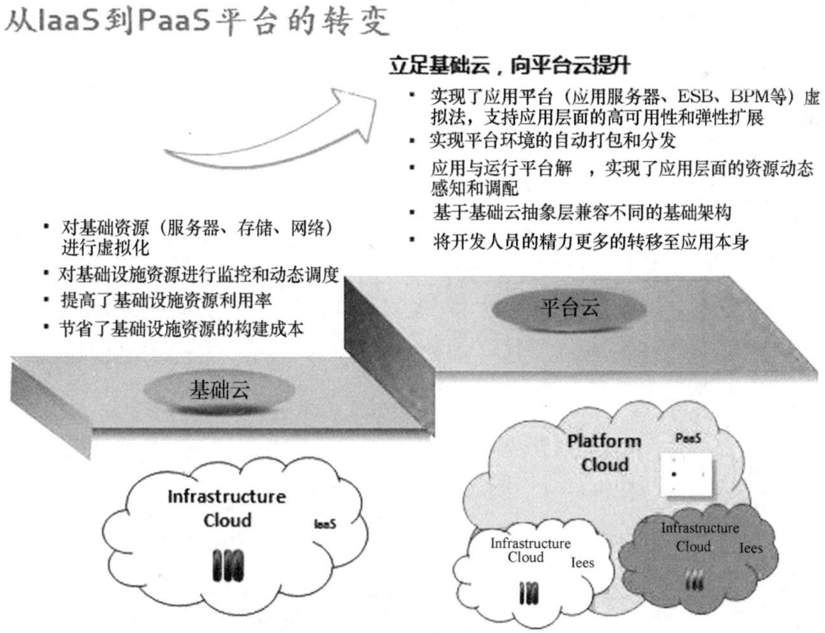

图 8—8　职业信息云平台示意图

3. 基于职业信息大数据平台的数据访问和功能（搜索引擎）

目标：实现职业信息数据的对接与整合，保证数据统一；快速上线、无限扩展、支持多种信息输出格式和功能；多维分析，支持多种图表显示功能；Internet 和移动 App 运行，客户端不受地点限制。

表 8—12　　基于职业信息大数据平台的数据功能

名称	功能	描述
报表	实现预定义和用户自定义报表功能	通过报表工具实现预定义报表的自动生成和分发，并能够灵活的实现用户自定义报表的功能
即席查询	进行准实时的信息查询	通常即席查询的功能会涉及准实时的职业信息
联机分析	实现多维度的交叉分析	完成用户对相关职业信息的分析需求。联机分析的手段包括各种图形和表格的表现，以及在其上进行的多维度的交叉分析，帮助用户快速定位和解决问题
知识发现	利用数据挖掘等知识发现技术实现特定的职业分析专题	用户获取有用职业信息的能力体现了数据仓库系统的价值，通过数据挖掘等高级统计分析技术，用户能够将数据源中有价值的信息（知识）识别出来并建立模型，同时通过自动化或半自动化的工具进行分析。知识发现应用根据专题的不同可采用自顶向下或自底向上的方法，分别适应假设验证和知识发现型的应用

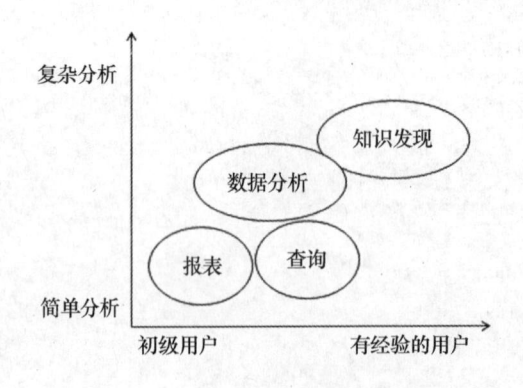

图 8—9　不同用户所需的服务类型

（三）产品与服务模块

基于职业信息大数据中心和云平台提供多种类型的产品和服务，再将信息以便捷、高效的方式提供给用户。

1. 职业分类和职业发展状况动态监测

国家职业信息系统的职业分类与《大典》的职业分类直接对应，通过对职业分类和从业人员信息的收集，提出专业技术人员职业分类建议，构建符合我国国情的专业技术人员职业分类目录，为《大典》中专业技术人员职业分类的修订工作提供依据。包括基于《大典》的职业编码；详细的职业分类和职业要求信息；标准化的从业人员技能、能力、兴趣、知识、工作价值观、教育、培训、工作内容和工作风格信息。

跟踪职业活动领域的新发展新变化，动态了解和掌握新职业的活动范围、工作内容、发展现状、从业人员数量和结构、薪酬状况和能力要求等，对《大典》的调整和补充完善提供信息支持。

2. 基于职业信息的人力资源开发决策支持

建立人力资源市场监测与分析框架，编制《人力资源市场指数报告》，为国家（或区域、或职业/行业）人力资源统计、人力资源市场状况调查、人才和教育政策评估提供动态信息。

建立专业技术人员职业发展状况监测与分析框架，编制《专业技术人员职业发展状况评估报告》，为国家《职业分类大典》修订与更新、专业技术人员职业资格设置提供决策参考。

分类研究建立专业技术人员职业标准体系，为促进人才工作与教育工作密切结合、提高职业资格许可（认证）质量以及加强和改进继续教育、职业教育提供决策依据。

建立专业技术人才职业发展环境监测与评估框架，发布专业技术人员创新创业环境报告。

3. 职业生涯规划服务

为用人单位，特别是小微企业提供人力资源管理方面的公共服务，分析某项特定职业需要的人才特性，进行人事和人力资本投资决策，便于选聘、培训、考核员工及其职业发展指导。推动专业人才、专业成长和个人职业生涯规划。通过匹配求职者的兴趣、能力和工作经验帮助求职者找到适合的职业类型，科学有效地解决用户在求学、求职以及工作中面临的困惑。

能力测评与分析，帮助用户规划他们的职业生涯，用户可以找出自己的长处和愿意接受教育和培训的领域，确定适合个人长处发挥的职业。

行业标准中从业人员能力标准的制定、宣传与咨询服务，职业规范的形成与调整。

4. 职业信息搜索引擎服务（网站和App）

通过职业信息网站和App，为政府、高校、行业机构、企业和劳动者提供多方面职业信息查询。通过搜索职业关键字，或浏览整个职业分类的层次结构，可以搜索跨职业的信息。搜索引擎可以提供的服务包括以下几方面。

持续更新的职业信息；分层搜索算法，最大限度地提高关键词（题目）、职业代码或部分代码搜索的成功率；跨网站搜索功能，使国家职业信息系统能够与其他的职业系统相匹配；通过职业特性的描述符/关键词进行浏览（使用户能够根据工作的知识、技能、能力、工作活动、兴趣或工作的价值观在不同的职业间进行比较）；每种职业存在的不同职业名称，使用户更好地理解职业分类；报告显示选项（除了默认的总结报告，用户可以选择查看一个全面详细的报告或建立定制化的报告）；相关网站的链接，使用户更方便访问其他相关专业、产业、教育和培训资源信息。

网站界面设置简单明晰，使人人皆可访问并从中受益；目录分类细致准确，方便用户得到所需信息；产品与服务市场化、专业化且持续更新，保持对用户的吸引力。

对于具有公共服务性质的数据、产品，免费向所有访问者开放；对于客户化服务和敏感信息实行用户权限管理。

5. 前景指南和应用手册

《职业前景指南》，定期发布，对多种职业在未来5—10年内的需求、薪酬与竞争情况进行权威预测。

《职业规划指南》，定期发布，把特定职业对人才素质与能力的要求及时传递到教育和培训机构以及面临职业/专业选择的求职者或学生。

《专业人员人力资源管理指南》，定期发布，包括职业名称、职业定义、职业环境条件、职业能力特征等内容的能力标准，供企业人力资源管理使用。针对中小型企业，提供基于职业细分的专业技术人员能力标准的人力资源管理操作指南。

6. 职业信息标准共享

推动职业信息公共数据互联共享，消除信息孤岛，加快整合各类泛在的信息，避免重复建设和数据"打架"，增强政府公信力，提高社会治理水平。

深化职业信息大数据在各行业创新应用，催生职业信息新业态、新模式，形成与需求紧密结合的大数据职业信息产品体系，使开放的大数据成为促进创业创新的新动力。

针对系统的产品/服务、使用等各个专题开展针对性的培训与研讨会。共享人才职业发展状况调查系列测量工具、市场指数调查系列测量工具，吸引更多的研究者和机构使用，带动对职业的理论和应用研究。

五　建设模式

职业信息系统潜在的建设模式包含以下三种。

1. 自上向下（追溯法/分析应用法）。先分析职业信息指标数据，再根据指标的构成进行追溯分析，直至建设粒度到最小的、不可再分的职业细节数据；这种方式有利于梳理统计类指标，分析各统计指标的口径，侧重纵向数据关联。优势在于可以实行有效的数据质量管理，可快速进行分析应用的扩展，挑战在于要具备成熟的数据标准和数据模型，数据整合投入较大，短期内与分析应用收益不能相符。这一模式适用于数据基础较好、有成熟建模经验的领域。

2. 自下而上（数据整合法）。先建立概念模型，然后利用数据仓库和建模标准等思想进行全面的数据模型设计。侧重横向分析和标准建设。这种方法的优势在于分析应用快速见效，挑战在于数据质量无法保障，只能满足业务较为简单或业务需求明确的应用。

3. 折中建设。边构建分析应用、边进行数据整合，这种模式能够逐步深化，使分析应用快速见效，兼顾效率和可扩展性，也能够充分调动合作方的积极性，适用于数据基础水平不一、应用需求层次不同的情况。

折中模式也是我们建议采取的建设方法。重点围绕职业信息理论研究（数据模型）、平台建设（数据中心和职业信息云）、服务开发三个方面展开，逐步实现系统建设迭代更新，由最小可实现功能，逐步丰富和深化；

分析能力逐步提升；数据规模逐步扩大，通过数据驱动经营和营销，不断丰富外部数据源；职业数量逐步扩张；服务内容逐步拓展、业务领域由公共服务向市场服务扩展；线上线下服务模式相结合。要在推进的过程中不断出成果，避免较长的项目周期中没有任何产出的现状。

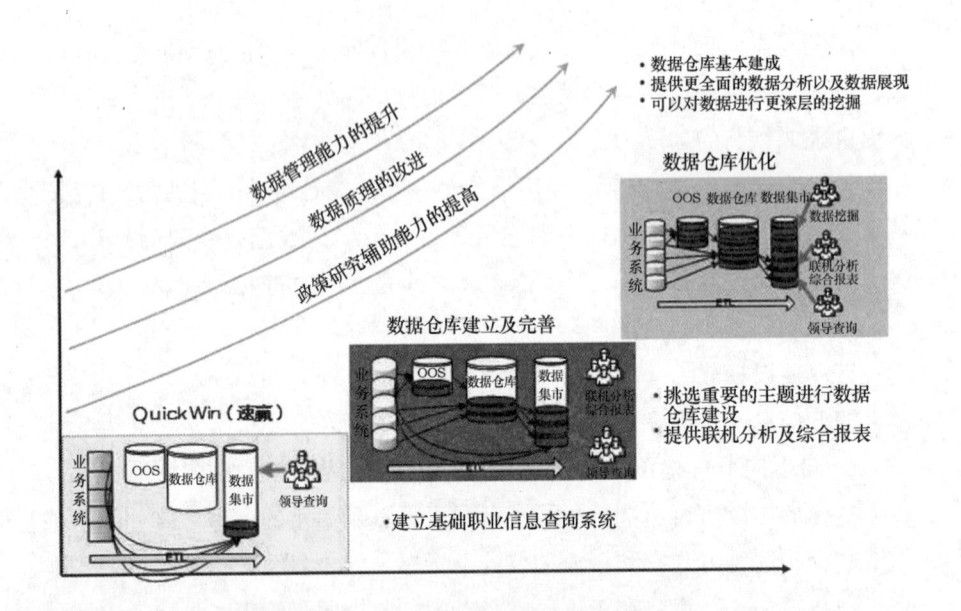

图8—10 职业信息系统数据库建设进程

六 运营模式

可选择的运营模式包括以下三个方面。

1. 政府投入。率先研究国家（区域或行业）人才工作、人才培养方面最急需的信息，取得业务突破、获得政府投入。将职业信息分析模型进行产品化抽象，实现规模化地解决区域、行业共性问题。

2. PPP模式。通过政府补贴或购买服务等措施，在"建设—运营—移交"（BOT）、"建设—拥有—运营"（BOO）、"建设—拥有—运营—移交"（BOOT）等多种模式中选择。

3. 项目切入点。在国家职业信息系统总体思路框架下，积极参与或者承建区域、行业的职业信息系统。

第九章

未来职业管理展望:职业资历体系建设

国家资历框架已经成为许多国家和地区深化教育改革、促进学历学位证书与职业资格证书相互衔接以及推动本国职业资格国际互认的重要政策工具。职业资历体系是国家资历框架的重要组成部分。建立和推行职业资历体系是制定实施国家资历框架、促进我国人力资源开发"一体化"发展以及实行更加开放人才政策的客观要求。通过加强顶层设计,改革完善职业资历体系,加强制度创新和资源整合,建设中国特色国家资历框架是必要的、适时的。本章在系统阐述国家资历框架制度的内涵和特点的基础上,借鉴典型国家资历框架以及工程师职业资历体系构建的经验,就我国未来职业资历体系的构建提出设想。

第一节 国家资历框架制度内涵与特点

"国家资历框架"也称"国家资格框架",是一个国家或地区根据职业的知识、技能和能力(素养)要求,将区域内各级各类教育文凭及职业资格证书进行整理、规范、认可而构建的连续性、结构化的资历体系。据联合国教科文组织统计,有161个国家已经实施或正在准备实施国家资历框架;欧盟、东盟、太平洋等7个区域的资历框架已经实施或正在构建中。《中国国民经济和社会发展"十三五"规划纲要》已经明确提出要建立"国家资历框架",并且围绕构建终生教育资历框架、搭建职业资历体系正在进行实践探索。从改革和发展的要求看,促进职业资格证书与职称、技能等级鉴定证书以及学历文凭相衔接是深化职业资格证书制度改革中应有之义,也是分类推进人才评价机制改革必须解决的一个基本问题。

一 政策依据

自2016年国民经济和社会发展"十三五"规划纲要首次提出制定国家资历框架，到2019年启动职业教育"1+X证书"试点，建设中国特色国家资历框架的政策实践探索陆续展开。

（一）国家资历框架制度的提出

2016年3月，《中华人民共和国国民经济和社会发展第十三个五年规划纲要》提出："建立个人学习账号和学分累计制度，畅通继续教育、终身学习通道，制定国家资历框架，推进非学历教育学习成果、职业技能等级学分转换互认。"2016年8月，国家发改委新闻发言人在解读《规划纲要》时进一步指出，"十三五"时期要重点做好以下工作："一是组建国家资历框架管理机构；二是发布国家资历框架，制定统一的学习成果、认证标准；三是建立国家资历框架认证平台，建设国家学习成果转化管理网、学习成果认证服务体系等基础设施，为学习者建立终身学习成果档案；四是推进同层次或不同层次学校之间，学校与行业、企业、培训机构之间，区域之间实现学习成果互认等项工作。"

2017年1月，国务院印发《"十三五"促进就业创业规划》提出："推进职业教育与普通教育分类改革，探索建立国家资历框架。"

2017年1月，国务院印发《国家教育事业发展"十三五"规划》，提出"制定国家资历框架，建立个人学习账号和学分累计制度。完善学习成果认证制度，被认证的学分可累计作为获取学历证书、职业资格证书或培训证书的凭证。"

（二）学历教育与职业资格相衔接是改革重点

2016年11月，中共中央办公厅、国务院办公厅印发《关于深化职称制度改革意见》，提出"促进职称制度与人才培养制度的有效衔接。充分发挥职称制度对提高人才培养质量的导向作用，紧密结合专业技术领域人才需求和职业标准，在工程、卫生、经济、会计、统计、审计、教育、翻译、新闻出版、广电等专业领域，逐步建立与职称制度相衔接的专业学位研究生培养制度，加快培育重点行业、重要领域专业技术人才；推进职称评审与专业技术人才继续教育制度相衔接，加快专业技术人才知识更新"。

2017年1月，人力资源和社会保障部印发《进一步减少和规范职业资格许可和认定事项改革方案》，提出"建立职业资格、职业技能等级与相应的职称、学历比照认定制度，畅通技能人才职业发展通道。"

2017年1月，教育部国务院学位委员会印发《学位与研究生教育发展"十三五"规划》，提出推动学分学位互认，推动建设有利于国际互认的学位资历框架体系；推动部分专业学位与国际职业资格认证的有效衔接。

2019年启动职业教育"1+X证书"试点，人社部和教育部联合印发《职业技能等级证书监督管理办法》，提出职业技能等级证书按照"三同两别"原则管理。"三同"是：院校外、院校内试点培训评价组织（含社会第三方机构，下同）对接同一职业标准和教学标准；两部门目录内职业技能等级证书具有同等效力和待遇；在学习成果认定、积累和转换等方面具有同一效能。"两别"是：人力资源和社会保障部、教育部分别负责管理监督考核院校外、院校内职业技能等级证书的实施（技工院校内由人力资源和社会保障行政部门负责）；职业技能等级证书由参与试点的培训评价组织分别自行印发。

（三）职业资格与职称的衔接势在必行

2016年11月，中共中央办公厅、国务院办公厅印发《关于深化职称制度改革意见》提出，"促进职称制度与职业资格制度有效衔接。以职业分类为基础，统筹研究规划职称制度和职业资格制度框架，避免交叉设置，减少重复评价，降低社会用人成本。在职称与职业资格密切相关的职业领域建立职称与职业资格对应关系，专业技术人才取得职业资格即可认定其具备相应系列和层级的职称，并可作为申报高一级职称的条件。初级、中级职称实行全国统一考试的专业不再进行相应的职称评审或认定"。

2018年11月25日，人社部印发《关于在工程技术领域实现高技能人才与工程技术人才职业发展贯通的意见（试行）》，明确提出"支持工程技术领域高技能人才参评工程系列专业技术职称""鼓励专业技术人才参加职业技能评价"，并对具体的考试评审条件、方式等进行了规定，初步构建了工程技术领域职业资历框架，为实现工程技术领域职业发展通道一体化奠定了基础。

二 概念界定与分析

(一) 资历和资历体系

在汉语中，通常将"资历"解释为资格与经历。在对"Qualification"的译文中，"资历"常常用于教育领域，"资格"常常用于人力资源开发领域，资历与资格的内涵和外延较为模糊。但是近年来随着国家资历框架（National Qualification Frameworks，简称 NQF）相关研究的快速发展，NQF 语境下的 Qualification 一词作为关键术语被广泛研究应用，其概念的内涵和外延逐步清晰。《英汉人力资源管理核心词汇手册》的解释将教育文凭、职称等与教育相关的内容纳入资历的词条中："资历就是一个人的资格和经历，资格有两个含义：一是指从事某种活动所应具备的条件、身份等；二是指由从事某种工作或活动的时间长短所形成的身份。而经历是指亲身见过、做过或遭受过的事。一个人的资历除了教育、就业的经历之外，还包括教育文凭、职称、是否参与特定事项、是否有重要的业绩，甚至一些重大的失误和挫折等。

亚太经济合作与发展组织（APEC）提出：在国家资历框架中，资历是指"由政府机构正式认可和颁布，根据建立的学习成效和能力标准评审个人达到的资历头衔，通常包括证书、文凭和学位"。从各国构建国家资历框架的经验来看，各国（地区）的资历类型基本包括学历资历和职业资历两大类，正式教育取得的学历资历以学历证书形式表现，就业后取得的职业资历以职业资格证书（或技能等级鉴定证书）或培训证书等形式表现，两类证书的等值衔接是国家资历框架的主要内容。资历体系是指权威机构实施的各种学历资历证书（证明）和职业资历证书（证明）的集合，以及有关的资历认证（鉴定）制度、质量保障机制、资历的衔接机制等。

(二) 国家资历框架

National Qualifications Framework（NQF），在教育领域通常被翻译成国家资历框架，在人力资源领域通常被翻译成"国家资格框架"，是国际上衔接资历证书的通用工具。一般理解，国家资历框架是一个国家或地区根据知识、技能和能力（素养）的要求，将区域内各级各类教育文凭及职业资格进行整理、规范和认可而构建的连续性、结构化的资历体系。其中"学习成果"是基本的导向和资历要素,包括学历与非学历、正式与非正式教育的学习成果,而不考虑这些成果是在什么地方和以什么方式获得。其主要特点是按照学习结果对资历作统一定义,通常情况下,涵盖了根据单一层次结构(通常为8—12级)进行分级的知识、技能,以及一系列的职业/知识领域(Borhene Chakroun)。从发达国家和地区国家资历框架的构建经验来看,学历证书、职业资格证书及其相关制度是构成国家资历框架的核心要件,某种程度上可以说,国家资历框架就是职业资格证书与学历证书等值制度的具体实现形式。

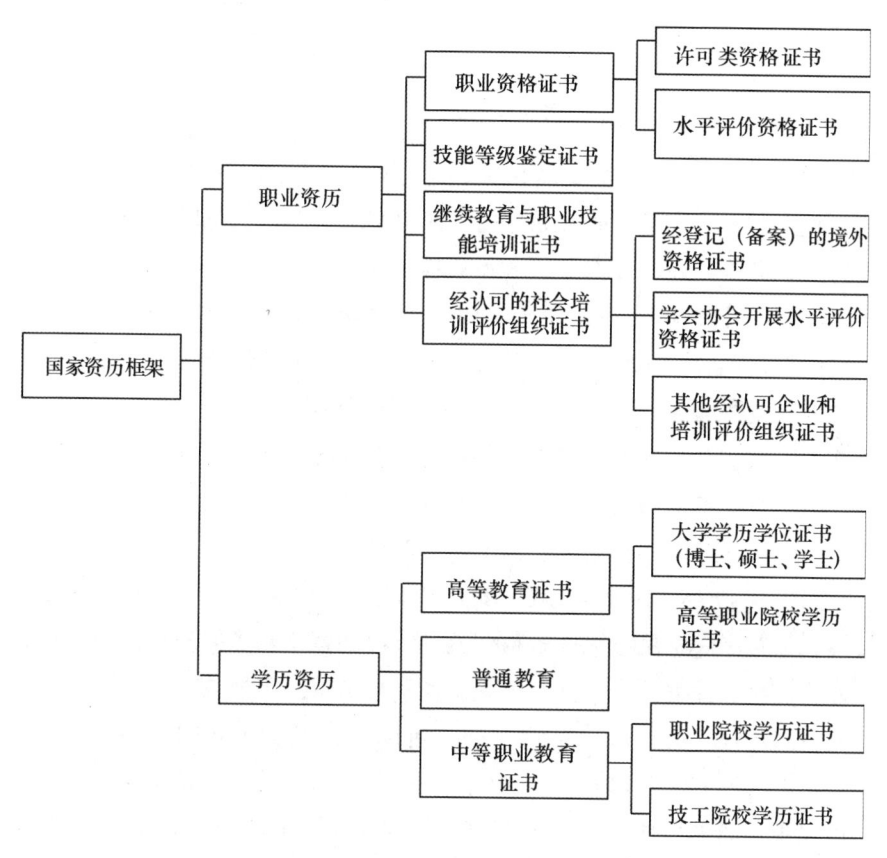

图9—1 国家资历框架与职业资历体系

(三)职业资历和学历资历

从各国构建国家资历框架的经验来看,各国(地区)的资历类型基本包括学历资历和职业资历两大类。职业资历是指过往的经历中非学历、非正式教育的学习成果，包括各类资格证书、培训证书以及各类能够体现劳动者能力或业绩水平（学习成果）的有效证明。国家职业资历体系是国家建立和推行的旨在反映劳动者职业能力水平或学习成果的等级体系。职业资历是指在职业活动中，劳动者经过权威机构评估所确认达到既定标准的学习成果，包括职业资格证书、经认可的继续教育和职业技能培训证书以及其他社会化资格评价证书等。所谓学历资历是指任何能够证明成功完成了一段正式教育项目、由教育主管部门发行的学位、文凭或其他证书。学历资历体系是指教育权威机构实施的各种正式学历资历证书（证明）的集合，以及有关的资历认证制度、质量保障机制及其与职业资历的衔接机制。

（四）国家资格与社会资格

国家资历框架是将符合资历标准的所有资历均纳入其中，职业资格是其中职业资历的重要组成部分。如果依据实施主体可以将职业资格类别划分为国家资格和社会资格。从国际来看，许多国家都有此种划分方式。如韩国，将职业资格分为国家资格和民间资格。其中，国家资格由依据《国家技术资格法》进行管理的国家技术资格和依据单独法令进行管理的其他国家资格组成。国家技术资格主要由与产业相关的技术、技能与服务领域的资格组成，其他国家资格主要为专业服务领域（医疗、法律等）的资格，根据各部门的需要设立、运营，大部分都具有执照性质。民间资格是指由国家以外的个人、法人、团体新设并管理、经营的资格。除了资格基本法第17条中禁止新设的领域外，无论任何人都可以自由地新设并管理、经营民间资格。民间资格包括纯粹民间资格、国家公认民间资格和企业内资格。国家公认民间资格是国家资格的重要组成部分，其认证活动的公信力和权威性与国家资格（非许可部分）是大体相同的。此外，美国各州政府除制定和实施许可类职业资格外，对部分民间资格给予一定的法律规制，即不构成对就业的限制，但对头衔（称号）予以保护。依据美国 O * NET 公布的职业资格认证目录统计，目前美国由 O * NET 认可的社会资格有5712个、实施机构1005个，对应840个国家标准分类职业。

因此，笔者认为借鉴国际经验特别是制定和实施国家资历框架背景下，应适时考虑对社会资格的规范与管理问题，即将我国的职业资格分为国家资格和国家认可的社会资格。其中，国家资格是指许可类资格。国家认可的社会资格是指非许可类资格，包括列入《职业资格证书目录清单》管理的水平评价资格和实行备案管理的学会、协会、院校和企业自行组织实施认证的资格。主要考虑是：（1）《中华人民共和国境外非政府组织境内活动管理法》（2016.4）及《境外非政府组织在中国境内活动领域和项目目录》（2016.12），已对国际职业资格认证考试、工学教育和工程师资格国际互认等登记和备案管理做出了明确的规定；（2）强调国家资格是"证照合一"的资格，是政府公权力规制的结果，具有绝对的权威性、排他性。其他资格包括列入《职业资格证书目录清单》水平评价类资格与尚未列入清单的学会、协会，境外社会组织以及企业等实施的社会资格，其本质是"证照分离"的资格，是权威机构经评定（考试、鉴定）出具申请人符合某种职业能力评价标准的证明；（3）《职业资格证书目录清单》是一个开放系统，不是一成不变而是动态调整的。目前集中清理工作重点解决的是存量问题，随着我国职业资格证书制度的不断完善，不排除部分社会资格也可纳入职业资格框架体系。这是许多国家通行的做法；（4）职业资格证书评价和其他多元主体的水平评价是职业资历的重要组成部分，是学习成果的重要证明。从各国资历框架的实施情况看，它所强调的学习成果是多元的和多样的，它重点考虑的不是这种学习成果在何处获得或由谁授予、不是过往经历或正式非正式教育，而是这种学习成果是否达到国家规定的学习水平标准。只要达到这个标准均可在国家资历框架体系中实现学分认证、积累、转换。

表9—1　　　　　　国家资格与国家认可的社会资格的区别

	国家资格（许可）	国家认可的社会资格
实施主体	行政机关或法律授权具有行政管理职能的社会组织	国务院主管部门认可的全国性协会、学会等社会组织
功能定位	公共管理	公共服务、行业自律
适用对象	特定职业	其他专业技术职业
管理模式	政府主管	政府管理监督

续表

	国家资格（许可）	国家认可的社会资格
评价标准	国家标准，强制性标准	行业标准，推荐性标准
层次划分	除能力等级直接关系职业活动范围外，一般为一级	从国际情况看，一般2—3级
评价应用	所获得的职业资格证书是执业的必要条件	获得的证书不是对就业、执业的限制，而是对学术技术水平和相应"称号"的认可
法律特征	是依申请的具体行政行为； 是采用颁发职业资格证书等形式的行政行为； 是行政主体赋予行政相对方某种法律资格或法律权利的行政行为	是依约定而形成的评价与被评价的关系
职业特征	是特殊的职业，需要具备"特殊信誉、特殊条件或特殊技能"； "直接提供公众服务"； 执业者的行为对国家、社会或公民有产生危害的可能； 有法定的职业活动范围	除国家已经设定职业许可的其他所有职业； 有益提升专业服务质量； 应当设定和实施许可，按照《行政许可法》第十三条规定但不设定和实施许可的职业

三　构建国家资历框架的意义

国家资历框架（NQF）是根据知识、技能和能力（素养）的要求，将一国范围内各级各类教育文凭及职业资格进行系统整理、编制、规范和认可而构建的连续性、结构化的资历体系。它是促进教育文凭与职业资格证书有效衔接、建设学分银行和学分转换互认体系、畅通继续教育与终身教育渠道、搭建终身学习"立交桥"、保障教育体系整体质量、增强职业教育和非学历教育吸引力、推进教育现代化、提升国家教育透明度和国际竞争力的基础性举措和通用政策工具。

国家资历框架的适时导入和应用，可以有效促进学历教育、职业培训与继续教育、职称、职业资格、职业技能等级鉴定等制度间的相互关联或一体化发展，提升人力资源能力建设的透明度和竞争力。同时，由于国家资历框架是上述制度安排的共同参照系，可以为促进职业标准与教学标准、职业资格和职业技能等级与相应学分比照认定；搭建人才职业发展"立交桥"；建设终身教育体系提供有益的视角和政策工具。此外，在学历教育和职业资格国际互认谈判中，国家资历框架是进行双边或多边学历证书和职业资格证书可比性、等效性分析的重要依据。依据国家资历框架，改革完善国家教学和职业标准体系和认证体系，对增强我国在国际互认谈判中的"筹码"和话语权具有重要的现实意义。

四 国家资历框架的主要特点

国家资历框架的产生是与经济全球化、人员流动国际化及终身教育理念的逐渐深入相契合的。自20世纪90年代末以来，构建国家资历框架已成为国家资格证书系统改革的重要趋势。许多国家纷纷引进了NQF，从局部框架到综合框架再到跨国框架，核心目标都是为了实现各种资历的透明可比、可衔接、可携带，保障和提高教育与培训质量，促进资历的国际互认与人才的国际流动。通过对世界主要国家和地区资历框架的研究可以看出如下特点。

（一）资历标准是资历框架的核心要素

资历框架的建设实质上是一场以职业能力标准为导向的系统改革，标准的制定突出模块化、层次化、国际化和专业化的特点，国家标准成为以职业必备能力学习成果为基础的动态、开放、灵活的标准体系，用以满足企业生产、科技进步和劳动就业的需要。世界主要国家（地区）资历框架的标准维度主要从知识、技能、能力和情感态度价值观四个维度入手。就资历框架涵盖的领域，按职业大类研制针对职业能力的层次标准；通识性的知识、技能标准主要由教育部门、学术界制定，而行业能力标准则以行业制定为基础。

（二）职业资历和学历资历是国家资历框架的重要组成部分

世界主要国家（地区）资历框架的发展，大多是从部门框架发展到学术资历和职业资历一体化框架，逐步实现框架的统一性、可比性、透明性和全纳性。类别上，各国（地区）的资历类型基本包括学术资历和职业资历两大类，正式教育取得的学术资历以学历证书形式表现，职业后教育取得职业资历以职业资格证书表现，两类证书的等值衔接是国家资历框架的主要内容。在发展导向上，各国（地区）有不同的出发点和立足点，如澳大利亚资历框架主要由教育部门主导,其出发点是学生拥有一定的教育资历就可以从事相应的工作;中国香港资历框架主要由岗位需求主导,即不同的岗位需要相应的资格,但基本的路径都是从职业资格证书制度开始,逐步增加普通教育资格,并衔接先前学习经验成为一体化框架。

(三)学习成果互认是职业资历和学术资历衔接的主要途径

从世界主要国家(地区)资历框架实施的过程看,职业资历和学术资历的获得实质上都是教育和培训的结果,通常由教育提供部门如普通学校、技术学校、大学和隶属于政府或私人的培训机构等,经政府批准或授权按资格标准就相应资格进行认定并颁发资格证书和提供相关服务。学习成果互认就成为两类资历衔接的主要途径,学分作为学习者学习成果和学习量的计量单位,适用于各种教育类型和学习活动,正是因为有了学分的累积、认证和转换才能实现不同学习系统的衔接和互通,从而实现职业资历和学术资历的等值。

(四)资历框架制定和实施的过程中涉及多个责任主体

资历框架的制定和实施涉及多个责任主体的协调,包括教育和培训系统内部的合作与整合、行业企业界的参与、劳动力市场和社会的认可等。资历框架制定和实施中责任主体及彼此之间的关系,可从两个层面分析:一是管理层面的责任主体,包括教育部门、劳动部门、人事部门、行业企业协会等;二是有利益关系的责任主体,主要有普通学生、在职学员、教育及培训机构、雇主(企事业单位)、社会等。从各国实践来看,在资历框架建立和实施过程中,除了依靠国家层面的政府部门牵头,有法律依据和专门机构统筹协调外,还需广泛调动社会各利益相关方深度参与,积极推动多方责任主体和利益主体的协作。包括吸纳政府部门、教育与培训机构、行业企业、专家学者、社会人士代表等进入开发小组;在能力标准制定中充分吸纳行业企业意见,标准测试覆盖全部经济部门;在资格证书的管理和评估中引入第三方考核与认证;在运行管理中切实考虑为学习者提供方便等。

(五)资历框架的有效运行需要内外多种支撑条件

资历框架作为国家资格制度体系中的核心内容,其支撑条件包括制度体系本身的完善和外部支持条件两个层面。从资历框架为核心的制度体系方面来看,都在通过不断完善资格标准、资格认证、课程建设、学分转换、非正式学习结果认定、质量保障机制和技术支持等条件,对资历框架制度进行定期更新、修订。在外部支持条件方面，基本都有立法保障，同时通过企业行业的参与和认可以及社会信用体系的建立，使劳动力再生产、劳动力资源配置和使用的相关部门成为同一链条上的节点，上游部门要从企业行业的需求和利益出发，围绕劳动力的使用要求开展工作进而得到认可和支持。同时，依托技术建立学习记录和学分转换系统、资格证书在不同领域公开公平等值通用等，直接支持资历框架的有效实施。

第二节 国家资历框架构建的国际经验

自 20 世纪 90 年代末以来，构建国家资历框架已成为国家资格证书系统改革的重要趋势，许多国家纷纷引进了国家资历框架，从局部框架到综合框架再到跨国框架？核心目标都是为了实现各种资历的透明可比、可衔接、可携带，保障和提高教育与培训质量，促进资历的国际互认与人才的国际流动。

一 国家资历框架的发展历程

国家资历框架的发展始于 20 世纪 80 年代末至 90 年代中期，澳大利亚、新西兰、苏格兰和南非是最早推行资历框架的国家和地区；90 年代后期到 2000 年，资历框架的发展扩展到爱尔兰、马来西亚、马尔代夫等十几个国家和地区。目前，在联合国列出的 193 个主权国家中，国家资历框架的覆盖范围超过五分之四，约有 161 个国家和地区已经、正在和酝酿构建国家资历框架。此外，已经实现的和正在进行中的跨国资历框架有 7 个。

表9—2　　　　　　　　已建/正在建资历框架的国家/地区

区域	已经建立/正在建立资历框架的国家/地区
亚洲	文莱达鲁萨兰国、柬埔寨、印度尼西亚、老挝、马来西亚、缅甸、菲律宾、新加坡、泰国、越南、亚美尼亚共和国、阿塞拜疆、巴林、不丹、格鲁吉亚、中国香港、中国、印度、以色列、约旦、哈萨克斯坦、韩国、科威特、吉尔吉斯斯坦、黎巴嫩、马尔代夫、尼泊尔、巴勒斯坦、阿曼、巴基斯坦、塔吉克斯坦、东帝汶、阿拉伯联合酋长国

续表

区域	已经建立/正在建立资历框架的国家/地区
大洋洲	澳大利亚、基里巴斯、新西兰、萨摩亚独立国、汤加、图瓦卢、瓦努阿图
欧洲	奥地利、比利时（佛兰德斯、法语区、德语区）、保加利亚、克罗地亚、塞浦路斯、捷克共和国、丹麦、爱沙尼亚、芬兰、法国、德国、希腊、匈牙利、冰岛、爱尔兰、意大利、拉脱维亚、列支敦士登、立陶宛、卢森堡、马耳他、黑山共和国、荷兰、挪威、波兰、葡萄牙、罗马尼亚、斯洛伐克、斯洛文尼亚、西班牙、瑞典、前南斯拉夫马其顿共和国、土耳其、英格兰和北爱尔兰、苏格兰、威尔士、阿尔巴尼亚、白俄罗斯、波斯尼亚和黑塞哥维那（波黑）、科索沃、摩尔多瓦共和国、俄罗斯联邦、塞尔维亚共和国、索马里、瑞士、乌克兰
美洲	加拿大、墨西哥、圣基茨和尼维斯、圣卢西亚、圣文森特和格林纳丁斯、阿根廷、巴西、智利、蒙特塞拉特岛、苏里南、安提瓜和巴布达、巴巴多斯、伯利兹、哥伦比亚、多米尼加、格林纳达、圭亚那、海地、牙买加、圣卢西亚岛、巴哈马群岛、特立尼达和多巴哥
非洲	安哥拉、博茨瓦纳、刚果民主共和国、莱索托、马达加斯加、马拉维、毛里求斯、莫桑比克、纳米比亚、塞舌尔、南非、斯威士兰、坦桑尼亚联合共和国、赞比亚、津巴布韦、孟加拉国、贝宁、布基纳法索、佛得角、科特迪瓦、埃及、厄立特里亚、埃塞俄比亚、加纳、几内亚共和国、几内亚比绍、利比里亚、马里、摩洛哥、尼日尔、尼日利亚、巴布亚新几内亚、塞内加尔、塞拉利昂、科摩罗、冈比亚、多哥共和国、突尼斯

资料来源：教育部学位中心：《国家资历框架的国际发展与比较研究》，2017年。

表9—3　　　　　　　　区域性资历框架情况

名称	跨国资历认可区域的国家/地区
欧洲国家资历框架（38个国家）	奥地利、比利时（佛兰德斯、法语区、德语区）、保加利亚、克罗地亚、塞浦路斯、捷克、丹麦、爱沙尼亚、芬兰、法国、德国、希腊、匈牙利、冰岛、爱尔兰、意大利、拉脱维亚、列支敦士登、立陶宛、卢森堡、马耳他、黑山共和国、荷兰、挪威、波兰、葡萄牙、罗马尼亚、塞尔维亚、斯洛伐克、斯洛文尼亚、西班牙、瑞典、瑞士、前南斯拉夫马其顿共和国、土耳其、英国（英格兰和北爱尔兰、苏格兰、威尔士）、阿尔巴尼亚、波斯尼亚和黑塞哥维那

续表

名称	跨国资历认可区域的国家/地区
南部非洲发展共同体资历框架（15个国家/地区）	安哥拉、博茨瓦纳、刚果民主共和国、莱索托、马达加斯加、马拉维、毛里求斯、莫桑比克、纳米比亚、塞舌尔、南非、斯威士兰、坦桑尼亚联合共和国、赞比亚、津巴布韦
东南亚国家联盟资历框架（10个国家/地区）	文莱达鲁萨兰国、柬埔寨、印度尼西亚、老挝、马来西亚、缅甸、菲律宾、新加坡、泰国、越南
太平洋资历框架（15个国家）	库克群岛、密克罗尼西亚联邦、斐济、基里巴斯、瑙鲁、纽埃、马绍尔群岛、帕劳、巴布亚新几内亚、萨摩亚、所罗门群岛、汤加、图瓦卢、瓦努阿图和托克劳
加勒比共同体（15个国家/地区）	安提瓜和巴布达、巴哈马群岛、巴巴多斯、伯利兹、多米尼加、格林纳达、圭亚那、海地、牙买加、蒙特色拉特岛、圣基茨和尼维斯、圣卢西亚、圣文森特和格林纳丁斯、苏里南、特立尼达和多巴哥
海湾资历框架（6个国家/地区）	巴林、科威特、阿曼、卡塔尔、沙特阿拉伯、阿拉伯联合酋长国（阿联酋）
跨国界资历框架——英联邦小国虚拟大学（32个国家/地区）	安提瓜和巴布达、巴巴多斯、伯利兹、博茨瓦纳、文莱达鲁萨兰国、塞浦路斯、多米尼加、斐济、格林纳达、圭亚那、牙买加、基里巴斯、莱索托、马尔代夫、马耳他、毛里求斯、纳米比亚、巴布亚新几内亚、萨摩亚、塞舌尔、塞拉利昂、所罗门群岛、圣基茨和尼维斯、圣卢西亚、圣文森特和格林纳丁斯、斯威士兰、巴哈马群岛、冈比亚、汤加、特立尼达和多巴哥、图瓦卢、瓦努阿图

资料来源：教育部学位中心：《国家资历框架的国际发展与比较研究》，2017年。

二 典型国家资历框架构建情况

从典型国家（地区）的资历框架的构建情况来看，英国、澳大利亚、南非、日本、中国香港较为典型。

（一）英国模式

英国国家资历框架的构建是基于职业资格与学术资格有效对接。从理论上说，英国的职业资格是目前世界上资格等级水平最高的国家之一，达到博士学位水平。国家资格框架从入门级到第八级，共有9个等级。高等教育资格框架，从大专到博士学位层次，共有5个等级。可以看出，英国的国家资格框架（NQF）是由职业资格和学术资格两个系统合并组成，为两个学习系统的对接提供了基础（见表9—4）。2008年10月英国通过英格兰、威尔士和北爱尔兰资格和学分框架（QCF，见图9—2），以使之成为对接NQF的工具。该工具是认证职业资格的框架体系，它赋予资格和资格单元以学分，使人们能够按照自己的学习进度和弹性学习路线取得资格。该框架是英国职业资格制度改革的重要措施，它使英国的职业资格体系从以前的单维模式（只是按照难易程度从入门级到第八级）发展到了现在的双维模式（既有按照难易程度划分的从入门级到第八级，也有按照学时规模划分的从证明到证书再到文凭），使得职业资格制度更易于理解和使用，使资格与雇主的需要更具相关性，使学习者的学习更具弹性和更方便地享有学习机会。

表9—4　　　英国国家资历框架下职业资格与学术资格的对接

英国国家资格框架（NQF）（英格兰、威尔士和北爱尔兰）		
以前的国家职业资格	国家资格框架	高等教育资格
五级	八级	博士学位
	七级	硕士学位
四级	六级	优等学士学位
	五级	基础学位
	四级	高等教育文凭
三级		
二级		
一级		
入门		

（二）澳大利亚模式

澳大利亚国家资历框架的构建是基于学校、职业教育培训及高等教育这三个界别所颁授的资历有效对接。1995年前后，由澳大利亚联邦就业、教育与培训和年青事务委员会联合职业教育培训提供机构和大学共同创建了全国性的资历框架（AQF），该框架把学校、职业教育培训及高等教育这三个界别所颁授的资历纳入一个统一名称及水平的系统中（见表9—5）。该框架使学术和职业资历享有相同地位，为各个教育系统之间的资

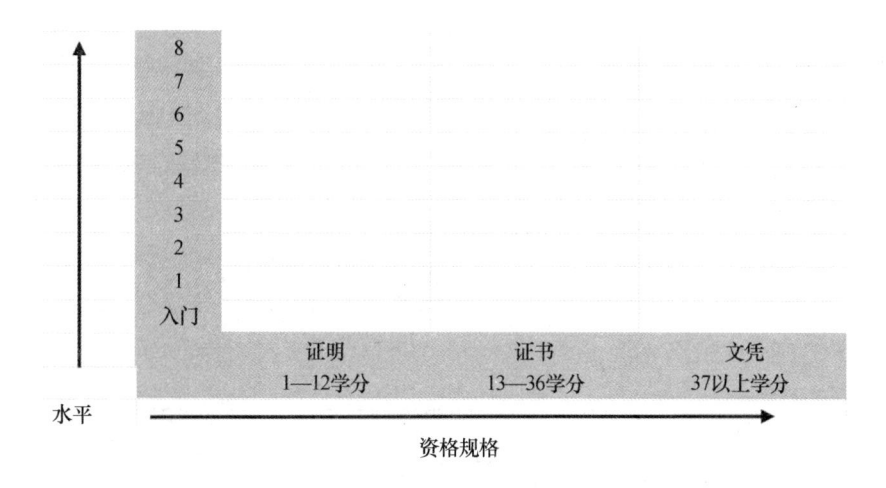

图 9—2　英格兰、威尔士和北爱尔兰资格和学分框架

格和证书衔接提供了方便。此外，配合终身教育，该框架为人们提供了灵活多变的跨界别教育及培训途径；配合机构多元化发展目标，该框架鼓励跨界别合作，使教育及培训机构具有弹性；配合国家政策，该框架有利于质量保证、资历衔接及学分转换的相关政策的落地。AQF 的建立是为了加强三个教育系统之间的联系和衔接，但是重点的衔接方向是高中毕业证书和职业教育资格证书之间的衔接、职业资格证书和普通高等教育资格证书（即高等教育学位）之间的衔接。

表 9—5　　　　　澳大利亚资格框架下三个教育系统的对接

资历级别	资历类型	职业教育及培训	学校教育和高等教育
10	14		博士学位
9	13		硕士学位
8	12	研究生文凭	研究生文凭
		研究生证书	
	11		研究生证书
	10		荣誉学士学位
7	9		学士学位
6	8	进修文凭	副学士
			进修文凭

续表

资历级别	资历类型	职业教育及培训	学校教育和高等教育
	7		
5	6	文凭	文凭
4	5	第四级证书	
3	4	第三级证书	
2	3	第二级证书	
1	2	第一级证书	
	1		高中毕业证书

（三）南非模式

南非国家资历框架的构建是基于职业资格与各类教育有序衔接。1995年，南非颁布了《南非资格署法》，提出要建立国家资格框架，以衔接各类教育和职业资格。2003 年，南非资格署正式颁布了《关于国家资格框架1—4 级水平指标的条例》，详细描述了国家资格框架 1—4 级职业资格应达到的学术和技能水平的相应指标。2009 年，《国家资格框架法》颁布，正式建立了国家资格框架。2013 年，国家资格框架进一步完善与修订，正式建立了由普通和继续教育与培训资格框架、高等教育资格框架、职业资格框架等三个子框架构成，共 10 级资格的国家资格框架（见表 9—6）。南非国家职业资格框架（OQF）目前仅有 1—8 级（8 级以上尚未确定），主要构成要素包括资格等级与入学要求、涵盖领域与课程设置、考核评价与资格认证等四方面，并对学生的入学资格要求、项目设置、基础课与职业课程的设置及学分要求、考核方式、资格的获取认证等内容做了详细的规定。

表9—6　南非国家资格框架下职业资格与各类教育资历的对接

国家资格框架	
层次	子框架及资格类型
10	博士学位
	博士学位（专业型）

续表

国家资格框架			
层次	子框架及资格类型		
9	硕士学位		
	硕士学位（专业型）		
8	荣誉学士学位	职业证书（第8级）	
	研究生文凭		
	学士学位		
7	学士学位	职业证书（第7级）	
	高级文凭		
6	文凭	职业证书（第6级）	
	高级证书		
5	高等证书	职业证书（第5级）	
4	国家证书	职业证书（第4级）	
3	中级证书	职业证书（第3级）	
2	初级证书	职业证书（第2级）	
1	普通证书	职业证书（第1级）	
1. 示例：		普通和继续教育与培训资格框架	
		高等教育资格框架	
		职业资格框架	
2.8级以上的职业资格证书尚未确定			

（四）日本模式

日本资历框架的构建是基于建立与终身教育接轨的职业资格证书体系。日本的职业资格证书体系可以将职业资格培训和职业教育、学历学位教育互换学分，获得职业资格证书可以通过学习获得更高教育的机会，实现职业资格与学历学位的对接（见表9—7）。从日本的实际情况看，日本的职业资格证书和一般学校学历有部分的关联关系，比如部分职业资格证书的考试报名资格就对所学专业有要求，如木结构建筑士，考试科目要有建筑计划、建筑法规、建筑构造、建筑施工等，它要求参加考试的人要有大学或大专或技校建筑专业的学历的。学历和实际工作经历在职业资格证书考试的问题上有一个兑换的比例，这个比例各个领域不尽相同，按该行业的实际情况而定。正是由于日本职业资格考试与学历之间的这种有机联系，使得低学历者可以通过实际工作经历弥补学历的不足，实现了每个劳动者积极进取的愿望。

表9—7　　　　　　　　　日本职业资格框架体系

技能士鉴定资格（应试资格）					学历教育		专业资格（应试资格）
特级	1级	2级	3级	单一等级			
					博士研究生（3年）		1. 业务独占资格，如公认会计师、税务代理师、律师、医师等 2. 行为独占资格，如建筑师、药剂师等 3. 名称独占资格，如临床检查技师、临床工学技师等
					专门职研究生（2年）/专门硕士	硕士研究生（2年）/一般硕士	
1级后5年	4年经验	2级后2年/3级后4年	3级后/无学历要求	无学历要求	专门学校（4年）/高级专门士	大学（4年）/学士	
	5年经验				高等专门学校（3+2年）/毕业文凭	专门学校（2—3年）/专门士（或准学士）	短大（2年）/短期大学士	
	6年经验			1年经验		职业高中（3年）/毕业文凭	综合高中（3年）/毕业文凭	普通高中（3年）/毕业文凭	

（五）中国香港模式

中国香港的资历框架的构建是基于资历名衔计划下主流教育与职业教育之间的有效衔接。2004年2月，香港地区行政会议通过了"建立一个跨界别的七级资历架构及相关的质素保证机制"，运用资历等级制度来界定主流教育、职业教育和持续进修方面的资历。2008年5月5日《学术及职业资历评审条例》全面生效，资历架构正式推出，资历架构为主流教育、职业教育和持续教育等不同界别的资历，厘定统一的标准，搭建各资历之间的衔接阶梯。资历架构的七级级别是按照"资历级别通用指标"来制定的，涵盖四个范畴，即知识及智力能力、自主性及问责性、沟通能力、运用信息科技能力及运算能力。为更有效实现主流教育与职业教育之间的衔接，香港地区在七级级别的基础上又推出了资历名衔计划（见表9—8），该计划覆盖了学术、职业培训和持续进修等不同教育界别所颁发的资历架构的各级资历。通过资历名衔计划的实施，资历架构打通了从中学教育一直到博士教育、从初级证书到高级证书（1—7级）的路径，同时建立了客观的评价标准，在职业教育与学术教育之间进行横向贯通。

表9—8　　　　　　中国香港资历名衔计划下可选用的资历名衔

级别	各级别可选用的资历名衔						
7	博士						
6	硕士	深造文凭 深造证书	专业文凭 专业证书	高等文凭 高等证书	文凭	证书	
5	学士					
4	副学士	高级文凭 高级证书				
3							
2							基础证书
1							

由国际经验可知，构建国家资历框架大致需四个阶段：一是顶层设计阶段，此阶段的主要任务是设计国家资历框架的理念、政策目标和层级结构、框架轮廓等，主要的利益相关者均会参与其中，具体来说包括教育部、劳工部、行业学会（协会）、教育培训机构等；二是正式采纳阶段，通过相关法律、法令正式宣布采纳或批准国家资历框架；三是实施阶段，明确教育与培训机构、质量保障机构等相关组织的实施任务分工，设立分类标准和质量保障机制，将各类资历纳入国家资历框架数据库；四是成熟阶段，教育机构和用人单位利用国家资历框架处理各类信息，国家资历框

架为学习者、雇主、从业人员提供方便，也促进资历标准、教育项目及课程的开发与完善。国家资历框架最早诞生于英联邦国家，并且在欧洲的发展相对成熟，如果从全球范围来看，则大多数国家都处在第一和第二阶段，即设计和立法阶段，在已经进入实施阶段的国家中，多数处于早期运作阶段，真正进入成熟阶段的国家，新西兰、澳大利亚、英国等"第一代国家资历框架"可以列入其中。但正如联合国教科文组织2015年发布的《区域和国家资历框架全球盘点》中所指出的那样，"达到成熟阶段并不意味着故事的结束"，事实上，国家资历框架的开发与实施不是一个有始有终的过程，而是一个周期循环的过程，第一个周期的成熟阶段意味着它将进入下一周期的设计、实施、审查和修改的模式，资历框架是在对自身要素的不断修订中得到完善的。

三　国家资历框架下职业资历体系构建的国际经验——以工程师为例

综观世界主要国家（地区），以英国、日本和澳大利亚为代表的在国家资历框架下设计的工程师制度较为完备，在工程师培养、专业发展路径、专业认证等方面积累了宝贵的经验，对我国职业资历体系建设具有重要的启示借鉴。

（一）有效衔接的工程教育与工程师资格证书

从英国、日本和澳大利亚三个国家资历框架的发展看，资历等级是劳动者自身所具备，可量化、可携带、可转换的知识、技能和能力（素养），在各个国家资历框架中都有相应的资历等级，从而实现了各级各类资历之间的衔接和沟通。从这三个国家工程师制度运行的实践看，都基本上在国家资历框架的基础上，实现了工程师学术资历和职业资历的有效衔接。譬如在英国，根据知识、技能、理解力、自理能力、分析和创造性思维能力等指标，国家资历框架将所有资历分为9个级别（从入门级到一级、二级，直到八级），高等工程教育认证（从大专到博士学位共5个等级）和专业工程师认证（包括工程技师、主任工程师和特许工程师3个层次）从根本上也都是以"素质能力"为标准和基础的认证制度，后二者在国家资历框架下一脉相承、有效衔接，从而简化了专业工程师认证阶段的难度和工作量，节约了工程师认证成本。

表9—9　　　英国国家资历框架下职业资格与学术资格的对接

英国国家资历框架（NQF）（英格兰、威尔士和北爱尔兰）		
以前的国家职业资格	国家资历框架	高等教育资格
五级	八级	博士学位
	七级	硕士学位
四级	六级	优等学士学位
	五级	基础学位
	四级	高等教育文凭
三级		
二级		
一级		
入门		

（二）多路径的工程师职业发展阶梯

从国际经验看，这些国家在国家资历框架下，通过有效认定工程教育本科以外的学习成果和工作经历，为工程技术人才搭建了多路径成才的职业发展通道。在英国，按照常规的渠道，各级别专业工程师都有各自的最低学历要求。如果没有被认可的学历，就需要参加相应的培训或继续教育，并提供足够有说服力的材料，以证明其能力可以达到同等学力水平。在日本，修习技术者作为技术士成长路径上的第一个重要节点，获得经 JABEE 鉴定 4 年工程教育本科课程或以上学历，或者其他教育背景且通过 IPEJ 第一类考试的高等院校毕业生都可申请。在技术士资格证书考试中，学历和实际工作经历有一个转换的比例，这个比例按各行业的实际情况而定。在澳大利亚，通过对工程师职业准入资格和特许资格两个职业类别的划分，为不同类型的专业工程确立了更为全面、综合的成长路径，以满足工程行业发展过程中对不同种类人才的需求，特许资格为专业工程师的最终目标。

（三）完备的工程师继续教育体系

从上述 3 个国家的经验看，工程师继续教育在工程师制度中都占据着重要的地位。除《华盛顿协议》中的工程教育认证内容外，继续教育也是国际专业工程师资格获得与维持的重要评估标准。与英国专业工程师培

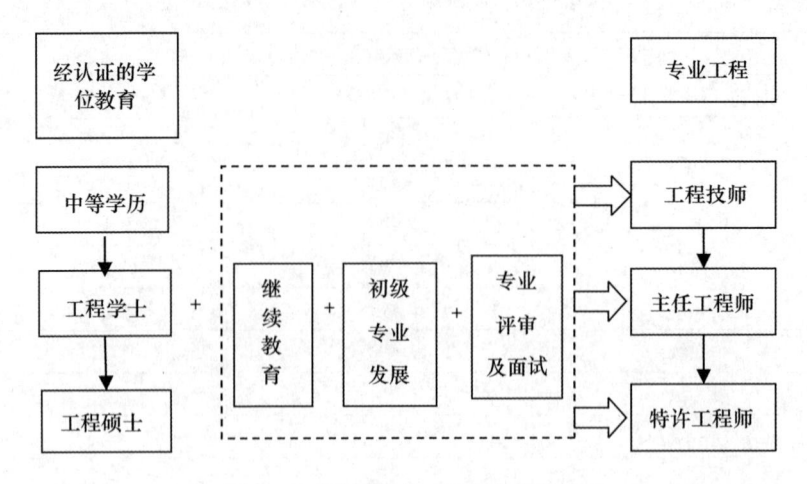

图 9—3　英国专业工程师发展路径

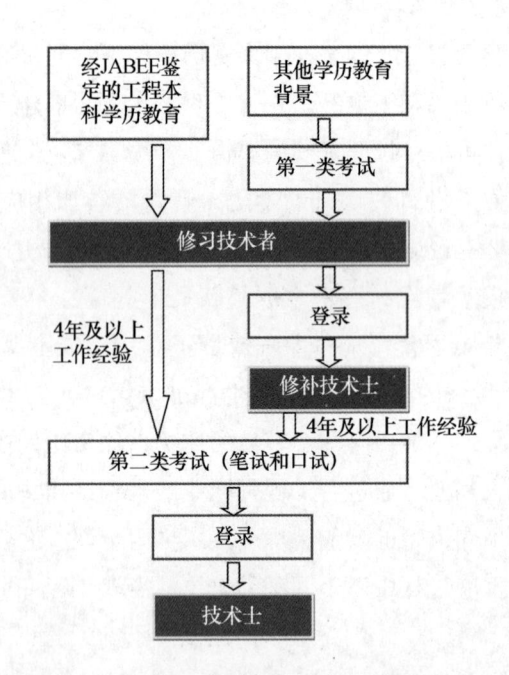

图 9—4　日本专业工程师职业发展路径

养系统一脉相承，澳大利亚同样非常重视工程师的继续教育。在这两个国家中，继续教育与工程学历教育存在延展与补充的关系，是专业工程师职

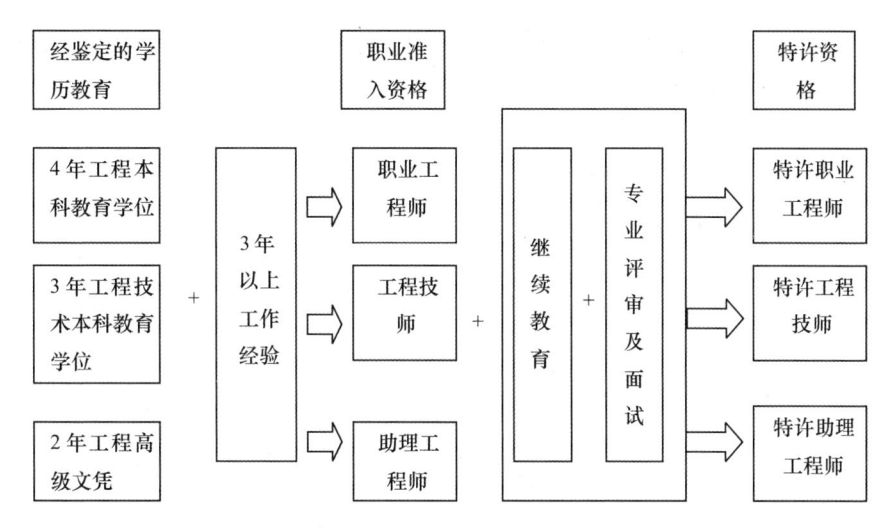

图9—5　澳大利亚专业工程师成长路径

业发展的必经之路；同时，由于资格认证不是终身认证，所以继续教育与工程师资格认证存在相互依存的关系，是工程师资格认证准入的硬性要求。日本专业工程师制度致力于发展完备、系统的继续教育体系，形成了继续教育认定、登记、审核、监督体系，与APEC工程师等国际专业工程师继续教育框架相统一，从而有效促进了日本工程师资格在国际上的流动。

（四）融通的工程专业教育和职业技术教育

从国际经验看，国家资历框架的构建有效破解了不同教育类型之间长期存在的不融通、不衔接、不对等的制度瓶颈，促进了两者双向互认、纵向流动，改善了部分学历和资格证书在劳动力市场信号失真失灵现象。在国家资历框架下，英国专业工程师资格认证与工程学位教育认证既相对独立又相互联系。工程师资格证书（非学历）与学位证书是具有一定的对等性，这一点尤其体现在中等职业学历的（专科以下级别）教育上。在澳大利亚，国家资历框架设计目的是建立一个全国统一的、从中学毕业证书一直到博士学位的资格框架，跨普通国民教育、职业教育和普通高等教育三个教育系统，各系统之间的资格和证书最重要的衔接机制是衔接与学分转换和学历承认，其中重点的衔接方向是高中毕业证书和职业教育资格证书之间的衔接，以及工程师资格证书和普通高等教育学历证书之间的衔接。在日本，建立了与终身教育接轨的工程师资格证书体系，工程师资格培训可以和职业教育、学历学位教育互换学分。

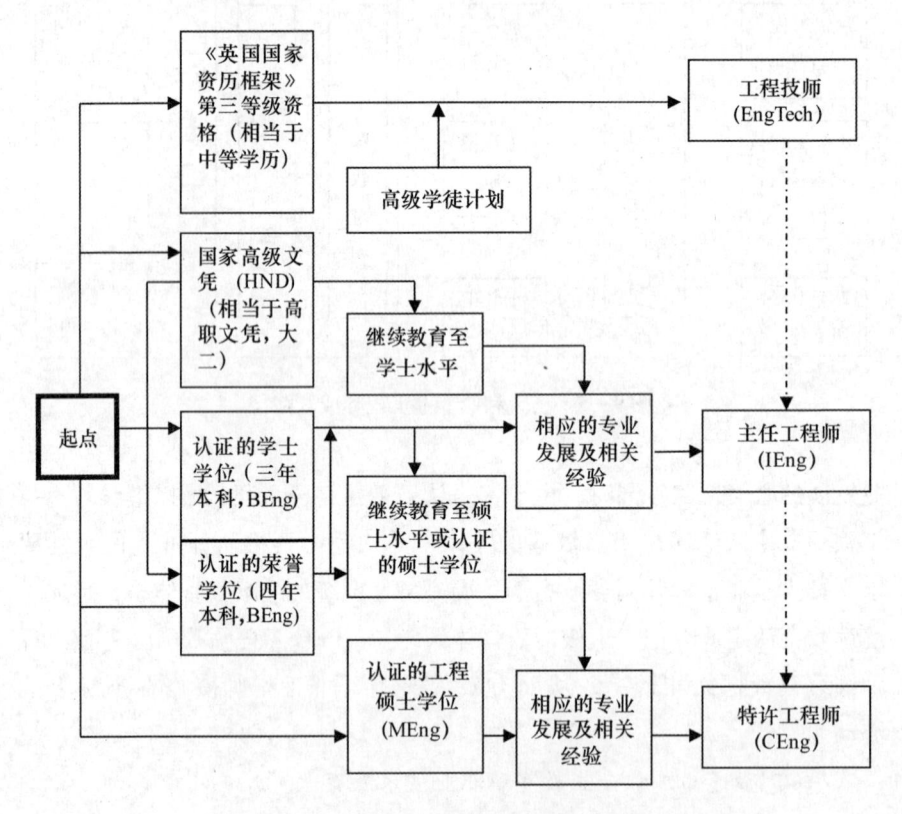

图9—6 英国专业工程师与学位教育的关键路径

第三节 我国职业资历体系建设构想

职业资历体系是国家资历框架的重要组成部分。改革开放以来，通过建立和推行职业资格证书制度、职称制度、技能等级认定制度、职业技能培训和继续教育制度，我国已初步建立了涵盖专业技术人才和技能人才，贯通各级各类人才职业发展全过程的职业技能标准体系、职业技能培训体系和职业资格证书认证体系，为推动我国人力资源整体性开发、培养造就高层次、高技能人才队伍提供了重要的制度保障。但是与发达国家相比,与实施人才强国战略和制定国家资历框架的要求相比,我国职业资历体系建设还存在着制度设计整体性不强、资历等级标准不够健全、职业资历与教育资历缺乏有效衔接、资历认证认可和质量保障机制不够完善、多元主体参与的治理体系尚待建立以及法制建设薄弱等问题,亟待解决。

一 重要性和紧迫性

(一)建立和推行国家职业资历体系是制定实施国家资历框架的客观要求

从国际经验看,包括职业资格、技能等级鉴定、培训和继续教育等证书的职业资历体系和涵盖各类各级教育的学历学位资历体系是构建国家资历框架的"两大"支柱,二者相互支撑、相互衔接,为劳动者架起多样化学习、多路径成才的终身学习"立交桥"。自 2016 年国民经济和社会发展"十三五"规划纲要首次提出制定国家资历框架,到 2019 年国家职业教育改革实施方案启动"1 + X 证书"试点以及人社部、教育部印发《职业技能等级证书监督管理办法》,建设中国特色国家资历框架的实践探索已陆续展开。

(二)建立和推行国家职业资历体系是推动我国人力资源开发"一体化"发展的客观要求

改革开放以来,通过实行职业资格证书制度、职称制度、技能等级认定制度、职业技能培训和继续教育制度,我国已初步建立了涵盖专业技术人才和技能人才,贯通各级各类人才职业发展全过程的职业技能标准体系、职业技能培训体系和职业资格证书认证体系,为推动我国人力资源整体性开发,培养造就高层次、高技能人才队伍提供了重要的制度保障。但是与发达国家相比,与实施人才强国战略的要求相比,我国职业资历体系建设还存在着制度设计整体性不强、资历等级标准不够健全、职业资历与教育资历缺乏有效衔接、资历认证认可和质量保障机制不够完善、多元主体参与的治理体系尚待建立以及法制建设薄弱等问题。这些问题已经严重影响和制约了我国人力资源能力建设的整体水平,必须从加强顶层设计高度并采取自上而下推动的办法予以解决。

（三）建立和推行国家职业资格体系是实施更加开放人才政策的客观要求

据统计，目前有161个国家已经或正在通过制定国家资格框架建立国际通用的现代职业资格体系和教育资格体系。与此同时，欧盟、东盟、非洲南部等7个区域的资格框架已经实施或正在构建中。世界各国的实践探索表明，现代职业资格体系建立，不仅成为许多国家和地区加强人力资源能力建设、深化职业教育改革、促进学历学位证书与职业资格证书相互衔接的重要政策工具，也是推动本国职业资格证书国际互认、促进人力资源跨境跨区无障碍流动的重要"参照系"。随着全球经济一体化发展和我国"一带一路"倡议的深入实施，一方面要更加有效地引进急需紧缺海外高层次人才、聚天下英才而用之；另一方面也迫切需要我国越来越多的专业人才和技术技能人才随着"中国制造"和"中国服务"走出去。在这个过程中，职业资格证书和学历文凭证书是各类人才跨境跨区流动的"通行证"。建立现代职业资格体系，增强我国各类职业资格证书的国际可比性、等效性和可转换性是深入实施更加开放人才政策最基础的一环。

二 总体要求、目标任务和实施路径

（一）总体要求

坚持以习近平新时代中国特色社会主义思想为指导，把职业资格体系建设作为一项长期的基础性和引领性工作摆在人力资源开发事业发展和人才队伍建设更加突出的位置。坚持在大局下行动，从经济结构战略性调整、实行更加开放人才政策以及国务院一系列有关重大决定精神中，把握职业资格体系建设的思路、原则和目标任务。坚持问题导向，既要解决职业资格体系建设自身当前存在的突出问题，也要解决适应新形势、新任务、新要求所面临的创新发展问题。坚持创新发展，打破思维定势，加强制度创新和综合配套改革，完善职业资格体系与教育资格体系有效衔接机制，建设中国特色国家资格框架。

（二）目标任务

国家资格框架建设是一个长期的、复杂的社会系统工程。考虑到我国国家资格框架顶层设计尚未确立，同时也考虑到我国职业资格体系现状，笔者建议，我国职业资格体系建设可采取"两步走"的战略目标：即到

2025年，基本建立职业资历等级标准体系完备、认证认可和质量管理监督机制健全、"学习成果"共享相接、政策资源充分整合的职业资历体系。再经过5—10年左右的时间，基本建立与国民经济和社会发展需求相适应、与我国人力资源开发"一体化"发展相配套、与国家教育资历相衔接的现代职业资历体系，为制定和实施国家资历框架提供有力支撑。

（三）实施路径

从实施策略和办法看，世界各国（地区）资历框架建设可分为衔接型框架、变革型框架和改良型框架。立足我国国情，并且根据党中央、国务院关于深化职业教育培训、职称和职业资格等制度改革的一系列重大部署，笔者建议以现有工作为基础、以推动学历文凭和职业资历"两个证书"从"并行"向"衔接"转变为根本目标，建立和推行国家职业资历体系。在顶层设计上采取改良型实施策略、在职业资历体系框架内加大改革力度。

（四）具体办法

统筹规划，以"学习成果"为导向，进一步明确职业资格、职称、技能等级认定、职业技能培训和继续教育等制度的功能定位、制度安排及其内在的结构关系。突出重点，通过在深化职业资格证书和技能等级认定证书制度中率先导入国家资历框架的理念、原则和方法，确立职业资历等级标准、认证认可机制和质量保障机制。分步实施，以职业资格证书、技能等级认定证书为抓手，分类探索职业资历与教育资历的衔接办法和"学习成果"认定、积累和转换办法。共同治理，建立健全职业资历证书管理体制，建立有人力资源社会保障部门、教育部门、行业主管部门、代表性协会学会和社会培训评价组织参加的工作协调机制。

三 国家职业资历制度框架

资历标准及其认证认可机制是国家资历框架核心要素和关键环节。包括对知识、技能和能力等学习成果的等级性（通常为8—10级）、规范化描述；对非正规、非正式"学习成果"（学分）的认证、互认、转换。为此，笔者建议：

（一）改革完善职业资历等级设置

在职业技能五级、四级、三级、二级和一级证书的5个等级基础上，增设专业技术人员职业资格证书的3个等级，即专业三级、专业二级和专业一级，形成我国职业资历 8 级体系框架；其中技能一级对应专业三级（见表 9—10 和表 9—11）。

表 9—10　　　　　　　　国家资历框架等级结构

国家资历等级	职业资历等级	教育资历等级
一级	专业一级	博士/专业学位博士
二级	专业二级	硕士/专业学位硕士
三级	专业三级/技能一级	学士/专业学位学士/高等职业教育
四级	技能二级	
五级	技能三级	高中/中等职业教育
六级	技能四级	
七级	技能五级	初中/初等职业教育
八级	学徒工	

表 9—11　　职业资历等级及其与现有教育资历和职业资历的对照表

国家资历等级	职业资历等级	职称	职业资格（水平评价）	职业技能等级认定	教育资历（职业教育）	教育资历（普通教育）	继续教育和职业技能培训
一级	专业一级	高级	高级（专业一级）	高级技师		博士	
二级	专业二级	中级	中级（专业二级）			硕士	
三级	专业三级/技能一级	初级	初级（专业三级）		高等	学士	继续教育和职业技能培训
四级	技能二级			技师			
五级	技能三级			高级工	中等	高中	
六级	技能四级			中级工			
七级	技能五级			初级工	初等	初中	
八级	学徒工						

（二）建立职业资历标准体系

以职业分类为基础，以职业活动为导向，以知识、技能、能力为核心要素，研究制定国家职业资历标准框架和标准制定技术规范、程序规则。坚持以德为先、全面发展，突出职业道德、职业素养和应用能力要求。坚持一体化设计，突出职业资历标准的通用性、等级性、连贯性和一致性。

（三）建立健全国家职业资历认证认可机制

制定和实施职业资历认证机构和培训（施教）机构资质认证和认可办法。建立职业资历质量评估与监督机制和动态调整机制。实行《职业资历目录清单》管理。

（四）改革完善职业资历公共服务

搭建职业资历认证平台和"学习成果"积累、转换管理网，为劳动者建立终身学习成果档案，实现其"学习成果"可追溯、可查询、可积累、可转换、可携带。

四　职业资历衔接机制

（一）量化职业资历"学习成果"

以模块化、单元化和学分化为导向，研究制定职业资格考试、技能等级认定科目、职业技能培训证书和继续教育课程设置办法，在职业资格考试科目、继续教育科目、职业技能培训科目中，普遍实行"学分"制。

（二）增强职业资历透明度和可选择性

依据国家职业资历标准，制定并颁布职业技能培训和继续教育科目指南和课程目录。鼓励和支持学会、协会等社会组织和社会培训评价组织依法依规开展职业资历评价和职业技能培训，满足劳动者多样性学习需求。

（三）贯通资历阶梯

按照等值性原则，研究制定职称证书与职业资格证书、职业技能培训证书和继续教育证书与职业资格证书、技能等级认定证书衔接办法，减少重复评价、重复学习培训。

（四）推动职业资历体系和教育资历体系相衔接

制定并颁布《职业与院校专业对应目录索引》。会同国家教育主管部门，研究制定《职业资历等级与学历文凭对应目录》。分类探索职业资格证书、职业技能等级证书与学历学位证书衔接办法。对水平评价类职业资格，实行职业资格+专业学位"双证书"制。对许可类职业资格实行"学习成果"互认制。

五　配套改革

（一）深化职业资格制度改革

按照适度规制的原则，依法严格控制准入类资格数量并实行《国家职业资格目录清单》管理。鼓励和支持学会、协会等社会组织和社会培训评价机构依据国家职业资历标准和程序，开展旨在证明申请人具备从事某一职业所需知识、技能或信誉的资格评价。其评价结果经人力资源社会保障部门认可后，可记入资格获得者"学习成果"档案和国家职业资历认证平台。

（二）深化职称制度改革

调整职称社会化评审工作的功能定位，推动面向非公经济组织、自由职业者等开展的社会化职称评审向社会化专业资格转变并将其纳入职业资历体系。打破职业技能等级认定与专业技术职称评审界限，畅通高技能人才与专业技术人才职业发展通道。

（三）深化职业技能等级认定制度改革

建立与职业资格制度相衔接、与终身职业技能培训制度相适应的职业技能等级制度，构建职业资格评价、职业技能等级认定、专项职业能力考核与相应的职称、学历比较认定制度。改革完善"双证书"制。开展"1+若干职业技能等级证书"试点。

（四）深化职业技能培训和继续教育制度改革

对职业技能培训公共服务项目实施目录清单管理，建立国家基本职业培训包制度，建立"学习成果"积累和转换制度，促进职业技能培训与学历教育沟通衔接。细化量化继续教育"学习成果"考核认定办法。探索实行职业技能培训和继续教育"学分银行"制。

（五）加强职业资历立法

研究制定《国家职业资格证书管理条例》，明确国家职业资格的法律地位、资格分类、职业范围、设置权限、标准程序、管理体制以及权责关系。依据《行政许可法》第十九条的规定，研究制定《拟设国家职业资格（许可类）审查标准和举证责任标准》。研究制定《境外机构在我国境内开展资格认证和培训活动监督管理办法》。会同国家有关部门，研究制定《国家资历框架法》。

（六）推动职业资格证书国际互认

总结我国加入《华盛顿协议》的成功经验，研究论证我国加入《工程师流动论坛协议》《APEC 工程师计划》《悉尼协议》等国际职业资格认证体系的必要性和可行性。以制定和实施国家资历框架为契机，推进"一带一路""中国—东盟自由贸易区""澜湄合作区""粤港澳大湾区"等区域资历框架建设，增强各国（地区）职业资格证书的可比性、等效性、可转换性，促进人才资源跨境跨地区无障碍流动。

六　组织实施

（一）加强规划引领

将职业资历体系建设列入"十四五"人力资源和社会保障事业发展优先议题。实施职业资历等级标准体系和职业资历认证平台建设项目。加强资历框架理论、技术与政策研究。

（二）强化综合管理职能

成立人社部职业资历体系建设领导小组，统筹规划和统一领导全国职业资历体系建设工作。同时建议国务院成立国家资历框架建设领导小组，按照"统筹规划、分工负责、广泛参与、资源共享"的原则领导和组织国家资历框架的制定和实施。

（三）加强国际合作

加强与相关国际组织的联系与合作，跟踪国际资历框架建设前沿信息，搭建国际合作交流平台，学习借鉴国际成功经验。

（四）加强舆论引导

倡导终身学习的理念，营造"人人皆学、处处能学、时时可学"的良好社会氛围。

七　需要解决的几个问题

（一）关于职业资格类别划分问题

在我国职业资格证书制度建立和推行过程中，先后使用过"职业资格"和"执业资格"、"准入类资格"和"水平评价类资格"。各方面认为，这种划分办法目前已不适应深化放管服改革、多元人才评价体系建设以及制定实施国家资历框架的客观要求，在理论研究和实践探索中也造成

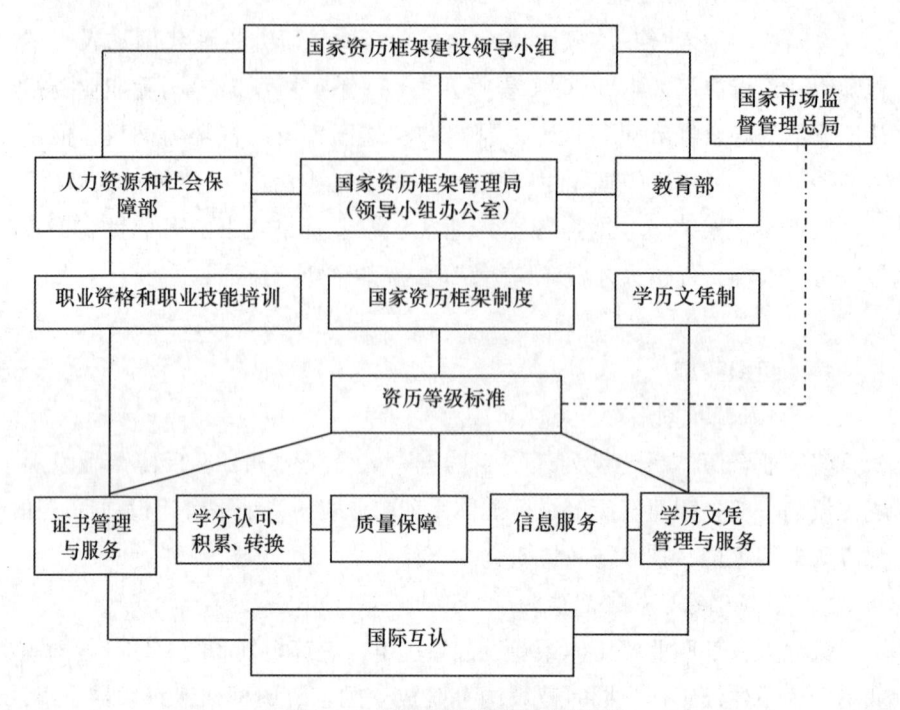

图 9—7　国家资历框架治理模式

了一些认识上的混乱。借鉴国际经验并考虑我国职业资格证书制度的现状，笔者建议：将我国职业资格证书划分为"国家资格"和"国家认可的社会资格"。

"国家资格"是指依据《行政许可法》和相关法律法规设定，由国家行政机关或法律法规授权的具有管理公共事务职能的组织，确认申请人符合相关法律法规规定的资格标准，并准予其从事特定职业（提供公众服务并且直接关系公共利益）的行政行为。获得的职业资格证书是执业的必要条件。依法设定和证照合一，是"国家资格"区别于社会化、市场化职业水平评价等其他多元主体人才评价的基本特征。

"国家认可的社会资格"是指由国务院职业资格主管部门认可的第三方（相对申请人和用人单位）依据一定的标准和程序，证明申请人具备从事某一职业所需知识、技能或信誉的人才评价公共服务。"国家认可的社会资格"是证照分离的资格。与"国家资格"不同，申请人获得证书不是其就业、执业的必要条件，但其所获得的证书既可作为职业技能等级晋升的重要依据，也可作为过往"学习成果"在国家资历框架中实现与学历文凭的认定、积累和转换。

职业资格证书是国家资历框架中具有标志性意义的职业资历。重新划分职业资格证书类别有助于进一步使职业资历体系结构化、模块化，形成以职业资格证书和职业技能培训证书为两大支柱的我国职业资历体系框架。其中职业资格证书包括国家资格证书和国家认可的社会资格证书。国家认可的社会资格证书包括专业技术人员水平评价证书、技能等级认定证书、学会协会和社会评价培训组织认证证书以及专项能力培训证书。

（二）关于调整职称社会化评审的功能定位问题

职称评审社会化是在我国实行职称制度和职业资格证书制度改革过程中逐步形成和发展的，具有"彼时彼地"阶段特征。随着人才资源配置市场化、国际化步伐不断加快，特别是公共部门职称制度改革的力度不断加大，职称社会化评审所面临的功能定位不清、评价与使用脱节、国际化程度不高以及行业、企业"为评价而评价"等问题也逐步显现出来。各方面建议，应进一步厘清职称制度与职业资格证书制度的关系，将职称社会化职称评审纳入职业资格证书体系、职业资历体系和国家资历框架体系是必要的、可行的。

2019年3月，深圳市深化职称制度改革实施方案进一步提出，构建事业单位专业技术职务评聘体系和社会化专业资格评价体系为两大支柱的职称框架。社会化专业资格评价体系的确立，为深化职称制度改革、完善社会化人才评价体制机制开辟了一条新路，值得重视。所谓社会化专业资格，是指除国家《职业资格目录清单》管理的职业资格和水平评价外，由协会、学会等社会组织为促进本行业人才职业发展、依据行业标准或团体标准、面向单位会员或个人会员而独立开展的专业资格认证。其主要特征：(1) 非行政许可；(2) 学会协会主导；(3) 以会员单位或个人会员为主要评价对象；(4) 实行团体标准或区域标准；(5) 在政府部门监督管理下，实行"谁使用、谁评价、谁发证"；(6) 与会员注册管理、继续教育、职业信用等体系相衔接。

（三）关于等级划分和标准体系建设问题

资历等级和标准是国家资历框架核心要素。从国际经验看，一些国家通常采用8—10级资历框架并对其作出知识、技能和能力素养等"学习成果"的等级性、规范化描述。考虑到我国职业技能等级认定的工作基础，并且兼顾我国普通教育和职业教育的现状，建议将我国职业资格证书等级设置为8个等级即在职业技能等级认定5级设置的基础上，将专业技术人员职业资格等级设为3级：专业一级、专业二级和专业三级。其中技能一级相当于专业三级。从其他国家资历框架及其与职业资格证书相关性分析看，无论是采取7级、8级还是10级设置，其技能型资格等级设置基本为5级并且与职业资格证书等级一一对应，而5级以上专业型资格等级细分主要是体现各个国家学历学位设置的情况。

参考文献

《中华人民共和国职业分类大典》，2007年。

《2019年全球职业安全健康要事回顾》，《劳动保护》2020年第2期。

卜凡伟：《我国执业资格制度体系框架研究》，硕士学位论文，华中科技大学，2003年。

蔡学军、范巍：《职业资格框架体系研究》，中国人事科学研究院2016年课题报告。

常凯：《劳动法》，高等教育出版社2011年版。

陈光华：《德国"双元制"职业教育的发展历程》，转引自中国地方教育史志研究会、《教育史研究》编辑部《纪念〈教育史研究〉创刊二十周年论文集》，中国地方教育史志研究会2009年版，第4页。

陈浩、刘民慧：《我国执业资格制度体系框架研究》，《科研管理》1999年第5版，第21—27页。

成邦文：《OECD的科技统计与科技指标》，中国教育文摘（http://www.eduzhai.net/lunwen/66/100/lunwen_95325.html）。

程桢：《国外职业资格证书制度与我国的"双证书"制度的探析》，《哈尔滨职业技术学院学报》2011年第4期。

《大学工科教育不改革不行》，2009年11月21日，新浪网（http://news.sina.com.cn/o/2009-11-21/091516645005s.shtml）。

德国联邦政府发布《2018年职业教育报告》，《世界教育信息》2018年第11期。

德国联邦政府发布《2019年职业教育报告》www.sohu.com德国教科动态，2019年5月8日。

［德］李希霍芬：《劳动监察》，×××译，中国劳动和社会保障出版社

2004年版。

董琳琳：《美国职业信息网络构建及对我国职业指导的启示》，硕士学位论文，天津职业技术师范大学，2016年。

董琳琳、张元：《美国职业信息网络数据库的职业指导功能设计》，《天津职业技术师范大学学报》2016年第4期。

董秀华：《市场准入与高校专业认证制度研究》，硕士学位论文，华东师范大学，2004年。

费重阳、张元：《职业学校开展职业指导探究》，《新职教》1999年第0期。

谷晓洁、李延平：《英国资历框架制度改革新进展——基于〈16岁后技术教育改革——T级行动计划〉的审视》，《中国职业技术教育》2020年第9期。

关怀：《回顾与瞻望——六十年来我国的劳动立法》，《朝阳法律评论》2009年。

郭萍、张旭昆：《专业服务市场的规制分析》，《浙江树人大学学报》2005年第5期。

郭晓琳：《建国后职业指导实践的历史进程》，硕士学位论文，郑州大学，2016年。

郭宇强：《中国职业结构变迁研究》，首都经济贸易大学出版社2008年版。

国家职业分类大典和职业资格工作委员会：《中华人民共和国职业分类大典》，中国劳动出版社1999年版。

《国家职业分类大典》修订工作委员会组织编写：《中华人民共和国职业分类大典》，中国人事出版社2015年版。

国科协调研宣传部，中国科协创新战略研究院：《中国科技人力资源发展研究报告（2014）》，中国科学技术出版社2016年版。

何国祥：《科技工作者的界定及内涵》，《科技导报》2008年第12期。

何琴：《我国职业安全规制问题研究——基于法经济学的视角》，硕士学位论文，吉林大学，2007年。

何文奎：《我国从业者职业保障制度研究》，硕士学位论文，长春理工大学，2018年。

贺飞：《美国科学与工程劳动力的定义和数据来源》，http：//blog. sciencenet. cn/blog – 1015 – 929416. html。

黄娥：《资历框架的现实意义、内涵与功能》，《成人教育》2018 年第 8 期。

黄昆：《〈劳动法〉颁布二十年来中国劳动立法的成就与展望》，《中国法律发展评论》2014 年第 5 期。

黄林凯：《区域性学分银行标准体系的整合与构建研究》，《江西广播电视大学学报》2019 年第 4 期。

黄梅、蔡学军编著：《世界主要国家（地区）工程师制度》，党建读物出版社 2016 年版。

黄梅：《典型国家工程师制度的启示借鉴》，《中国人力资源社会保障》2018 年第 10 期。

黄梅：《我国工程师制度改革中工程教育的创新发展：经验借鉴与制度因应》，《国家教育行政学院学报》2017 年第 8 期。

黄园淅：《中美科技人才统计的对比分析》，《科协论坛》2016 年第 10 期。

季欣：《基于资历框架与学分银行理念的 1 + X 证书制度建设探究》，《创新创业理论研究与实践》2019 年第 13 期。

季欣：《建设以资历框架为引领的国家学分银行——建设背景分析与"施工图"探讨》，《高等继续教育学报》2019 年第 5 期。

姜大源：《德国"双元制"职业教育再解读》，《中国职业技术教育》2013 年第 33 期。

姜大源：《关于建立现代职业教育体系的建议》（上中下），《中国青年报》2014 年 2 月 24 日。

姜大源：《现代职业教育与国家资格框架构建》，《中国职业技术教育》2014 年第 21 期。

姜大源：《职业科学辨析》，《高等工程教育研究》2015 年第 5 期。

蒋国珍、李寰：《基于资历框架的职业教育学分银行平台架构设计》，《中国职业技术教育》2019 年第 18 期。

蒋国珍、李寰：《基于资历框架的职业教育学分银行平台架构设计》，《中国职业技术教育》2019 年第 18 期。

蒋石梅：《工程师形成的质量规制研究》，博士学位论文，浙江大学，2009年。

蒋晓旭、郭雪梅：《完善中国职业资格认证与管理制度》，《中国高教研究》2006年第2期。

蒋亦璐、汤霓、郑炜君：《国际视野下国家资历框架建设的推进模式探究》，《终身教育研究》2020年第2期。

焦化雨：《澳大利亚资格框架（AQF）下的学分转移与衔接研究》，硕士学位论文，上海师范大学，2013年。

教育部学位与研究生教育发展中心和清华大学课题组：《国际资历框架比较研究》，国家社科基金教育学重点课题"国家资历框架研究"（编号：AKA160011）子课题，2018年。

金炳雄：《欧洲资历框架对我国国家资历框架构建的启示》，《中国职业技术教育》2019年第22期。

劳动和社会保障事业发展"十一五"规划纲要（2006—2010年）。

李稻葵：《中国经济的创新基因来源于工程师和制度创新》，央广网，2015年9月11日。

李建忠：《欧盟各国国家资格框架的开发及进展》，《职教论坛》2009年第16期。

李静、李林曙、王丽娜：《基于资历框架的能力单元开发：国家开放大学的经验》，《中国职业技术教育》2020年第6期。

李丽莉：《改革开放以来我国科技人才政策演进研究》，博士学位论文，东北师范大学，2014年。

李明慧、曾绍玮：《终身学习时代国家资历框架构建研究》，《教育与职业》2020年第2期。

李涛：《从职业病防治转向职业健康促进》，《健康报》2020年5月4日，第5版。

李文东：《美国国家标准职业分类系统的发展概况及对我国的启示》，《中国软科学》2006年第2期。

李文东、时勘：《美国国家标准职业分类系统的发展概况及对我国的启示》，《中国软科学》2006年第2期。

李晓：《职业教育史视角下〈教育与职业〉杂志的历史考察（1917—

1949）》，硕士学位论文，浙江师范大学，2018 年。

李兴军、张元：《治生职业指导思想及其评价》，转引自《黄炎培与中国职业教育——黄炎培职业教育思想研究成果集萃》，中华职业教育社 2009 年版。

李雪婵、赵斯羽、关燕桃：《广东终身教育资历框架的实践和展望》，《中国职业技术教育》2019 年第 18 期。

李志峰、高慧、张忠家：《知识生产模式的现代转型与大学科学研究的模式创新》，《教育研究》2014 年第 3 期。

李智：《建立我国教练员职业资格制度的可行性研究》，硕士学位论文，北京体育大学，2004 年。

刘剑青、孙静怡：《澳大利亚资历框架制度发展的经验与启示》，《南通大学学报》（社会科学版）2015 年第 2 期。

刘捷：《专业化：挑战 21 世纪的教师》，教育科学出版社 2002 年版。

刘敏、彭城：《满足市场经济需要的以职业分类为基础的人力资源统计指标体系研究》，《甘肃社会科学》2010 年第 2 期。

刘思达：《职业的自主性与国家干预——西方职业社会学研究述评》，《社会学研究》2006 年第 1 期。

刘天明：《论职业资格教育的特征》，《职教论坛》2003 年第 4 期。

刘湘丽：《第四次工业革命的机遇与挑战》，《新疆师范大学学报》（哲学社会科学版）2019 年第 1 期。

刘永权：《资历架构对中国终身学习"立交桥"建设的启示——2013 年香港资历架构国际会议综述》，《现代远程教育研究》2013 年第 3 期。

刘卓宝、胡天锡：《我国职业卫生工作世纪顾瞻》，《劳动医学》2001 年第 3 期。

柳君芳：《面向 21 世纪教育改革与职业指导》，《天津职业技术师范学院学报》1999 年第 4 期。

柳君芳：《实施职业指导要有紧迫感》，《职教论坛》1998 年第 8 期。

柳君芳：《我国职业指导的历史沿革与发展》，《北京成人教育》2000 年第 2 期。

柳君芳：《职业指导的概念与基本内涵》，《北京成人教育》2000 年第 1 期。

柳君芳：《职业指导系列讲座（六）国外职业指导理论概述（二）》，《北京成人教育》2000年第6期。

柳君芳：《职业指导系列讲座（三）学校职业指导的具体内容和方法》，《北京成人教育》2000年第3期。

柳君芳：《职业指导系列讲座（四）学校职业指导的活动设计和学校的创业教育》，《北京成人教育》2000年第4期。

柳君芳：《职业指导系列讲座（五）国外职业指导理论概述（一）》，《北京成人教育》2000年第5期。

柳君芳：《"职业指导与咨询"的学习与借鉴》，《中国职业技术教育》1998年第12期。

吕忠民：《职业资格制度概论》，中国人事出版社2011年版。

罗民：《日本的职业资格制度和考试》，中国人民大学出版社1997年版。

马克立：《科技进步对生产方式的影响》，《科学学研究》1999年第2期。

[美] 苏珊娜·M. 达格：《职业规划心理咨询全案》，谢晶译，中国人民大学出版社2020年版。

莫荣：《国外就业理论、实践和启示》，中国劳动社会保障出版社2014年版。

牛金成：《德国国家资格框架及其特点》，《外国教育研究》2019年第4期。

彭涛、何国祥：《我国科技人力资源研究的几个热点问题》，《中国人力资源开发》2010年第7期。

祁秀秀：《美国职业指导人员职业素质培养及启示》，硕士学位论文，天津职业技术师范大学，2015年。

人力资源和社会保障部：《人力资源市场建设研究报告》，2008年。

人力资源和社会保障部网站 http：//www. mohrss. gov. cn。

任扶善：《新中国劳动立法的发展》，《首都经济贸易大学学报》2000年第1期。

阮草、张丽：《创新纵横谈2015》，中国科学技术出版社2016年版。

三部门关于做好《中华人民共和国职业分类大典（2015年版）》应用工作的通知，http：//www. gov. cn/xinwen/2016 - 02/22/content_5044590. htm，2016 - 02 - 22。

盛向东、张元：《中国就业服务中的职业指导》，《天津职业技术师范学院学报》1999年第4期。

孙锐：《我国工程科技人才开发关键问题研究——基于工程科技人才职业化和国际化的视角》，中国人事科学研究院，2013年12月课题报告。

孙善学：《从职业出发的教育》，《教育与职业》2011年第22期。

孙善学：《现代职业教育体系顶层设计中的几个重要问题》，《光明日报》2013年4月。

孙一平、谢晶、黄梅：《职称评聘方式研究》，《中国人事科学》2017年第10期。

汤向玲：《职业资格与执业资格——两种资格的历史变迁与概念辨析》，《高等职业教育（天津职业大学学报）》，2006年。

陶建勋：《实施职业资格证书制度的困惑和对策研究》，《天津成人高等学校联合学报》2005年第6期。

田大洲：《我国职业资格证书制度研究》，硕士学位论文，首都经济贸易大学，2004年。

王海东、邓小华：《亚洲国家资历框架建设进展比较与经验借鉴》，《终身教育研究》2019年第6期。

王洪才、汤建：《国家资历框架建设：内涵·目的·要点》，《华中师范大学学报》（人文社会科学版）2019年第4期。

王洪才、田芬：《国家资历框架建设：原则·过程·路径》，《教育学术月刊》2019年第6期。

王娇、张元：《职业指导——学生全面发展之目的》，《职业技术》2010年第12期。

王俊飞：《大陆和台湾就业促进法律制度比较研究》，硕士学位论文，深圳大学，2017年。

王瑞朋、王孙禹、李锋亮：《论美国工程教育专业认证制度与工程师注册制度的衔接》，《清华大学教育研究》2015年第2期。

王为民：《印度"国家职业教育资格框架"设计理念探析》，《外国教育研究》2014年第2期。

王卫红、蒋冬梅、王美蓉、何彩云、陈丹：《湖南省三级医院聘用护士职业发展现状的调查分析》，《中华护理杂志》2007年第8期。

王文淋、张元:《全人教育理念对职业学校职业指导的启示》,《职教通讯》2010年第11期。

王昕红:《专业主义视野下的美国工程教育认证研究》,博士学位论文,华中科技大学,2008年。

吴江:《人才强国的标志是人才国际竞争力》,《中国组织人事报》2012年12月10日。

吴南中、夏海鹰:《以资历框架推进职业教育1+X证书制度的系统构建》,《中国职业技术教育》2019年第16期。

吴璇:《论就业困难群体的职业指导》,《山西农经》2019年第18期。

吴雪萍、汪鑫:《发达国家实施职业资格证书制度的经验及启示》,《职教论坛》2011年第13期。

吴志渊:《论职业指导在促进大学生就业困难群体就业工作中的作用和重要性》,《智库时代》2020年第3期。

武衡:《陕甘宁边区的自然资源调查工作》,《中国科技史料》1987年第5期。

肖凤翔:《国家资格框架中学历证书和职业资格证书的等值》,《教育发展研究》2015年第5期。

肖凤翔、黄晓玲:《国家资格框架发展的世界经验及其对我国的启示》,《职教论坛》2014年第16期。

肖凤翔、刘丹:《欧洲国家"双证书"互认的经验及其对我国的启示》,《职业技术教育》2016年第16期。

肖凤翔、马钰:《对退役军人职业技能培训项目选择指导的思考》,《教育与职业》2020年第5期。

肖凤翔、杨顺光:《国家资历框架的基本立意与中国构想》,《中国职业技术教育》2019年第19期。

肖进成:《我国劳动保障监察制度存在的问题及其对策研究》,《华东理工大学学报》2016年第6期。

肖林:《规制理论视角下的职业资格制度研究》,《中国人力资源开发》2008年第2期。

谢晶:《国际视野下国家资历框架对我国职业资格制度改革的启示借鉴》,《中国行政管理》2018年第8期。

谢晶、孙一平、黄梅：《活用〈职业分类大典〉，规范设置职业资格清单目录》，《中国人力资源社会保障》2017年第5期。

谢晶、孙一平、黄梅：《设置职业资格清单目录应坚持四大标准》，《中国劳动保障报》2017年7月14日。

谢晶、孙一平、黄梅：《职业资格清单目录应坚持四大标准》，《中国劳动保障报》2017年7月5日。

谢莉花、何蓓蓓：《学习成果在资历框架中的应用——基于国际比较》，《当代职业教育》2019年第4期。

谢莉花、余小娟：《国家资历框架开发的诉求、经验与趋向》，《职教论坛》2019年第8期。

谢青松：《巴基斯坦国家职业资历框架分析与启示》，《职教论坛》2019年第6期。

谢青松：《南亚国家资历框架发展现状比较与启示》，《中国职业技术教育》2019年第27期。

谢青松：《区域资历框架的构建和对接的比较研究》，《中国职业技术教育》2019年第18期。

辛忠、吴艳阳、徐心茹：《美国ABET认证与工程师注册制度对其工程教育的作用机制》，《学位与研究生教育》2016年第4期。

徐纯：《民办中小学校教师职业发展状况调查及分析——以广东外语外贸大学附设外语学校为例》，2006年1月9日，www.gwdwx.com。

徐婕：《我国科技人力资源规模层次及国际比较》，《今日科苑》2018年第5期。

严君：《基于职业能力模型的职业资格制度建设研究》，硕士学位论文，浙江大学，2005年。

彦文：《论科技工作者之定义》，《科协论坛》2003年第5期。

杨黎明：《终身教育和终身学习条件下各级各类课程衔接与转换模式研究》，《开放教育研究》2012年第1期。

杨良玖、易宣：《我国职业资格证书制度的生成与变革》，《企业技术开发》2006年第9期。

杨蕊竹：《我国国家资格框架制度的形成路径研究》，硕士学位论文，首都经济贸易大学，2016年。

杨信：《"一带一路"沿线国家资历框架建设的经验及启示》，《成人教育》2020年第6期。

杨莹译：《全球行动：劳动监察（一）》，《现代职业安全》2007年第2期。

姚芳斌：《国际职业标准分类体系更新及与中国的比较》，硕士学位论文，东北财经大学，2011年。

姚裕群：《关于职业社会学的几个问题》，《科学·经济·社会》1990年第2期。

叶至诚：《职业社会学》，台湾五南图书出版有限公司2001年版。

于正超：《司法改革背景下从业者职业安全保障机制的完善》，《法治与社会》2020年第3期（中）。

余小娟：《我国国家资历框架构建的比较研究与应然研究》，《当代职业教育》2019年第4期。

余小娟：《我国国家资历框架构建的比较研究与应然研究》，《当代职业教育》2019年第4期。

袁焕伟、张元：《帕森斯职业指导思想对我国的借鉴》，《职业技术》2010年第2期。

袁礼、张志辉：《中国工程教育国际化问题刍议》，《北京航空航天大学学报》2003年第2期。

曾令萍：《国际和世界主要国家与地区职业分类概况》，《职业杂志》2001年第1期。

张恩铭：《我国职业生涯教育研究的现状及审思》，硕士学位论文，郑州大学，2018年。

张菊霞等：《南非国家职业资格的产生、内容及启示》，《职教论坛》2016年第7期。

张平淡、王奋：《关于科技人力资源状况统计指标体系的探讨》，《科技进步与决策》2002年第8期。

张琦、袁丽蓉、周汉林：《九江市取得法律职业资格人员的现状调查及思考》，http://www.jjsf.gov.cn。

张卿：《论行政许可的优化使用——从法经济学角度进行分析》，《行政法学研究》2008年第4期。

张添洲：《生涯发展与规划》，五南图书出版公司1993年版。

张伟远、段承贵：《建构终身学习立交桥的先驱：新西兰的经验和教训》，《中国远程教育》（综合版）2013年第23期。

张伟远、傅璇卿：《搭建教育和培训的资历互认框架：东盟十国的实践》，《中国远程教育》2014年。

张伟远：《国家资历框架的理论基础和模式建构》，《中国职业技术教育》2019年第18期。

张伟远、谢青松、胡雨森：《终身教育资历框架全球化发展的关键议题》，《现代远程教育研究》2020年第3期。

张岩、谢青松：《基于职业教育的资历框架的理论研究与实践发展（国家资历框架在职业教育领域的研究与实践研讨会综述)》，《中国职业技术教育》2020年第6期。

张迎春：《国际标准职业分类的更新及其对中国的启示》，《中国行政管理》2006年第6期。

张元、李兴军：《论职业指导概念的形成与发展》，《教育与职业》2008年第21期。

张元、李兴军：《中国职业指导发展的历史回顾》，《中国职业技术教育》2008年第21期。

张元、燕妮：《德国的个人职业指导》，《现代技能开发》1995年第4期。

张兆瑞、郑友军：《公安管理学》，中国人民公安大学出版社2017年版。

张正钊、韩大元：《外国许可证制度的理论与实务》，中国人民大学出版社1994年版。

张智勇等：《中国大学生职业成熟度量表的信度与效度》，《西南师范大学学报》2006年第5期。

张宗辉、刘璐璐：《我国国家资历框架研究探微》（下），《中国培训》2019年第6期。

赵瑾：《全球就业市场：结构新变化、新问题与新工业革命机遇》，《全球化》2019年第7期。

赵康：How to Develop An Educational Program in Higher Education: Theoretical & Methodological Approaches with Across – Disciplinary Perspectives，《夏威夷国际社会科学大会电子出版物（ISSN 1539 – 7300）》，2002年6

月15日。

赵康：《高校学生素质内涵及其素质培养模式初探》，《学海》2002年第1期。

赵康：《论高等教育中的专业设计》，《教育研究》2000年第10期。

赵康、周厚栋：Curriculum Development in Higher Education: Theories and Practices in China and the U. S.，《全美中国研究学会第42届旧金山年会》，旧金山大学，2000年10月28日。

赵康：《专业化运动理论——人类社会中专业性职业发展历程的理论假设》，《社会学研究》2001年第5期。

赵康：《专业、专业属性及判断成熟专业的六条标准——一个社会学角度的分析》，《社会学研究》2000年第5期。

赵丽：《新制度经济学视域下"双证书"制度的效率困境与对策》，《教育与职业》2017年第5期下。

郑海燕：《大学生职业成熟度的结构及其发展特点》，硕士学位论文，西南大学，2006年。

郑炜君、李雪婵：《资历框架视域下的职业能力标准开发——以香港汽车业能力标准说明为例》，《吉林广播电视大学学报》2020年第1期。

郑炜君、吴峥：《论国际组织对国家资历框架的推动——以国际劳工组织、联合国教科文组织和欧洲职业培训发展中心为例》，《武汉职业技术学院学报》2019年第6期。

郑文、吴念香、杨永文：《广东终身教育资历框架建设的实践与思考》，《中国职业技术教育》2019年第27期。

中国工程院"创新人才"项目组：《走向创新——创新型工程科技人才培养研究》，《高等工程教育研究》2010年第1期。

中国就业培训技术指导中心：《中国社会职业发展观察报告（1978—2008）》中国劳动社会保障出版社2010年版。

中国人事科学研究院课题组：《职业资格证书制度研究》，国家社科基金教育学重点课题"国家资历框架研究"（编号：AKA160011）子课题，2018年。

周红坊、朱正伟、李茂国：《工程教育认证的发展与创新及其对我国工程教育的启示——2016年工程教育认证国际研讨会综述》，《中国大学教学》2017 年第 1 期。

周佳赟、金明媚、蒋达锋、薛羚伟、何涛：《工程教育认证背景下大学生职业规划与就业指导》，《中国多媒体与网络教学学报》上旬刊 2020 年第 4 期。

周丽：《发达国家基于注册工程师制度的工程教育研究与借鉴》，《科教导刊》2015 年第 11 期。

周绍梅、王启合：《基于 1 + X 证书制度的职业教育与培训体系改革》，《教育与职业》2020 年第 7 期。

朱云立：《职业成熟度理论及其在大学生中的应用研究》，硕士学位论文，南京师范大学，2003 年。

Accreditation criteria and supporting docs. http//www. abet. org/accreditation/accreditation – criteria.

American Evaluation Association "Guiding Principles for Evaluators", American Journal of Evaluation, 2008：29, p. 125.

Barbour, Elisa; Markusen, Ann, Regional occupation andindustrial structure：Does one imply the other. International Regional Science Review, Vol. 20 Issue 1, pp. 72 – 90, 19p, 2007.

Cedefop. Terminology of European education and training policy：Aselection of 100 key terms, 2008. http：//www. cedefop. europa. eu/en/Files/4064_EN. PDF.

Claire Hodge, The Effects of Employment Redistribution on Earnings, Monthly Labor Review, Vol. 89, Issue 7, p. 744, 5p, 1966.

Criteria for Accrediting Engineering Programmes：Effective for Reviews During the 2013 – 2014 Accreditation Cycle. ABET. www. abet. org.

Crites, J. O., Administration and Use Manual for the Career Maturity Inventory, Monterey, CA：McGraw – Hill, 1978.

Daniel L. Stufflebeam, Evaluation Models San Francisco：Jossey – Bass 2001.

David P. Sorensen, Kerry S. Nelson, and John P. Tomsyck, "Industrial R&D Program Evaluation Techniques", Evaluation Review, Feb 1994, Vol. 18, pp. 52 – 64.

Eddie C. Y. Kuo, Linda Low, Information Economy and Changing Occupational Structure in Singapore, Information Society, 17：281 – 293, 2001.

Eewart T. Gullason, The dynamics of the U. S. Occupational structure during the 1990s, Journal of Labor Research, Vol. 12, 2002.

Freidson, E. , 1986, Professional Powers: The Study of Institutionalization of Formal Knowledge, Chicago: University of Chicago Press.

Halpin G. , Ralph J. and Halpin, G. , The Adult Career Concerns Inventory: Validity and Reliability. Measurement and Evaluation in Counseling and Development, 1990, 22: 196 – 202.

http://www.sooq.cn, 2004 年 8 月 28 日。

Louis A. B. , Brian J. T. , The Career Maturity Inventory – Revised: A Preliminary Psychometric Investigation. Journal of Career Assessment, 2002, 10 (4): 441 – 455.

M. Darby and E. Kami, Free Competition and the Optimal Amount of Fraud (1973), 16 Journal of Law and Economics, pp. 68—69; R. Van Den Bergh, Self—regulation in the Medical and Legal Professions and the European Internal Market in Progress, in M. Faure, J. Siegers and R. Van den Bergh (eds.), Regulation of Professions (1993), p. 35.

Michael Smith, Program Evaluation in the Human Services, New York: Springer Publishing Company, 1991.

National Science Board 年第 NSB). 2014. Science and Engineering Indicators 2014. Arlington VA: National Science Foundation 年第 NSB 14 – 01)。

OECD. Moving Mountains – Shaping qualifications systems topromote lifelong learning, 2006. http://new.mkuzak.am/wpcontent/uploads/Targm – 38 – % D5% A1% D5% B6% D5% A3% D5% AC. pdf.

O*NET Data Collection Program, Office of Management and Budget Clearance Package Supporting Statement, December 10, 2008, http://www.onetcenter.org/ombclearance.html.

Parkin, F. , 1979, Marxism and Class Theory: A Bourgeois Critique, New York: Columbia University Press.

Skinner, Curtis, The Changing Occupational Structure of Large Metropolitan Areas: Lmplications for the High School Educated. Journal of Urban Affairs, Vol. 26, Issue 1, pp. 67 – 88, 22p, 2004.

Slaney R. B., Palko-Nonemaker D. and Alexander R., An Investigation of two Measures of Career Indecision, Journal of Vocational Behavior, 1981, 18: 92-103.

Stewart I. Donaldson, Program Theory - Driven Evaluation Science Strategies and Applications NJ: Lawrence Erlbaum, 2007.

Super, D. E., Osborne, W. I., Walsh, D. J., Brown, S. D., and Niles, S. G. Developmental Career Assessment and Counseling: The CDAC Model, Journal of Counseling and Development, 1992, 71: 74-80.

Terrell, Katherine, Female-male earnings differentials and occupational structure, International Labour Review, Vol. 131, Issue4/5, p. 387, 18p, 1992.

The Accreditation of Higher Education Programmes, UK Standard for Professional Engineering Competence. www. engc. org. uk.

The Joint Committee on Standards for Educational Evaluations, The Program Evaluation Standards: How to Assess Evaluations of Educational Programs Newbury Park CA: Sage 1994.

Wyatt, Ian D., Wyatt. Hecker, Daniel E., Occupational changes during the 20th century, Monthly Labor Review, Vol. 129, Issue 3, pp. 35-57, 23p, 2006.

Zhao, K., 1997, Professionalization of Consultancy: The Case of China, Roskilde, Denmark: Department of Social Sciences, Roskilde University.

中国人事科学研究院学术文库
已出版书目

《人才工作支撑创新驱动发展——评价、激励、能力建设与国际化》
《劳动力市场发展及测量》
《当代中国的行政改革》
《外国公职人员行为及道德准则》
《国家人才安全问题研究》
《可持续治理能力建设探索——国际行政科学学会暨国际行政院校联合会 2016 年联合大会论文集》
《澜湄国家人力资源开发合作研究》
《职称制度的历史与发展》
《强化公益属性的事业单位工资制度改革研究》
《人事制度改革与人才队伍建设（1978—2018）》
《人才创新创业生态系统案例研究》
《科研事业单位人事制度改革研究》
《哲学与公共行政》
《人力资源市场信息监测——逻辑、技术与策略》
《事业单位工资制度建构与实践探索》
《文献计量视角下的全球基础研究人才发展报告（2019）》
《职业社会学》
《职业管理制度研究》